マーサ・ミノウ

復讐と赦しのあいだ

ジェノサイドと大規模暴力の後で
歴史と向き合う

荒木教夫　駒村圭吾　訳

Martha Minow
Between Vengeance and Forgiveness
Facing History after Genocide and Mass Violence

信山社

BETWEEN VENGEANCE AND FORGIVENESS
Facing History after Genocide and Mass Violence
by Martha Minow

Copyright © 1998 by Martha Minow

Shinzansha's edition published by
arrangement with Beacon Press, Boston,
Massachusetts, through the mediation of
Chandler Crawford Agency Inc.,
Monterey, Massachusetts and Tuttle-Mori
Agency, Inc., Tokyo

日本語版への序文

　本書のテーマが日本で関心を持たれていることについて，私は大変な光栄を感じています。そして，喜んで日本語版への序文を書かせてもらっている次第です。悲しむべきことに，1998年以降2003年春の今日に至るまで，本書のテーマはますます世界中の政治，法，そして食卓での話題の中心となってきています。コソボ，東チモール，スーダン等々で展開されている激しい抗争は，人道的な危機をもたらし，犠牲者と生存者の間にますます深まる溝を作り出すと同時に，これらの事態に対処すべき法的・政治的対応策に関して論争を生み出してきました。2001年9月11日のテロ攻撃により，米国は無防備で攻撃されやすいことを新たに経験させられました。そして，復讐，憤怒，軍事的・法的対応策の選択について自己分析を開始したのです。NATOの介入と選挙の結果，スロボダン・ミロシェヴィッチ政権は崩壊しました。その後，ゾラン・ジンジッチがセルビア共和国首相に就任し，人道に対する罪を根拠としてミロシェヴィッチを逮捕し，旧ユーゴ国際刑事裁判所に引渡す手続を進めました。ミロシェヴィッチは審理を政治的な劇場に仕立て上げようとしましたが，思惑通りにはいかず，むしろ国際刑事訴追という形式の重大さと威信は高まりました。最も高まったのは，ミロシェヴィッチと関係している犯罪者集団が，まさにジンジッチを暗殺したときでした。

　2003年には米国不参加のまま国際刑事裁判所が開設されます。同じ年に南アフリカ真相解明・和解委員会が任務を終了します。国連とカンボジアは，ジェノサイドを根拠としてクメール・ルージュの指導者たちを審理する裁判所の創設に関して，少なくとも大まかな形式について合意しました。同時に，米国は国連安保理の承認なくしてイラクで戦争を開始しました。米国の行動は，アラブ諸国と西側諸国との間に新たな憤怒と復讐の循環を生み出す危険があると見るむきもあります。不幸なことに，世界は次のことを何度も何度も繰り返して学んでいるように思われます。過去の迫害の経験は，救済がないままだと将来激しい抗争を引き起こし，苦痛を伴

った人間の尊厳の破壊をもたらすものであるということを。世界中に配給された映画『裸足の1500マイル』[*1]は，1930年代に身柄を拘束された豪州のアボリジニの子どもたちに注目したものです。豪州ではまさにこの問題をめぐって賠償と認知に関する論争が国民的規模で行われているところです。米国では，事件後何十年も経ってから人種偏見に基づく殺人について訴追するのは古傷を開くものでしかないとして反対する人もいます。

　過去の恐怖が公けに認知されるべきなのは，どの時点においてでしょうか。沈黙しているのが賢明であるのはどのようなときでしょうか。認知は知識と異なります。というのは，認知は知識の伝達を伴い，しばしば知識を考慮して行動することを暗黙の前提としているからです。認知は，何が起こったかを自身では既に十分知ってはいるものの，他者が知っているという事実を知らない犠牲者にとって重要となることがあります。とりわけ，生じたことについて，および何が生じ得たかについて影響を与える立場にあった人々が，起こったことを実は知っているのだという事実を知らない犠牲者にとって重要となることがあります。さらに認知が重要となり得るのは，他者の人権を侵害する行為に参加した人々です。というのは，認知の過程で，関与した人々は自分たちが関わった事実に直面させられるし，関与について責任をとらせられたり，赦しを求めさせられたり，または彼らが望めば償いをさせることもできるからです。過去の大規模暴力を公的に認知することは，傍観者および将来世代にとっても極めて重要となり得ます。どのようにしてでしょうか。それは，真実の記録を確定し，歴史の記述に信頼性を付与することによってであり，そして，責任，補償，類似した暴力の防止について討論と行動を可能とすることによってです。

　認知は特定の形式も特定の結果も要しません。認知は公表することを通じて，および教育の積極的関与を通じて機能させることができます。認知は，歴史的事件を如何に理解するか，如何に伝えていくかに関する公開討

---

(1) 平成14年度より使用される中学校の歴史教科書に関する福田康夫官房長官のコメント（平成13年4月3日，外務省）を参照。http://www.mofa.go.jp/announce/announce/2001/4/0403.html（「我が国政府の歴史に関する基本認識については，... 我が国は，遠くない過去の一時期，植民地支配と侵略によって，多くの国々，とりわけアジア諸国の人々に対して多大の損害と苦痛を与えた事実を謙虚に受け止め，そのことについて痛切な反省と心からのお詫びの気持ちを表明するというものである」）。See generally James J. Orr,

論を通じて機能させることもできます(1)。秋葉忠利広島市長が2002年8月6日の平和宣言で発表したように,「和解の心は過去を『裁く』ことにはありません。人類の過ちを素直に受け止め,その過ちを繰り返さずに,未来を創ることにあります。そのためにも,誠実に過去の事実を知り理解することが大切です。だからこそ私たちは,世界の大学で「広島・長崎講座」を開設しようとしているのです」(2)。

認知は,立法機関の決議の形式をとることもあれば,決議後の討論過程で示されることもあります。新聞の見出しは,第二次大戦中の性的奴隷について日本の謝罪を認める立法府の決議を,「犠牲者が日本で発言力を高める」と要約しました(3)。認知は,刑事訴訟および民事訴訟を通じて進められることもあります。しかし,一般の人々に意識され承認されるのを確保するために,認知が常に明白な勝利または救済をもたらす必要はありません。大阪高裁は,第二次大戦中の強制労働の対象となった韓国人に対する補償請求を最近拒否しました。であるにもかかわらず,同裁判所は原審の認知についてはこれを維持しています。すなわち,原告らは過酷で危険な条件の下で労働を強制されたという事実を認知したのです(4)。また,第二次大戦中に中国で細菌兵器を使用したことを,最近の日本の裁判所が認知したときも,原告代理人としての日本の弁護士たちは,彼らの努力の一部を,日本が過去との折り合いをつけて,近隣諸国と前向きに付き合っていく上で有用な方法と理解しました(5)。独特の意義を持つ日本の謝罪は,他の多くの社会にとって機知に富んだ手段を提供してくれるでしょう。

The Victim as Hero: Ideologies of Peace and National Identity in Postwar Japan (University of Hawaii Press 2001).

(2) www.chugoku-np.co-jp/abom/02e/8_6/hdeclaration.html

(3) Kim Ji-Ho, Victims Gain Voice in Japan, Korea Herald, Feb. 13, 2002, 2003 West Law 5414930.

(4) Report, Japanese Court Rejects South Korean Slave Labor Claims, Associated Press, Nov.19, 2002. 裁判所は韓国と日本の以前の条約は戦争から生ずる全ての請求を放棄しているという理論に基づいて補償請求を認めなかった。

(5) 'Don't Look, Don't Listen, Don't Tell," Irish Times, Sept. 18, 2002. See also Onuma Yaskuaki, Japanese War Guilt and Postwar Responsibilities of Japan, 20 Berkeley J. International Law 600 (2002); Yun Duk-min, Sharing the Past, Planning the Future: Korea-Japan Ties Face Challenges, Korea Herald, Feb. 13, 2002 (2003 West Law 541906).

我々すべてが，過去の迫害および侵略の記憶に苦しんでおり，将来の再発を回避するよう努力しているからです(6)。多分，これまで以上に努力して過去の恐怖を認知する方法を共有できれば，我々は復讐と赦しという話題を将来において見出すことはないでしょう。

マーサ・ミノウ

(*1)　映画の原作は 2002 年に豪州で出版された "Rabbit-Proof Fence"。実話に基づく物語である。1931 年，西オーストラリアにアボリジニである3人の少女(14歳，10歳，8歳)が母親と暮らしていたが，アボリジニ保護という名目で，黒人アボリジニおよび白人との混血の子供たちを家族から引き離し，白人に同化する政策が実施され，彼女たちは母親から無理やり引き離された。3人は 2400 キロ離れた先住民居留区で粗末な食事を与えられつつ白人文化に溶け込むための厳しい躾が為された。脱走防止のために監視も置かれていた。しかし，3人は母親のもとに帰ろうと決意する。脱走後，警察隊の追跡が開始されるが，彼女たちは大陸の砂漠地帯を横断して設置されていたウサギよけのフェンスに沿って徒歩で1ヵ月以上にも及ぶ長い帰路につくというのがその内容。なお，179 頁の訳註 6 も参照。

(6) See, e.g., Hiroshi Wagatsuma and Arthur Rosett, The Implications of Apology: Law and Culture in Japan and the United States, 20 Law & Society Rev. 461 (1986); Takeo Doi, The Anatomy of Dependence (Kodansha 1973).

緒　言

　1991年以降，私は南アフリカ，旧ユーゴスラヴィア，ルワンダでの大規模暴力を調査する最前線にいた。何度も繰り返して私に強い印象を与えたことは，加害者，犠牲者，傍観者たちが大規模人権侵害に対して反応する態様に類似性が見られることであった。すなわち，無辜の人々が殺され，略奪され，拷問にかけられるのを目の前にしながら示す酷薄な態度，残虐行為の実行者が行う弁解の浅薄さ，犠牲者による正義の要求，傍観者の不知の抗弁等々であった。こうした状況は至るところで見られ，したがって，我々は誰であっても何処にいようともこの上もないほど邪悪となる可能性があることを認識しなければならないし，たとえどのような人であったとしても犠牲者が癒しの機会を与えられる必要があることも認識しなければならない。如何なる国も，如何なる宗教も，そして如何なる人々もこうした現象から逃れることはできない。

　本書で，ミノウ教授は極めて詳細に，大規模暴力の時代を経た社会が直面する選択肢を検討している。彼女はラテン・アメリカ，ヨーロッパ，アフリカ諸国の経験を幅広く渉猟している。彼女が本書で扱う問題の発想源は，この問題を検討した会議にある。会議は「歴史と我々自身に向き合う」というボストンを根拠地とする組織が主催したものである。ちなみにこの組織は，暴力に対して如何に対処すべきか，ホロコーストや他のジェノサイド（集団殺害）を如何に理解すべきかという問題を若い世代に教えることを目的とした教育プログラムを生み出してきた団体である。

　認識されるべきは，完全無欠な社会では犠牲者が十分な正義を与えられていること，すなわち，加害者の裁判が行われ，有罪とされればそれに相応しい刑に処せられなければならないということである。こうした理念を大規模暴力の直後で実現することは不可能である。犠牲者も加害者も多すぎるからである。たとえ極めて精巧にできている刑事裁判制度であっても完全に押しつぶされてしまうであろう。こうした理由から，我々の社会は別の解決策を見出さなければならない。若干の国では，ただ単に過去を忘

れ，国家的規模の記憶喪失を国民にもたらそうとしている。もちろん，これは失敗するに決まっている。何となれば犠牲者は何が起こったのかを忘れないし，そもそも忘れることなどできないからである。報いられることのない犠牲者たちの報復の要求は憎しみに変わり，そしてこの憎しみは常に加害者の出身母体集団に対して向けられる。旧ユーゴスラヴィアとルワンダにおいて，このようにしてもたらされた憎しみは邪悪な指導者たちによって利用され，これらの指導者が支配していた人々に，ジェノサイド，人道に対する罪，その他の大規模人権侵害を犯さしめたのである。

　他の諸国の賢明な指導者たちは，平和が持続するための基礎を築くために，過去を適切に処理する措置がとられなければならないと認識していた。例えば，歴史が記録されなければならないこと，正義を求める要求が聞き入れられなければならないこと，加害者が責任を問われなければならないこと等が承認されていた。ミノウ教授が我々に提示するように，一般論を述べること，または机上の空論的なアドバイスを行うことは危険である。あらゆる状況に対応できる処方箋は存在しない。ほとんどのケースで，選択肢は政治的・軍事的・経済的条件によって制約を受けるであろう。そして，如何なる解決策が選択されようと，それは複合的なものとなろう。彼女が言うように，「大虐殺の後に整然とした結末が続くことはない」。だからといってこの指摘が何もしない理由として使われるべきでもない。本書で考察される対処方法の形式は，必ずしも排他的であったり相互に矛盾したものであるとは思わない。南アフリカでは，真相解明・和解委員会を立法化したからといってアパルトヘイト推進者たちを訴追することの妨げとはなっていない。ボスニア・ヘルツェゴヴィナでは，国民が望みさえすれば，アムネスティ型ではない真相解明委員会を設立して国連戦争犯罪法廷を補完するよう主張することは可能である。ルワンダでも，真相解明委員会設立について真剣な考慮が払われている。そして，受忍し難いほど劣悪な環境の刑務所で裁判を待っている多くの人々を取り扱うのに，真相解明委員会ほど賢明な方法はないであろう。確実にいえることは，無惨にもズタズタに引き裂かれた国家が血にまみれた殺人・略奪・追放といった経験から立ち直ろうとしているのであれば，創造力に富んだ解決策を発見していかなければならないだろうということである。私が思うに，有罪判決を

受けた加害者たちを公然と処刑している現在のルワンダの政策は、単なる復讐行為でしかない。しかも、この政策は、持続的な平和と和解をルワンダにもたらすことはないと多くのルワンダ人も解釈するであろう。処刑された人々が公正な裁判を受けていないということは事態の悪化を煽るものでしかない。ルワンダ政府はジェノサイドの影響で大きな問題を抱えている。ジェノサイドにより、国民の10%以上もの人々がわずか3ヵ月の間に殺害されたのである。国際裁判所の審理が遅々として進まないことでルワンダ政府が業を煮やすのは理解できる。しかしながら、一般市民の支持が認識されるか否かにかかわらず、ルワンダ政府が国民をこの種の蛮行にさらすことは正当化できない。さらに、国際社会がルワンダの行った政策を非難することをルワンダ政府は排除すべきでもない。

　大虐殺を前にしても、それでもなお、刑事訴追には多くの、しかも疑う余地のない問題が付随している。ミノウ教授は、洞察力をもって、訴追が選択的であることから生ずる問題、および如何にしてこの問題が公正性の認識を損なうかに言及する。私がこの序文を書いているとき、ユーゴスラヴィア法廷の主任検察官は、同裁判所に起訴されていた被告人のうち14人に対して、起訴状を撤回すると発表した。マーサ・ミノウが指摘するように、「この決定は、法廷で利用可能な資料のかたよりをなくすことを目的として、および、事件を公正かつ迅速に処理する必要性を認識して下されたものである」。合理的期間内に審理を受ける権利のある多くの被告人が増大しつつある状況に直面したアーバー判事に、我々はただ同情するのみである。同時に、いずれ改めて起訴される可能性があると同判事が指摘するにもかかわらず、起訴状の撤回は、恩赦を与えたのに等しい効果をもたらす。私としては、虐殺の多くの犠牲者にこの決定が与えた効果を顧慮しないわけにはいかない。虐殺は起訴の根拠となっていたのである。ボスニアまたは他のヨーロッパ諸国のいずれかの国内裁判所で裁判を行うために、何らかの取極めが作成されるべきだったのであろう。

　犠牲者は無視されることが多い。犠牲者が政治家または軍人たちの議事日程の項目にのぼることは稀である。のぼっていたとしたら、国連安保理が旧ユーゴスラヴィア国際刑事裁判所主席検察官を任命するのに18ヵ月もかからなかったであろうし、また、同裁判所で起訴された他の被告人の

逮捕に続いて，完全武装したNATO軍がカラジッチおよびムラディッチを逮捕することを優先事項として命令するのに18ヵ月もかからなかったであろう。

　南アフリカの真相解明・和解委員会(以下，TRCとする)について一言述べておきたい。私は当初からTRCの支持者であったこと，そして創設に至る議論に関わっていたことを認めなければならない。TRCの成功は私の予測をはるかに超えている。TRCが失敗する可能性は，この上もなく大きかった。無視されていたかもしれない。しかし現実は逆であった。7,000人以上の恩赦の申し出があった。20,000人以上もの犠牲者から意見と証拠がもたらされた。アパルトヘイト治安部隊が犯した多くの重大な人権侵害を否定することは証拠の提出によって不可能となった。

　我々は次のことを想像しさえすればよいのである。南アフリカの行ってきたことを評価するためにTRCがなかったとしたら，今日の南アフリカはどうなっていただろう，と。南アフリカ国民でTRCに興味を感じない人はまずいない。ビジネスの世界，法曹，医者，大学等々，南アフリカ社会のあらゆる分野の人々がアパルトヘイトに関与した。相当数の南アフリカの白人は，積極的であると不承不承であるとを問わず，この邪悪な制度の恩恵を受けたのであり，そして後悔，恥かしさ，当惑を経験してきた。

　TRCは余りにも長く活動しすぎる，と南アフリカの黒人が不満を述べるのを私は聞いたことがない。また，途中で中止されるべきだと彼らが示唆したとも聞かない。TRCによって「傷口を開かれる」のはもうたくさんだ，と多くの南アフリカの白人が不平をもらすのは聞いてきた。彼らは誰の傷に言及しているのだろう。驚かざるを得ない。彼ら自身の傷でないことは確かである。それでは犠牲者の傷が癒されるのはどのようにしてだろうと彼らは考えるのか。私がこのことを劇作家のアリエル・ドルフマンに伝えたとき，彼は例のように賢明な方法で私の発言を修正した。彼の指摘によれば，南アフリカの白人もまたアパルトヘイトの犠牲者なのである。白人たちが真実に接して感じる不快感は，彼らの羞恥心の表れであるし，そしてそのこともまた彼らを犠牲者にしているのである。その点がミノウ教授の指摘の重要なところである。すなわちこの議論には加害者および犠牲者だけでなく，「傍観者」も含まれなければならないとするのである。

最後に，南アフリカ国民の話がかみ合わないという問題に言及しておきたい。好例は，デ・クラーク元大統領がTRCに出頭した時に，彼がツツ大主教にもたらした苦悶である。アパルトヘイトについて意義深い謝罪を行おうとすれば，デ・クラークは彼の全政治活動中に履行を促進したあらゆる政策について正当化事由が全くないことを，そして彼の前に彼の父親（父もまた閣僚だった）が履行したあらゆる政策についても正当化事由が全くないことを認めなければならなかったであろう。彼はアパルトヘイトが道徳に反する政策であることを認めなければならなかったであろう。しかし，彼はこれらのいずれも行わなかった。彼は，アパルトヘイトが誤りであったのは，それが道義的に間違っているからではなく，それが失敗したからであると認識していた。また，彼にとってアパルトヘイトは，全ての南アフリカ国民の利益になるはずであった。彼の謝罪はこうした認識から出ていると言ったからといって，私は彼を不当に扱っているとは思わない。

　上に記したことは，卓越した業績の成果である本書が扱っているあまたの争点中のほんの一部でしかない。頁をめくるごとに私は私の人生の中での過去8年間に経験した私自身の学習体験を思い出した。次の1,000年間に戦争犯罪および人権侵害を抑制する方法を見出そうとする人々にとって，本書は重要な財産となる。序章において著者は，残虐行為に対する様々な対処方法の目的および限界を評価するために，語彙を開発したい旨の期待を表明している。彼女はそうした希望を成就させたのである。

リチャード・J・ゴールドストーン判事
南アフリカ憲法裁判所判事
元旧ユーゴスラヴィアおよびルワンダ国際刑事裁判所主席検察官

マーサ・ミノウ　復讐と赦しのあいだ

も　く　じ

日本語版への序文
緒　　言
第1章　序 ………………………………………………………… *13*
第2章　復讐と赦し ……………………………………………… *25*
　復　　讐　*27*
　赦　　し　*33*
第3章　裁　　判 ………………………………………………… *49*
　裁判に対する3つの批判　*55*
　遡　及　効　*58*
　政　治　化　*67*
　選　択　性　*69*
　シニシズムへの抵抗　*79*
第4章　真相解明委員会 ………………………………………… *85*
　次善の策か？　*93*
　証言と審問を通じての癒し　*99*
　国民を癒す　*123*
　警戒すべきこと　*130*
　諸目標のスペクトラム　*135*
第5章　賠　　償 ………………………………………………… *141*
　日系米国人の抑留と賠償金　*146*
　修復不能な事態の修復　*157*
　原状回復　*164*
　謝　　罪　*171*
第6章　歴史と向き合う ………………………………………… *181*
　裁判，真相解明委員会，そして賠償　*189*
　　1．裁　　判　*189*
　　2．真相解明委員会　*195*
　　3．賠　　償　*202*
　　4．文脈的関心　*204*

もくじ

　　その他の可能性　208
　　振り返って　222
　補　　論 228
　　裁　　判　228
　　真相解明委員会　231
　　賠償と記念碑　233
　謝　　辞 237
　解　　題 240
　正義の治癒力？ .... ［駒村圭吾］249

「法の支配」をめぐって .... ［荒木教夫］259
　索　　引 .... 巻末

〔凡　　例〕

1　訳者による補足や簡単な注記は，キッコウ括弧〔……〕による。
2　訳者による注記は(*1)の形式で示し，注記の内容は各章末に掲げてある。ある程度の分量があり，説明事項として独立させるのが適当なものは，基本的に，1の補足ではなく訳注にまわしたが，多少の分量があっても本文の流れの中で参照した方が読む上で便宜であると思われるものについては，訳注にまわさず，〔……〕による補足として文中に置いた。
3　人名の原語は文中には掲げず，索引に掲げた。本書に登場する人名等は極めて多彩であり，また出身国そのものが不分明のものもあった。訳出に当たっては，できる限りの調査をし，また，原著者の助力も得て，正確な発音に努めたつもりだが，遺漏や誤りがある場合はどうかご寛恕いただきたい。
4　Truth には，真理，真実，真相などの訳語があり得るところである。本書と関連する論点を扱った邦語文献では「真実」を用いる例が多い。真相の解明が単なる制度的な探求行為を超えて，癒しや民族和解に連結するという機能を強調したり，真理の持つ超越性が政治的融和を牽引する象徴的機能を果たすことを重視する観点から，「真実」の語を選択すべきかもしれない。が，そのように truth の含意を規定すること自体，争点になり得るだろうし，真相解明の治療的・宗教的・哲学的含意が強調されだしたのは南アフリカの試み以降であるようにも思わ

れる。したがって，本書では控えめに「真相」と訳出することにした。Truth and reconciliation commission については，一般に通用力があると見られる「真実和解委員会」ではなく，その任務内容を明確にすることも含めて，「真相解明・和解委員会」の訳語を当てた。この南アフリカの機関以外の同種の機関を総称して原著では truth commission の語が使用されているが，これには「真相解明委員会」の訳語を当ててある。もちろん，これは暫定的な処置であって，訳語選択は今後の議論に開かれている。なお，truth の語にある種の超越的な含意を込めてあると思われる個所では適宜「真実」の訳語を当ててあるところもある。

5　本書ではいくつかの概念が使い分けられている。著者によれば，例えば atrocity は，極度に邪悪で卑劣な蛮行(extremely wicked, evil, vile, brutality)を意味し，violation は，ルール，権利，身体的保全，規範，道徳などの侵害(transgression of rules, rights, bodily integrity, norms, or morality)をいうとされる。意味の重複が認められるが，atrocity は，通常の人が感じるであろう恐怖を強調し，violation はより抽象的で一般的な観念で，社会が許容する最後の一線を越えることを強調する。また，massive と collective の相違であるが，前者は規模，数，範囲が膨大であることを意味する。後者は集団への帰属という側面を強調した概念である。したがって，a massive violation は，多くの人々に影響するか，権利を極端に侵害することを意味し，a collective harm は，国家，民族，宗教，人種等，特定集団の構成員であることを理由として加えられた危害を示す。訳出にあたっては，atrocity を残虐行為ないし虐殺，a mass atrocity を大虐殺ないし大量虐殺，a collective harm を集団的危害等々としたが，文脈によって必ずしも同一の日本語をあててはいない。著者が指摘するように，意味の重複がみられる英語であること，また，定訳化した日本語のニュアンスと異なる意味が原語に含まれること(例えば，日系米国人の強制収容問題を a mass atrocity として表現している(157頁)。これを「大虐殺」と訳すわけにはいかない)，法的厳密性は追求しておらず，相互互換的な用法もみられる等々の理由による。他に，collective violence(集団的暴力)，mass murders(大量殺害ないし大量殺戮)，mass slaughter(大量虐殺)，mass violence(大規模暴力)，massive horrors(大規模惨事)，violation(違法行為，暴力)，massacres(虐殺)等が本書で使用されているが，互換的に使っていると思われる箇所もあり，これらについても，訳語を厳格に統一させているわけではない。

第 *1* 章

序

> あなたたちは，癒すことのできない諸々の環境に囲まれて人生を送っている。……言葉では言い表すことのできない何ものかが取り巻く中で。
> ——ドリ・ローブ
> 1998年2月9日にイェール大学で開催された会議，"Searching for Memory and Justice: The Holocaust and Apartheid" での，"Healing the Victims: Possibilities and Impossibilities" に関するパネル司会者の発言。

> この日く言い難い微妙な問題に関して，苦痛と治癒を区別することは困難である。
> ——ジェフリー・ハートマン
> "Darkness Visible", *Holocaust Remembrance: The Shapes of Memory*, ed. Geoffrey H. Hartman (Oxford: Blackwell, 1994) 所収の序文, 1, 16.

20世紀は,大虐殺の時代として記憶されていくのだろうか。第二次大戦中のホロコースト,カンボジアの戦場,体制破壊に対抗するアルゼンチンの「汚辱にまみれた戦争(*1)」および拷問と殺人が跋扈する体制,南アフリカのアパルトヘイトおよびアパルトヘイトを支えるために使用された暴力,トルコによるアルメニア人の大量虐殺,共産主義以前および以後に見られたルーマニアでの恐怖政治,東ドイツで浸透していたスパイ制度,およびベルリンの壁周辺で行われていた死をもたらす措置の執行,スターリンによる殺戮,ミライ村の米国兵。ウガンダ,チリ,エチオピア政府による抑圧,大規模な拷問,および殺人。東欧,ギリシャ,ウルグアイ,ブラジル等で見られた恐怖と弾圧を伴った軍事体制等々。これらの恐ろしい出来事は,それぞれ独特なものであり,相互に比較できるものではない。また,人間を殺戮し拷問し続けたと印象づけられる世紀は,残念ながら人類史上特異な時代というわけでもない。ジェノサイドと拷問の体制が存在していたという事実がこの時代を特徴づけるのだが,それ以上に特異なのは,おそらく,特殊で新しい形態の法的対応策を創出したことである。言語に絶する破壊と人類の堕落に対する何らかの応答を個人や社会は求めている。そして,これらの法的対応策の可能性と限界は,当該個人や社会の期待と現実への関わり方を示している。

　ジェノサイド(1),虐殺,組織的レイプ,そして拷問は何のために行われるのか。その目的は我々を愕然とさせる。それは,個々の人間の生命と尊厳を損ねることだけでなく,彼らの記憶を破壊することでもあった。こうした目的に結びついているのが,ホロコーストと最終的解決,南京事件,

---

(1) ラファエル・レムキンは,「ジェノサイド(genocide)」を次のように定義する。「民族集団の生活の本質的基礎を破壊することを目的とした様々な組織的行動計画。集団自体の絶滅を目的とした行動も含む」。Raphael Lemkin, *Axis Rule in Occupied Europe* (Washington, D.C.: Carnegie Endowment for International Peace, 1944; reprint, New York: Howard Fertig, 1973), 79. 後に国連はジェノサイドが次のような意味を持つものと定式化した。「国民的,民族的,人種的または宗教的な集団の全部または一部を集団それ自体として破壊する意図をもって行われる行為」United Nations, *Yearbook of the United Nations*, 1948-49 (New York: Columbia University Press, 1949), 959-60.「ジェノサイド」という用語は学者間の論争を引き起こした。See David Rieff, "An Age of Genocide", *New Republic*, 29 Jan. 1996, 27. この用語は,幅広い意味を持つ一般的な語へと濾過されつつあるともいえる。私は本書の大半において,ジェノサイドよりはむしろ大量殺人,拷問,大規模暴力,虐殺という表現を使用する。

第1章 序

カンボジアの大量殺戮,トルコ革命時に生じたアルメニア人のジェノサイド,ナイジェリアでのイボ族虐殺,フツ族殺戮,ソ連の強制労働収容所(Gulag),チリ「左派」・アルゼンチンの学生・アパルトヘイト犠牲者の拷問等である。

それでも,大規模暴力事件の中には,事件後に,複雑にもつれると同時に苦痛を伴ったものの,驚くほど見事に周辺社会を変容させているものもある。例えば,アルゼンチン,ブラジル,ポーランド,統一ドイツ,そして南アフリカでは,以前よりも抑圧的でない体制が登場し,中には民主主義的とさえいえる体制が登場したのである(2)。そのように変容する中で,社会が格闘しなければならないのは,以前に生じた事態の真相についてどの程度知るべきか,関係者を罰するべきか否か,如何に損害の埋め合わせをすべきかといった問題である。暴力の時代が過ぎ去った後で,加害者,犠牲者,傍観者がそのまま存在し続ける状態を如何に扱うべきか。これが中心的問題であり,より的確に言えば,一連の諸問題である。よく聞かれる表現は,二つの危険性を措定する。過去に拘泥することと,そして過去を忘却することである。換言すれば,過度に記憶するかまたは十分に記憶しないこと,犠牲者たることを過度に神聖視するかまたは犠牲者と生存者を十分に記憶しておかないこと,過去にこだわりすぎるかまたは現在の出発点としての過去を過小にしか認識しないことである。これらの危険性が合体してついてまわるのは,大規模暴力の後に出現する社会にだけではない。トラウマから回復中の個人にもつきまとうのである。

本書が検討するのは,如何にして国家が残虐行為に対する公式の対応策を捜し求めたかであり,如何にして事件を国内的または国際的に再構成したかである。人々や国家の指導者たちが常々拒否してきたのは,事実を忘却させることであり,または事実が否定されることであった。法的対応策が模索されるという現象は何を意味するのか。暴力を言語に,恐怖を公正

---

(2) ニュルンベルクから50年以上,ラテン・アメリカ諸国の体制転換から10年以上,東欧の体制転換の開始から10年近く,そして南アフリカはといえば,依然として体制転換の只中にある現在,しかも,第二次大戦中の日系米国人強制収容に対する賠償,奴隷制度に対する米国政府の謝罪提案,土地請求に関するハワイでの闘争激化等々によって米国内の反響が喧しい中で,この問題について書いている現時点の状況に気づかないわけにはいかないし,だからといって現状を十分に理解するのも困難である。

に置き替えようとする方針を喜んで受け入れるか，または継続せんとする試みを示している。虐殺，国家が後ろ盾となって行われた拷問，女性の組織的レイプ，子供たちへの爆撃の後では，法的対応策も取るに足らないかまたは常に十分でないように思われる。しかし，それでもアルゼンチンやルワンダのように，集団的暴力から抜け出した社会は，殺人および拷問命令を出した人，これらの命令を起草した人，これらの命令によって利益を得た人を訴追しようとしたこともあった。このような社会の全てが，国際人権基準に従うために訴追を行わなければならないのだろうか。最近考案された代替的な法的対応策には以下のようなものがある。かつての東ドイツ秘密警察(シュタージ)が有した資料に一般人が自由に接することができるようにすること，チェコスロバキアのように，旧体制に関与していた公務員を公職につけないこと，および追放すること，カナダに見られるように，原状回復として先住民集団へ土地を譲渡すること等である。これらの対応策は訴追ほど積極的なものではない。しかし，人々が過去に何が起こったのかを知るため，およびはっきりと過去と決別するための必要を満たすものとなろう。

　ブラジル等の若干の国家は，人権侵害に巻き込まれた人々の名前を公示する。チリや南アフリカは，犠牲者の話を聞き，誰の手によって何が生じたのか真実を収集することを任務とする調査委員会を創設した。第二次大戦後のドイツおよび最近のスイスを含めて，多くの国はひとりひとりの犠牲者，犠牲者の家族または極めて重大な被害を被った集団のために損害賠償金を保証している。さらにドイツは，個々の犠牲者に対して治療サービスを行うため財政的援助を認めた。また，スカンジナヴィア及びラテン・アメリカ諸国の精神医学の専門家たちは，生存者が経験した集団的恐怖に対処する治療法を改良しようと試みている。いうまでもなく，この治療法は，当該恐怖を対象とする生存者たちの政治活動に影響を及ぼさないものでなければならない。

　諸国および諸都市は公共の記念碑，彫刻，博物館，記念日という形式で記念物を造り，人々は音楽，詩，演劇作品を提供した。学童および生徒のために開発されたカリキュラムを含めて，公教育のプログラムを要求し工夫することも重要な対処方法である。公教育は，秘密を取り去り，変化を

祝い，将来残虐行為が再発しないよう警告を発するために，生じたことについて多様な見方を伝えることができる。いくつかの国家はテレビのトークショーまたはそれほど公式ではない機会を作ることを許可するか奨励して，犠牲者と加害者の間の対立を示そうとする。加害者とは，犠牲者を拷問にかけたか，または犠牲者の親族を殺した人々である。こうした措置は，政府外の人々，および法の外部にある機関が関与する。

　チリ，ギリシャ，ウルグアイで採用された戦略は全く異なっている。例えば，テロに関わった人々に恩赦を与えるかまたは訴追を免除する。このアプローチは，何が実際に起こったのかについて，抑圧した側から情報を得ることができる。しかも，それを目的とした政府の活動と併用することもできる。現に南アフリカではそのようにされてきた。南アフリカ真相解明・和解委員会(以下，TRC)は，以下のような要素を結合させた革新的かつ可能性の大きい試みであることを示している。すなわち，何が起こったのかについての究明，犠牲者の証言の場，損害賠償請求手続，そして政治的に動機づけられた暴力においてどのような役割を演じたのかを誠実に語る加害者に恩赦を与えるメカニズム，といった要素である。

　これら全ての選択肢は一つの特徴を共有している。何がしかの行為を行なうということである。もっとも，せいぜいのところ，それらは過度な記憶と過度の忘却の間に存在する道を探そうとするだけかもしれない。それでもそれらは，復讐と赦しの間に何らかの道を捜し求めようとする。ハンナ・アレントは以下の主張を展開し議論を巻き起こした。ジェノサイドに直面して，我々は，「罰することができないことを赦すことはできないし，結果的に容赦できないことが判明しても罰することもできない[3]」。たとえ彼女が正しいとしても，だからといって何もしないでいることは誤りであろう。何の可能性も将来性もない抑圧された空間に住むことは受け入れられない。犠牲者に対して感受性が鈍いことにもなるし，待ち受けている将来にとって無益でもある。以上のように，上述の対応策の根底にあるのは，残虐行為を確認して犠牲者のために行動しようとすることである。

　本書において，私は集団的暴力に対する様々な対応策をもって達成でき

---

(3) Hannah Arendt, *The Human Condition* (Chicago: University of Chicago Press, 1958), 241.

ることとできないことを検討する。そうして，私は社会的規模で生ずる残虐行為に対する個々の対応策の目的と限界を評価するための語彙を開発し深めようと思う。暴力の生存者は特定可能な加害者に対する応報を，そして，生じたことを公に知らしめることを切望する。生存者の中には金銭賠償を望む者もいる。心理的・精神的治癒が重要であると思われる生存者もいる。また，生存者および仲間の市民の中には，人生を前向きに生き続けること，以前は損なわれていた集団間の信頼を構築したり再構築すること，民主主義的制度を確立したり強固にしたりすることを優先する人もいる。多くの人は，社会全体が犯罪者を処罰し，将来そのような行動が生じるのを抑止する努力を支えていく必要があると信じている。当然のことながら，人々はこれらの可能性の中から優先順位をつけるにあたり，大変な困難を感じるであろう。

　たとえそうであっても，私は集団的暴力に対する対応策を具体化しようとする目的を明らかにしたいと思う。同時にこれらの目的を達成するための様々な社会的対応策の力が相対的なものでしかないことを明らかにしたいと思う。ここでは正確さを追求しない。これらの問題が分析によって決着をつけられるとか，達成感を獲得できるなどと示唆しようと思ってもいない。私が正確さを求めることに抵抗を感じるのは2つの理由からである。第1に，国家，そしてまさに個人にとって，事件の背景および状況は多様であり，そのため，過去を扱う際の目的および使用される方法を，状況に応じて変化させ，特徴づけざるを得ないからである。重要なのは，新しいレジームが，古い指導者たちとの戦闘を通じてもたらされたのか交渉を通じてもたらされたのかであり，侵害行為が人口の多くに関わるのか少数のみに関わるのかである。さらに，個人が，現世での行動の帰結に関して神の判断が下されるということを信仰上深く信じるのか，それとも家族が生き残ることにエネルギーを傾注したいと強く願っているのかどうかが問題なのである。背景となる状況が問題であると言いさえすれば分析が終わるというものではない。それはむしろ，出発点でしかない。

　このような問題について正確さや閉包(*2)を示唆することに抵抗したい第2の理由がある。それは，おそらく第1の理由よりも重要である。すなわち，以下のような場合において事後の「如何なる」対応策も十分であると

はいえないということである。たとえば，子供たちの集団に発砲するよう命令された警官があなたの息子を殺したとき，あなたが自宅から引っ張り出され，尋問され，「民族浄化」のうねりの中でレイプされたとき，または，抑圧的な政府と闘っているあなたの兄弟が行方不明となり，秘密警察の資料だけが残され，彼がどこに埋葬されているのか手掛りが全くないときである。このような場合に閉包は考えられない。仮に考えられたとしても，閉包は人生を永遠に絶たれた人々を侮辱するだけであろう。おぞましい出来事を語り，そのための言葉を探りあてることでさえ，生じた出来事が言語に絶するほどの性質と効果を持っていることをあえて否認しようとするものでしかない。とはいえ，沈黙は容認できない犯罪でもある。さらに沈黙は，衝撃的なことではあるが，結局のところ，加害者が成功を手にしたという意味合いを持つものだし，かつて抑圧的レジームの下で沈黙していた傍観者たちが現代の聴衆として蘇ったに過ぎないともいえる。法的対応は脆く不十分とならざるを得ない。ラリー・ランガーが書いているように，「法の論理はジェノサイドの没論理を決して理解しないであろう[4]」。しかし，法的機関の不作為は，加害者が首尾よく正義の手段を麻痺させることを意味する。抑圧者たちに向けられた新たな大規模暴力でさえ，何もしないよりは多くの希望を提供し，理想，正義，人間愛を復活させるかもしれない。しかし，正義の名の下で行われる復讐と暴力は新たな循環をもたらし，上記の希望すら圧殺してしまうのである。

　かくして，本書は集団的残虐行為に対してとられる可能性のある個々の対応策に必ずといってよいほど見られる不完全性および不十分性について断片的に省察したものとならざるを得ない。また，忘却に抵抗するためのささやかな試みでもある。本書は，何らかの対応を促しつつも，言論と正義，真相告白と賠償，記憶と教育等々の失敗について語る研究の成果でもある。本書は，21世紀に生きる次の世代への手紙であるが，その時代になってもなお，我々が，大規模暴力および大規模暴力から回復するための専門家と手が切れていないのではないかと恐れつつ書いたものである。

---

(4) Lawrence L. Langer, *Admitting the Holocaust* (New York: Oxford University Press, 1995), 171.

1991年から1995年にかけて、ボスニアで生じた集団的暴力の一部として、約2万人のイスラム教徒の女性および少女がセルビア人の男にレイプされた。2人の女性、ジャドランカ・シジェリおよびニュスレタ・シバッチはこの暴力の生存者であり、彼女ら自身の話を語る努力をしてくれ、400人以上の女性の話を収集してくれた。それらの女性はもちろん拘留され拷問を受け絶食させられレイプされた人々である(5)。彼女たちを捕えた男たちは、国際的メディアが暴力行為を暴露し始めた後で、オマルスカ収容所から、他の女性と共に二人も解放した。二人は肉体的にも精神的にも打ちひしがれていたが、健気にもメディアに向かって彼女たち自身の話を伝えてくれた。彼女たちはある賞を受けた記録映画、『コーリング・ザ・ゴースト——沈黙を破ったボスニア女性たち(1996)』の製作に協力した。また、旧ユーゴ国際刑事裁判所に証言を提出した。1996年6月、同裁判所は8人の男を逮捕するための起訴状を発し、レイプが戦争の武器であり、かつ人道に対する罪であることを認める最初の訴追を行った(6)。

この物語にハッピーエンドはないし、そもそもあり得ない。事件の5年後、レイプ犯の大部分は「レイプを武器として利用した指揮官と同様に」自由のままである(7)。最近、レイプで起訴された人々に対して若干の訴追が行われた。しかし、裁判長は、米国またはNATO諸国がボスニア戦争の教唆者を裁判に利用させない限り、旧ユーゴ国際刑事裁判所を閉廷するよう要求した。非政府間組織(NGO)であるヒューマン・ライツ・ウオッ

---

(5) Gayle Kirshenbaum, "Women of the Year: Jadranka Cilgelj and Nusreta Sivac", *Ms. Magazine*, January/February 1977, 64-68.

(6) レイプを政治的被害と同一視することは、19世紀の米国における反私刑運動の再現でもあった。See Bettina Aptheker, *Women's Legacy: Essays on Race, Sex, and Class in American History*(Amherst, Mass.: University of Massachusetts Press,1982), 63. さ ら に、20世紀後半におけるフェミニズムの第二の波について、See Linda Gordon and Ellen DuBois, "Seeking Ecstasy on the Battlefield: Danger and Pleasure in Nineteenth-Century Feminist Thought", *Feminist Studies* (spring 1983): 7-25. See also Rhonda Copeland, "Gendered War Crimes: Reconceptualizing Rape in Time of War", *Women's Rights, Human Rights: International Feminist Perspectives* (New York: Routledge, 1995), 197: Catharine A. MacKinnon, "Rape, Genocide, and Women's Human Rights", *Harvard Women's Law Journal* 17(1994): 5; Dorothy Q. Thomas and Regan E. Ralph, "Rape in War: Challenging the Tradition of Impunity", [Johns Hopkins University] *School of Advanced International Studies Review*(winter/spring 1994):81.

(7) Elizabeth Neuffer, "Justice at Hague Moves Slowly for Bosnia Rape Victims", *Boston Globe*, Sunday, 11 Jan. 1998, sec. A, p.10.

チ（Human Rights Watch）(*3)のために，ボスニアの女性問題を調査するグループの一員であるジュリア・ホールは1998年に次のように報告した。「今や女性たちは，証言したくないと言っています。彼女たちは他でもない自分たち自身のこれからの人生だけを考えたがっています。彼女たちは正義を望んでいますし，正義を必要ともしています。しかし，彼女たちは正義を得ようなどとは考えていません(8)」。人権法の国際的執行という理想は拡大したが，他方で，失敗とはいえないが不完全なこうした活動によって，この理想は損なわれたのである。

「歴史と我々自身に向き合う（Facing History and Ourselves）」という名称の組織に参加している人々と協力して，私は過去2年間，集団的暴力，ジェノサイド，人種隔離，拷問に対して制度的に可能な対応策を模索してきた。「歴史と我々自身に向き合う」は，米国の高校および中学校のため，学習用教材を開発し，教員教育講座を行ってきた。このプログラムは，学校でホロコースト，人種隔離，犯罪的レジームに取り組むことを望む他国の人々とますます協議するようになっている。不可解な型の暴力と拷問を経験した世界で，そして今日においても依然としてそうした事態を産み出す世界で成長した若い人たちが，こうした教育で得られる教訓とは何か。彼らに何が教えられるべきなのだろうか。子供たちが成長するまで，こうした型の暴力や拷問は隠しておいて彼らを保護した方が良いのだろうか。「歴史と我々自身に向き合う」プログラムが賭けたのは，若い人々は大人の手の下で生じた惨事について学んだ方が，彼らの世界を形作り続けている出来事に沈黙しているよりも賢明であろうということである。当然ながら，若い人々は，何が為されてきたのか知りたがっているし，再発に反応し，矯正し，防止するために何を行うことができるか知りたがっている。彼らは復讐と赦しの間に立つ場所を見出し得るかどうか尋ねる。そして，生存者，傍観者，次世代の人々がとるべき立場を見出し得るかどうか訊くのである。

学生たちは，犠牲者であり生存者でもある感嘆に値すべき個人が，時として復讐と赦しの間に存在する立場を獲得していることを知るべきである。国際的正義を追及したボスニアの女性，ジャドランカ・シジェリは，他の生存者から証言を集める過程で自分が変わるのを見出した。翻訳者を通じ

---

(8) Neuffer "Justice at Hague" sec. A, p.10 で引用。

て彼女は次のように述べた。

> あなた方がオマルスカ収容所のような場所から出てくると，否定的な気持ちで一杯になり，当然の事ながら復讐しようという気になります。復讐するためには憎まねばなりません。しかし私は86歳の老女の話を思い出します。14人いる彼女の家族は殺され，彼女は素手で全員を埋葬しなければなりませんでした。彼女は私に言いました。「あれほど胸の悪くなるような連中をどうして憎むことができるのですか」。私は理解した。私が憎しみを向けている人々は，憎しみに値しないのだということを。連中は人を殺す機械にすぎないのだと。(9)

シジェリは続けた。

> 周囲の全世界が破壊された15歳の少女がいたとします。彼女はどこかの月の下で誰だか知らない男の腕の中で子供から女性へと変わる経験をしました。彼女の青春がどの様に奪われ，どの様に傷ついた人間となっていったかをあなた方が考えるとき，重要なことは責任者を捕らえて処罰することだろうとあなた方は考えるでしょう。ところがある日，あなた方は目覚め，憎しみが去っていることに気がつくでしょう。あなた方は解放感を味わいます。なぜならば，憎しみはなくなり，「私は彼らとは違う」と独り言を言っているからです。(10)

自身が法律家であるこのような尋常ならざる女性にとって，訴追，処罰，犠牲者の話の文書化に焦点をあてたことは，報復を超越した道を示唆して

---

(9) Kirshenbaum, "Women of the Year", 67. 加害者から自らを区別しようとする類似の活動には，これ以外の形態もあろう。

(10) Ibid., 67-68. TRCで働いた心理学者のプームラ・ゴボド・マディキゼーラは，ある女性の証言を報告した。彼女は警官によって家族を射殺されている。証言は以下の通り。「私は警官たちのことを考え続けることで彼らに敬意を払うことはできない。彼らには私が頭に入れ続けるほどの価値はない」。1997年4月10日に開催されたハーバード・ロースクール大学院プログラム共催の第12回「人権と正義」年次会議 "Collective Violence and Memory: Judgment, Reconciliation, Education, Facing History and Ourselves" におけるコメント。

いる。こうした焦点のあて方は，全ての人に有効とは限らないし，時と場所を問わないというわけにもいかない。驚嘆に値するほどの個人的な強靭さが必要だし，報復したいという衝動を,「より大きな何物か」の探求へと変容させる能力が必要である。それゆえ，レイプを人道に対する罪とすることが「より大きな何物か」であるとするような，特別な文化的思考方法，そしておそらく専門的とさえ言える思考方法が必要である。個人的変容がないまま，訴追に焦点をあてるのであれば，それは報復したいという敵対心を強固にするだけである。しかし，そうした復讐の念は，訴追が上手くいっても満たされることはない。しかも，訴追制度が上手く機能しないと，制度自体が新たな裏切り行為と映るかもしれない。

しかし，戦争犯罪人を訴追できるのであれば，少なくとも大虐殺で打ちのめされた国家や個人が彼らの怒りと勇気を示す枠組を提供できる。訴追以外の他のどのような文化的・法的形式が，人々の怒りを変質させて,「彼らとは違う」ということについて確実な認識を提供し，そのような態度の表明を可能とするであろうか。認識されることもなく，名前もつけられておらず，救済されたこともない損害が存在するのだろうか。伝統的な制度的対応策に代替する方法は存在するだろうか，または，そもそも存在すべきなのであろうか。犠牲者および生存者の感情を意識して作業することが，国家および世界の目標となるべきであろうか。そうではなく，それらは事実認定，有罪認定，処罰等の単なる副産物として扱われるべきだろうか。大虐殺の後に個人が苦痛を癒すことは可能だろうか。抑圧，大量殺戮，拷問によって引き裂かれた国家が癒されるなどということを想像することに意味があるのだろうか。

これらの疑問に対する如何なる解答も満足のいくものとはなり得ないであろう。ルビー・プレンティ・チーフスがかつて次のように述べている。「この世で行われたとてつもない悪事は，あらゆる解答を知っていると思っている人々によって行われてきた」[11]。

---

(11) Lynn V. Andrews, *Crystal Woman: The Sisters of Dreamtime* (New York: Warner Books, 1987). ルビー・プレンティ・チーフスは，カナディアンインディアンのクリー族に属する北米原住民の女性祈祷師，つまり呪術師である。

(*1) 汚辱にまみれた戦争（Dirty War）とは，内乱で，政府側の軍隊や秘密警察が，革命勢力またはテロリスト側に対して誘拐・拷問・殺人等を行うこと。市民の犠牲を伴うことが多い。
(*2) 閉包（closure）は心理学用語。精神的外傷または障害が終了したような感覚を与えること，無視や否定によってではなく，精神的外傷を自己に一体化させることで，それを考慮しないようにすることを意味する。ここでは特に，不完全な形・思考・状況などが，完全なものとして知覚されることをいう。
(*3) 1978年に設立された民間人権擁護団体。アムネスティについで大規模に活動している。本部は米国。ロビー活動を通じて人権侵害防止を促進するための対外政策を行うよう米国政府に圧力をかけている。

第2章

復讐と赦し

赦しは，報復も，道徳的非難も，和解の拒絶も，賠償の要求も，要するに，加害者の責任を問う一切の行為を帳消しにするもののように思える。
　　　　　　　　　　　――チェザイア・キャルフーン
　Chesire Calhoun, "Changing One's Heart," *Ethics 103* (October1992): 76, 84.

限りない復讐の怨念だけが，値なき過分な赦しに対する唯一のオルタナティヴではない。
　　　　　　　　　　　――スーザン・ジャコビー
　Susan Jacoby, *Wild Justice: The Evolution of Revenge*（New York: Harper & Row, 1983）, 362.

集団的暴力に対する社会的対応を牽引する目標には，端的に言っておそらく次の二つがある。正義と真実である(1)。正義は真実を必要とするだろうが，同時にそれは責任を追及するものでもある。そして，責任をとらせるための諸制度——とりわけ司法裁判所(trial courts)——は，概して真実の追究を妨げたり軽視したりするものである。と言うのは，被告人の権利を護るという民主的保障の仕組みは，そのような権利を，少なくとも部分的に，真相解明に優先させるからである。他方，非民主的な裁判では，被告に関係する事実のみを捉えて，それを超えた真相の詳細とそれがもたらす複雑な意味合いを無視して，判決と処罰に突き進んでしまうだろう。したがって，問題はこうだ。正義と真実のどちらに優位を与えるべきか？　正義を伴わない事実にどのような価値があるのか？　責任追及を目的にする以上，裁判や処罰は果たして必須なのか？　司法手続は知識(knowledge)をもたらすのか(2)？　このような設問に対する解答のうち，あるものは，「すべての真実とできる限りの正義」を要求する(3)。また，別の解答は，悪事とりわけ残虐行為に対する制裁の必要を強調するだろう。ダイアン・オレントリッチャーなどの専門家たちが主張するように，刑事訴追を国際法上の義務にすれば，新政権が，直面する難題を誇張して大量虐殺行為の犯人を裁く義務をすり抜けることなく，士気を保ったまま〔前政権による暴力を裁断する〕環境を確保することができるかもしれない(4)。他面，刑事訴追では時間がかかり過ぎるし，また部分的かつ狭い射程しか持たないということになれば，〔真相解明のための〕独立した委員会の価値が再認識されることになる。この委員会では，暴虐行為のより広範な仕組みと，責任と共犯構造の複雑な関係が調査されるからである。

　が，以上のような議論さえもまた部分的なものに過ぎない。真実と正義のみが目標のすべてではない。少なくとも，これらふたつの目標はそれら

---

(1) For example, Stanley Cohen, "State Crimes of Previous Regimes: Knowledge, Accountability, and the Policing of the Past", *Law and Social Inquiry* 20 (1995): 7.

(2) Ibid., 43.

(3) Ibid., attributing it to José Zalaquett. See Kate Millett, *The Politics of Cruelty: An Essay on the Literature of Political Imprisonment* (New York: W. W. Norton, 1994).

(4) Diane F. Orentlicher, "Settling Accounts: The Duty to Prosecute Human Rights Violations of a Prior Regime", *Yale Law Journal* 100 (1991): 2539.

が包含するに至る可能性のある問題関心の射程を明らかにできていない。そこには，集団的暴力に対するもう一組の，根本的でおそらくは黙示された目標ないし姿勢が存在する。──復讐と赦しである。

復 讐（Vengeance）

この言葉は，物騒に聞こえるかもしれないが，悪行に対する道徳的対応の重要な一要素を示している。我々は，悪行を行う者は報いを受けるべきであるという理由で制裁を行う……これは，おそらくは言い換えに過ぎないが，復讐の自己弁護のひとつである。復讐は，悪行がなされた際に発生する報復衝動と言ってよい。が，復讐を通じて，我々は根源的な自尊の念を表明しているのだ。哲学者のジェフリー・マーフィーは，「彼に対して加えられた道徳的毀損に対して報復しない人物は……ほとんど必然的に自尊の念に欠ける人物である」と説明する(5)。また，復讐は，正義を牽引する衡平の観念(a notion of equivalence)の源泉でもある。お返しをすること，満足を得ること，等しきものと等しきものを組ませること，悪行を行う者に値する報いを与えること，犯罪と刑罰を均衡させること，目には目を……これら復讐の類似表現のそれぞれが正義という尺度の均衡的性格を含意している(6)。が，復讐は，法の支配にのっとった制裁，つまり，「代償を支払い終えた者，刑期を終えた者は赦す」という目標と合致する限りで認められる制裁，を超えた反応を巻き起こしてしまう。

復讐の危険性は，まさに同じひとつの復讐動機がしばしば，人々を必要以上に悪意に満ちた怨念や物騒な攻撃に駆り立てると同時に(7)，暴力の

---

(5) Jeffrie G. Murphy, introduction to Jeffrie G. Murphy and Jean Hampton, *Forgiveness and Mercy*（New York: Cambridge University Press, 1988), 16.

(6) See Wai Chee Dimock, *Residues of Justice: Literature, Law, Philosophy*（Berkeley: University of California Press, 1996), 11.

(7) これはウェブスター辞書による vicious の定義である。また同じ辞書の vindictive の項を見ると「1. 復讐を求める気持ちに駆られる，執念深い…(disposed to seek revenge, vengeful...) 2. 悪意に満ちた，意地の悪い(vicious, spiteful)」とある。*Webster's Third New International Dictionary of the English Language*（Springfield, Mass.: G. & C. Merriam Co., 1968).

応酬に手を染めてしまったことによって自らを嫌悪してしまう状況に人々を追い込む点にある。復讐動機の核心は賞賛に値するものであったとしても，それは潜在的に底無しな何かを随伴するのである。このように復讐は，暴力の下降的スパイラル(8)や決して癒されることのない欲求を作動させ，人々を報復とののしりあい，およびそれらの段階的拡大の悪循環の罠に陥れるのである。文学作品における制裁と赦しのテーマを分析した書物の中でジョン・リードは次のように記している。報復の危険性は「うっかり植え込みを荒らしてしまったというような些細なことから始まって，破壊的報復の連鎖があっという間にエスカレートして，車をぶち壊し，家を倒壊同然にしてしまう，ローレル＝ハーディ的な(*1)エピソードによって，喜劇的なほど見事に叙述される」(9)。

　もっと深刻な例を考えてみよう。近時出版された小説に登場する，あるホロコースト生存者は，残虐な方法で親類を殺された男に対して，自分に近しい人間の死を克服するためには儀式が必要だとして次のように説く。「強制収容所じゃ，儀式をやれる可能性すらなかった。――死骸もなければ葬式もない。弔辞のやり取りだってない。だから自分の置かれてる状況にふさわしい儀式を作り出したんだ……。私は仲間をガス室送りにした医者を追いかけるのに三年を費やした」。そしてその医者を見つけると「私は最後のひと儀式をやることにした……。この手でそいつを絞め殺したのさ」。そうすることによってのみ，新しい家族と新たな人生を始めることができた，と彼は説明した。「でも，それはあなたの親しかった人々を死から取

---

(8) See Geiko Müller-Fahrenholz, *The Art of Forgiveness: Theological Reflections on Healing and Reconciliation* (Geneva: World Council of Churches Publications, 1997), 19. 復讐は，惨劇の衡平性(an equity of horror)を求めるものである。つまり，「復讐はまた，被害の衡平性(an equity of suffering)を求めるものである。そこには，罪を犯すことと害を被ることとが双方の当事者において残酷なほど両立することが要求される。その規模は均衡の取れたものでなければならない。対立するそれぞれの当事者が同じ被害を共有しなければならない。被害者が加害者になる間は，加害者は被害者の立場に立たなければならない…。さらに，復讐は暴力の崇拝に転化する。なぜならば，復讐は，癒そうなどということを決して試みず，苦しみを乗り越えるなどということは一顧だにされず，ただただ苦しみを再生産するだけであるからである」。

(9) John R. Reed, *Dickens and Thackery: Punishment and Forgiveness* (Athens, Ohio: Ohio University Press, 1995).

り戻してはくれないんじゃないか」，このように相手が反応すると，その生存者は答えて言った。「それは私を死から取り戻してくれたんだよ」(10)。

ポーランド連帯の活動家，アダム・ミフニクは，旧国営企業の職場から共産党の協力者たちをパージする提案を，その復讐的意味合いを理由に拒絶している。彼は次のように主張した。復讐の論理は「絶えることがない。まず，昨日の敵，旧体制の党人たちがパージされる。次に，昨日の友，だが今では復讐という考えに反対している野党勢力のパージと続き，最後には，彼らを擁護する勢力もパージしなければならない。復讐と憎悪の心理は拡大する。報復のメカニズムは停止させることができなくなってしまうのだ」(11)。

復讐は恐ろしいほどの過剰な行為を導き，最初に破壊されたものを回復することを阻害し続けるだろう。個人のレヴェルでは，痛々しく不毛なあだ討ちをもたらす。社会のレヴェルでは，ボスニアとルワンダでの近時の対立が遺憾ながら活写しているところだが，記憶，正確に言えば，プロパガンダによって触発されて妄想と化した記憶は，本来なら平和に暮らしていた人々に対し，過去の大量殺戮に関与した集団の一味とみなされる隣人を拷問にかけ惨殺する動機付けを与えるものとして機能し得る。結果は，破壊的で拡大の一途をたどる集団間暴力に行き着く。まさに，大量殺戮そのものが，認知された過去の加害に対する復讐の産物なのだ。

ミフニクのような人たちにとって，かかる暴力の拡大を避ける方法は，非難と処罰を分配する使命を被害者から法の支配に基づいて行動する公的機関の手に移管することである。これは，必ずしも復讐を除去するとは限らないが，私的な憎悪を取り除く試みではある(12)。私的な憎悪を手なずけ，バランスをとり，それを公的制裁の応報的局面として投影し直さねばなら

---

(10) Robert Littell, *The Amateur* (New York: Dell, 1982), 54.
(11) Quoted in Lawrence Weschler, "A Reporter at Large", *New Yorker*, 10 December 1990, 127.
(12) Jacoby, *Wild Justice*, 115. See also page 5:「人々に共生を可能にさせる抑制心と被害を受けたときに感じる消し去りがたい報復衝動との間のバランスを取ることは，常に文明の必須条件の一つに数えられてきた。かかるバランスの成否は，誰か自分たち以外の人たちが自分たちの側に立って加害者を非難する行動に出てくれるだろうという被害者たちの信頼に，多くがかかっている」。

ない(13)。

　応報(retribution)とは,被害者以外の第三者の関与と,均衡性および個人権の原理とによって抑制された復讐として理解することができる。応報は,犯行の対象となった人々に対して公平な処罰を動機付け,発生した害悪に直接比例した非難と処罰を犯人は受けるべきであるという信念を反映するものである(14)。もし匡正的対処がなければ,犯人は犠牲者に対し単に苦しみを与えるだけでなく,彼らの尊厳を貶めることにもなる。応報が処罰を強調するのは,必ずしも抑止その他の将来的効果を追求するからではなく,それが過去に行われた悪行を退け,人にその値する処遇を与える方策であるからである(15)。しかし,応報的処置を犠牲者の手から公的訴追機関に委ねたとしても適切かつ尊重に値する結果が保証されるわけではない。それはスターリンの見せしめ裁判やその他の公訴権の濫用が例証するところである。

　哲学者のジーン・ハンプトンは,応報はその核心において適切な限界設定を行い得る理念を表明しているので,復讐とは理論的に区別されるべき

---

(13) 私は復讐と応報を同視する立場に与しない。See, for example, *Furman v. Georgia*, 408 U.S. 238, 304 (1972). 応報は我々の中の「劣等な自我」の欲する必要から生じる「剥き出しの復讐心(naked vengeance)」であるとする見解について,J. L. Mackie, "Morality and the Retributive Emotions", *Criminal Justice Ethics* 1 (1982): 3 ; Jacoby; *Wild Justice*, 4; and Jeffrie G. Murphy, "Retributive Hatred: An Essay on Criminal Liability and the Emotions", in *Liability and Responsibility*, ed. R. G. Frey and Christopher W. Morris (Cambridge: Cambridge University Press, 199 1), 351 を参照のこと。そうではなく,ここでは,執念に燃えた自力救済的なしっぺ返し的反応と,被害者の価値を保障するために熟慮の上で,政府によって運営される処罰権の応報的な行使とを区別したい。Jean Hampton, "The Retributive Idea", in Jeffrie G. Murphy and Jean Hampton, *Forgiveness and Mercy* (New York: Cambridge University Press, 1988), 111,135,137.

(14) Kurt Baier, "The Strengths and Limits of the Retributive Theory of Punishment", *Philosophy Exchange* 2(1977): 37, 39; and Jeffrie G. Murphy, "Hatred: A Qualified Defense", in Jeffrie G. Murphy and Jean Hampton, *Forgiveness and Mercy* (New York: Cambridge University Press, 1988), 95.

(15) See Andrew von Hirsch, "Deservedness and Dangerousness in Sentencing Policy", *Criminal Law Review* 1986 (February 1986): 79; Herbert Pacer, "Making the Punishment Fit the Crime", *Harvard Law Review* 77 (1964): 1071 ; Lawrence Crocker, "The Upper Limit of Just Punishment", *Emory Law Journal* 41 (1992): 1059; and David F. Parlett, "Punitive Damages: Legal Hot Zones", *Louisiana Law Review* 56 (1996): 781, 803.

だと強力に主張している(16)。その理念とは，あらゆる人の尊厳の対等性である。応報的処置を通じて社会は，「犠牲者は犯人よりも価値の低い人間だ」という犯行に込められた不当なメッセージを正し，公衆が見て分かる明瞭な苦痛を犯人に与えることによって犠牲者の真の価値を再確認する(17)。ハンプトンの見方からすれば，この理念にコミットすることによって応報に内在的限界がもたらされることになる。すなわち，〔人の尊厳の対等性という〕応報的処罰がコミットするまさにその理由が，制裁の対象である犯人の尊厳ですらもこれを毀損したり否定するような処罰を抑止することを求めるのである(18)。したがって，「犠牲者が犯人を貶めたり，誤ってその尊厳を傷つけることは，犯人が犠牲者を貶めたり，誤ってその尊厳を傷つけた当初の行為と同様に，正しいこととは言えない」(19)。

しかし，応報的処置が適切に理解され法制化されればその固有の限界が必然的に伴うようになるのか，あるいは応報的処置の限界は慈悲心や道徳的品格といった諸理念(20)との競合を通じて外在的にもたらされねばならないのか，いずれであるにせよ，応報は制限を必要とする。さもなければ，応報は，人格の尊重を破壊し，比例性と品格の維持という限界線を無視した加害行為へと発展しかねない。さらに，復讐と応報はしばしば混同されがちだが，そのような感情的衝動に屈することになれば，自己矛盾を犯し困惑をもたらすことになろう。

精神的外傷を負った人々は，復讐という妄想がたとえ加害者と犠牲者の立場を単に逆転させるだけで，犠牲者を恐怖と侮蔑と被害経験の中に留め続けるものであったとしても，復讐することが精神的外傷の苦しみから解放してくれるのではないかという思いに駆られるものである。しかし，その加害行為の対抗措置として加害者を懲らしめることで，果たして，犠

---

(16) Hampton, "Retributive Idea", 137. しかし，彼女は，復讐も応報もともに他者を支配する方法として苦しみを与えることの模索を構成要素とするので，多くの人々は両者の間を往ったり来たりすると認めている。

(17) Ibid., 138-43.

(18) Ibid., 135-37.

(19) Ibid., 145.

(20) For example, Murphy, "Hatred: A Qualified Defense", 92; Adam Smith, *The Theory of Moral Sentiments* (1759; Indianapolis: Liberty Press, 1932), 38.

性者は暴力を統御することに成功したと言えるのか？ 実は単に暴力の道具になり果てているだけではないのか？ 復讐によって満足を得られることは決してないだろう。我々は憎しみと復讐を避けなければならない。そして，それは，ジーン・ハンプトンの主張するように，不遜にも聖人たらんとするためではなく，ただ我々が賢明であり続けるためにこそ要求されるのである(21)。憎しみの炎を燃やし続けなければならないので，復讐には極度の精神的負担がかかる。心理学者のジュディス・ハーマンは次のように言う。「大量殺戮に関与した退役軍人のように，復讐行為に実際に携わった人は，精神的外傷の後遺症を除去することに成功していない。それどころか，最も深刻で治癒しにくい障害を負ってしまっているように思える」(22)。

犠牲者の個人的必要から社会的関心へと視点を移行する中で，応報的処置の擁護者であるジェフリー・マーフィーは，悪行に対する憎悪と非難を正当な限界線の枠内におくことを強く求めている。限界線を引くことは，品格の維持，犠牲者の精神的静穏の保持，および「秩序ある社会」の必要のために要請される(23)。犯人が手の届かないところにいるとか，正しく釣り合いの取れた対応などはあり得ないとの理由で，しばしば何らかの仕打ちをすることすら不可能な場合が多い(24)。

集団的暴力，ジェノサイド，大量殺戮の場合ほど，以上の配慮が強く求められる文脈はない。つまり，蛮行を非難することがこれ以上に要求される場合はなく，同時に，個人，集団，および国家の行為に対する通常の社会的規制をバイパスして復讐がこれ以上にまかり通りやすい場合はないのである。マイケル・イグナティエフは次のように言う。

> 旧ユーゴスラヴィアにおいて明白であったと思われることは，過去は，それが過去でないがゆえに，苦悩し続けているということである。

---

(21) Jean Hampton, "Forgiveness, Resentment and Hatred", in Jeffrie G. Murphy and Jean Hampton, *Forgiveness and Mercy* (New York: Cambridge University Press, 1988),78.
(22) Judith Herman, *Trauma and Recovery* (New York: Basic Books, 1992), 189.
(23) See Murphy, "Hatred", 92-94.
(24) Ibid., 104, 107.

かの地は，時系列的な順序に従った生活が送られているわけではない。過去と現在がともに，幻想，歪曲，神話，そして偽りから成る連綿と凝り固まった堆積物となり，すべてが同時進行する時間軸の中で人々は生きているのだ。バルカンにおける戦争を伝える記者たちは，殺戮の物語を聞かされるとき，それが昨日起きたことなのか，1941 年のことが語られているのか，1841 年のことなのか，1441 年なのか，しばしば判然としなくなるという (25)。

イグナティエフは次のように結論する。今という時間は「復讐にとって夢幻時代 (the dreamtime) (*2) である。犯罪は歴史的過去の中に平穏に安置されることは決してない。それは，復讐されることを渇望しながら，永遠の今の中に閉じ込められているのである」(26)。ジェフリー・ハートマンが言ったように，まさしく，「記憶と復讐のもつれは解かれることがない」(27) のである。

したがって，復讐に取って代わるもの——例えば政府によって遂行される訴追——を見つけることは，単に道徳的および感情的に重要であるだけではない。それは人類の生き残りのために緊要なのである。

赦 し (Forgiveness)

復讐とは全く違った対応に出る人々は，宗教的伝統の差異を超えて，多くの場合一様に赦しを要請する。被害者たちは，復讐を求め新たな加害者になるのではなく，加害者を赦し，加害のサイクルを絶たなければならない。誰かの攻撃によって損害を被ってしまった場合，我々は他者と共有できる人間性を改めて構築し直し，人間としての共通性を強調・強化するた

---

(25) Michael Ignatieff, "The Elusive Goal of War Trials", *Harper's*, March 1996, reprinted in "Articles of Faith., Index on Censorship", *Harper's*, September/October 1997, 15, 16-17.
(26) Ibid., 17.
(27) Geoffrey H. Hartman, Introduction, "Darkness Visible", in *Holocaust Remembrance: The Shapes of Memory*, ed. Geoffrey H. Hartman (Oxford: Blackwell, 1994), 1, 14.

めに，赦しを与えるべきである(28)。赦しを通じて，我々は憤りを退け，痛みや恨みや犠牲に執着することの自己破壊的帰結を回避できる。赦すという行為は，加害者と被害者とを再び結び合わせ，関係を樹立ないし更新することを可能にする。それは嘆きを癒し，新しい建設的な連帯を醸成させ，暴力の連鎖を断ち切る(29)。

こういった情熱は，大量殺戮の時代が終了した後にこそ特に欠くことのできないものとなってくるように思われる。そのような移行期には，個人においても社会全体においても，前進する途を探すことが肝要になる。国家が民主体制に転向ないし回帰しようとする場合，新たな信頼関係や集団的自治の基礎を醸成することが至上命題となってくる。まさにこれらの諸目標こそは，後ろ向きで，指弾的な訴追や処罰では阻害されやすいのである。

チリの人権活動家，ホセ・サラケは，次のように主張する。「抑止と賠償という二つの目標は道徳的再生のプロセスにおいて」真実，正義そして赦しの下位に位置する(30)，と。復讐というものが過剰にわたり，止め処なくなることと，過去の被害に支配されてしまうことは犠牲者と目撃者を衰弱させてしまうであろうことをこの定式は認識している。復讐ではなく，赦しを通じることによって，被害者たちは，犯行者に対し加害行為の帰結がどのようなものかを知らしめながら，自分たちのパワーを再び主張できるし，自分たちの尊厳を再定立することができる。被害者たちが犯行者を社会に再び組み入れることを求めるのは，かかる意味で被害者自らのためであると同時に，和解というより壮大なプロジェクトのためであり，また，より公正でより人間的な世界の再構築のためでもある。

理論上，赦しは正義や制裁に取って代わるものではないし，取って代わるべきでもない(31)。赦しは，被害者が加害者に対して抱く感情に変化を

---

(28) Robert Grams Hunter, *Shakespeare and the Comedy of Forgiveness* (New York: Columbia University Press, 1965), 243.
(29) See Müller-Fahernholz, *Art of Forgiveness*, 24-48.
(30) José Zalaquett, "Conference Proceedings", in *Dealing with the Past: Truth and Reconciliation in South Africa*, ed. Alex Moraine, Janet Levy, and Ronel Scheffer (Capetown: IDASA, 1994).
(31) Müller-Fahrenholz, *Art of Forgiveness*, viii:「アウシュヴィッツは，赦しが決して正義に取って代わることはできないことを雄弁に物語っている。法という人間的コードは共

第2章 復讐と赦し

もたらすものであって, 司法制度がとるべき行為に変化をもたらすものではない(32)。哲学者のジェフリー・マーフィーは, 次のように説明する。「私に加害行為をはたらいた人間を憎むことを私が止めたからといって, なお私が加害者に対し賠償金の支払いを求めたり, 犯行にふさわしい処罰がなされるべきことを主張したとしても——つまり, まさにその行為に値するものが彼に与えられるべきことを主張したとしても, それは私が矛盾を犯していることにはならない」(33)。実際には赦しながらも加害者に対し処罰を求めることは, 司法制度の非人格的プロセス(the impersonal processes of a justice system)としての特性, 値(あたい)の理論(a theory of deserts)の固有の作用, あるいは, 自律した主体に対しては自己責任を要求する社会にあってその完全な一構成員として加害者を遇するというコミットメント, などを参照することによって正当化することができる(34)。このような意味で, 赦しは制裁の代替物である必要はない。復讐よりも赦しを要求する伝統的キリスト教の教えでさえも, 〔赦しを施したとしても〕神を通じて復讐がなされるだろうという信念が伴うのである(35)。

ところが, 実際には, 赦しは往々にして制裁の免除を随伴する。特に政府機関が加害者に対して赦す構えを取る場合, 具体的方策は, 恩

生のルールと関係性の規準を不可欠なものとして打ち立てている……。したがって, 法の優位性を弱めようとする如何なる企みも必然的に人道を踏みにじることになる。赦しは正当化され得ない権力を退けることに関わるものであって, 正義の追求を弱めるものであってはならない」。See also Murphy, introduction to *Forgiveness and Mercy*, 22, 33.

(32) Jeffrie G. Murphy, "Mercy and Legal Justice", in Jeffrie G. Murphy and Jean Hampton, *Forgiveness and Mercy* (New York: Cambridge University Press, 1988), 162, 167. See generally David W. Augsburger, *Helping People Forgive* (Louisville, Ky.: Westminster John Knox Press, 1996), 165-68. 本書は, 赦しと賠償を, 罪と責任を直視することを含む倫理的文脈において結び付けて考えている。したがって, 赦しとは「被害者の道徳的勝利などではない。それは, 加害者を支配し, 恩義を着せ, 道徳的に裁く自足的な慈悲などではなく, むしろ関係修復の営みなのである」。Id., 166.

(33) Jeffrie G. Murphy, "Forgiveness and Resentment", in Jeffrie G. Murphy and Jean Hampton, *Forgiveness and Mercy* (New York: Cambridge University Press, 1988), 33.

(34) 最後の点については, Jules L. Coleman, "Adding Institutional Insult to Personal Injury" *Yale Journal on Regulation* 8 (1990): 223, 225 を参照のこと。

(35) Jacoby, *Wild Justice*, 5. もちろん, キリスト教徒の中核的な関心は赦しと神との和解である。See Vincent Taylor, *Forgiveness and Reconciliation: A Study in New Testament Theology* (London: Macmillan, 1960).

赦(amnesty or pardon)、不起訴、不処罰などの形態をとる。これは放念(forgetfulness)を制度化するものであり、前進するための努力の行程を短縮する必要から正義を犠牲にするものである。が、一方で、このような努力の短縮はしばしば失敗に終わることが多い。なぜならば、加害の事実は、このような措置によって十分に赦されるわけではなく、公衆から忘れ去られ、腐敗化膿していくままに放置されてしまうからである。ボスニアのセルビア系兵士によって検挙、拘禁され、強姦まで受けたボスニアのイスラム系女性たちの証言を集め、強姦を戦争犯罪として告発する起訴をなさしめるため旧ユーゴスラヴィア国際刑事裁判所を説得する支援活動を行ったジャドランカ・シジェリは、これらの気の遠くなるような作業から5年経っても、訴追がなかったことを回顧してこう言っている。「我々は心底から幻滅している。この事実すべてを明るみに出すべきだったかどうかよく分からない」[36]。

　赦しは、リアルポリティークの観点からではなく道徳的理由のためにそれが提案される場合でさえも、加害者を少なくとも赦しに値する者にまで高めてしまうように見えるかもしれない。哲学者のチェザイア・キャルフーンは、赦しは「報復も、道徳的非難も、和解の拒絶も、賠償の要求も、要するに、加害者の責任を問う一切の行為を帳消しにするもののように思える」と警告を発している[37]。たとえ第三者が赦しと処罰は両立可能であると主張したとしても、赦しというものは、究極的には加害の事実を忘却し帳消しにするものなのである。果たして、大量殺戮の生存者にそのようなことが感情的に可能なのか？　赦そうとする人あるいは前進しようとする人でさえ、赦しと忍耐の対象となる加害の事実とその規模を真正面からはっきりと直視しなければならないのである[38]。にもかかわらず、ある人は、たとえそれが大量虐殺犯であっても、自分は加害者とは違って異なる価値観をも包容する人間であることを示そうとして、加害者と和解する

---

(36) Elizabeth Neuffer, "Justice at Hague Moves Slowly for Bosnia Rape Victims", *Boston Globe*, Sunday, 11 January 1998, sec. A, p. 10.

(37) Calhoun, "Changing One's Heart", 76, 84.

(38) See Aurel Kolnai, "Forgiveness", *Proceedings of the Aristotelian Society* 74 (1973-74): 91, 99.

第2章　復讐と赦し

途を模索するかもしれない(39)。

しかし，公的な免責や恩赦を伴うと否とにかかわらず，戦争犯罪を不処罰にすることの意義を認め，それを説明することはきわめて困難なものになろう。幾百，幾千の人々の殺害を命令し実行した者たちに何の処罰も与えない場合，それは社会による赦しを意味するものなのか，それとも社会の怯えをほのめかすものなのか？　正義の実行を阻害する様々な障害を前にして，特に戦争犯罪の訴追の文脈で正義の実行が停滞すると，「『赦し』という言葉は，『放念』や『恩赦』のための単なる方便であり，『健忘症』の同義語に過ぎないのではないかという疑念を生み出してしまう」(40)。放念も健忘症も，集団的暴力に見舞われた際に生まれる呪いのようなものである。それらは，被害者の記憶を消去させた上に処罰を免れることも認めるのだから，犯人に勝利をもたらすことに等しい。忘却を望む犠牲者や目撃者たちは皮肉にも，犯行について黙し続けることを犯人にすら勧奨するかもしれない。暴力に関する沈黙は，犯人と犠牲者を，文字通りにあるいは心理学的に，拒絶という残酷な協定の中に閉じ込めてしまう。

政治における赦しの必要について雄弁に語る著作を発表してきたドナルド・シュライヴァーは，殺戮を忘却することの問題についても活力ある筆致で描写している。「痛みは，二つの歪んだ態様で人間の記憶を麻痺させうる。過去の忘却あるいは過去への幽閉の二種である。知覚できる記憶からトラウマになっている過去を切り離そうとする心理は，魂の奥底に生ける爆弾を埋め込もうとする。――それを理解するのに精神病学に関する十分な知識など不要であろう。だが，痛みに凝り固まった心は，痛みの仕掛けた罠にはまりやすい。あまりにも恐ろしいので覚えていられない，あまりにも恐ろしいので忘れられない……。どちらも悪行の被害者にとって健全な途とは言えない」(41)。

人権活動家のアーイェイ・ナイアーは，とりわけ公的な赦しは人々に

---

(39) Justice Albie Sacks, "Conceptions of Justice", Yale University Conference, "Searching for Memory and Justice: The Holocaust and Apartheid", 8 February 1998.
(40) Müller-Fahrenholz, *Art of Forgiveness*, ix.
(41) Donald Shriver, *An Ethic for Enemies: Forgiveness in Politics* (New York: Oxford University Press, 1995), 119.

「忘却する必要がある」という号令をかけてしまう危険を犯すことになると警告する。政府や議員たちが「加害者を赦すという被害者の排他的権利を奪う」ならば，それは害を被った者たちを十分に尊重していないことになる(42)。また，刑事的責任を赦免することを意味する政府による恩赦は，復讐を排するのみならず，正義も要請するところの，共同体の応答責務(the communal response)や，加害事実の認定をも排除してしまう。したがって，厳格な訴追と処罰が行われなかったとしても，共同体による応答責務を確保し事実の公的認定を遂行するなんらかのフォーラムを設置することが，犠牲者の尊厳を回復するための最低線になる。

　南アフリカ真相解明・和解委員会のオブザーヴァーたちは，加害行為の対象となった多くの人たちはアパルトヘイト体制下の警察官や政府職員たちを赦し，彼らと和解する用意があるだろうが，加害者が被害者に手をひろげ握手で迎えようとすれば被害者たちは後退りをするだろう，と警告する(43)。このように，赦しは，認めてもらうものと言うよりむしろ，負わされるものなのである(forgiveness is assumed, rather than granted)。被害者たちはこう考えるだろう。「準備が整い，正しきことが立ち上がって，私があなたに手を差し伸べるまで待っていてくれないか」と(44)。赦しとは，犠牲者が保持する力(a power)であって，訴求されるべき権利ではない。赦しを行使する力あるいは手控える力は，暴虐行為を生き残った者たちが要求できる誇り高き能力であり，尊厳の一部なのである。ある一人の生存者が赦しを選択したとしても，他の犠牲者の名の下にそれを行うことは不当である(45)。生存者に赦しを期待することは，彼らに新たな負担を負わせる

---

(42) Quoted in Jacoby, *Wild Justice*, 117. See also Murphy, introduction to *Forgiveness and Mercy*, 1, 21.「私自身があなたの不当な行為の犠牲者でなければ，あなたを呪ったり赦したりする資格はない」。ある被害者たちは，強がったり傷ついていないように見せかけるために，赦したり，赦そうとしたりする。が，そのことが被害を否定することや最小化することを含むものならば，それは真の赦しではない。赦しはむしろ被害の完全な認知を求めるものである。

(43) Comments of Justice Pius Langa, Yale University Conference, "Searching for Memory and Justice: The Holocaust and Apartheid", 8 February 1998.

(44) Ibid.

(45) 「ユダヤ教の伝統によれば，神自身でさえ，赦すことができるのは彼自身に加えられた罪だけであって，人間に加えられる犯罪的行為は赦すことができない」。See

第2章　復讐と赦し

ことになるだろう。

　おそらく，赦しは，概念としても実践としても，それを行うのに相当な理由のある事例に限って留保されるべきであろう。相当な理由なき赦しは，自己を破壊しその価値を貶めることになる。ある種の赦しでは，被った損害を破壊的行為と認定させるほどの自尊心と力を犠牲者自身が果たして持っているのかどうかが疑わしい場合がある(46)。赦しが，保障された報復の権利を放棄することを含むとしても，かかる放棄にも相当な理由が必要になる。加害行為が犠牲者を傷つけその尊厳を破壊したのなら，かかる不当かつ言い訳の利かない加害を犯した者への怒りと憎悪を克服する十分に相当な理由を犠牲者は持たねばならない(47)。暴虐行為をえぐり出し，受け容れがたいことをはっきりさせ，悪行を犯した者たちとの関係を遮断することは，集団的暴力が行われた後では特に正当化されるべき行動である(48)。咎めたり非難することすら控えなければならないような相当の理由などあり得ない。「ヒトラーやスターリン，あるいはチャールズ・マンソン(*3)のような人間と和解することなど誰も考えさえしないのではないか。彼らのようにもはや何らの品位も――品位の可能性すら――残していない人間たちと」(49)。

　日常的な犯罪ならば，犯罪者に変化が見られ，自分の犯行を悔い改める「新しい人格」に生まれ変わったとき，赦す理由が生まれると言う人もいる。が，集団的暴力の場合，それに加担したことを悔やむだけでは，はっきり言って不十分である。犯された暴力と等価になるような，その後の心の変

---

　　responses of Moshe Bejski, in Simon Wiesenthal, *The Sunflower: On the Possibilities and Limits of Forgiveness*, rev. and enl. ed.（New York: Schocken Books, 1998）, 111, 115. See also page 171（Response of Abraham Joshua Heschel）.
(46)　西洋の小説に登場する女性は赦す性質を持つものとして描かれている。See Reed, *Dickens and Thackery*, 475. このことは，女性に対しては自尊心を軽視せよとの圧力があること，あるいは侮辱に立ち向かう自己価値の感覚を疑えと圧力があることを反映しているのであろうか？
(47)　Murphy, introduction to *Forgiveness and Mercy*, 14-16.
(48)　See Aaron Lazare, "The Healing Process of Apology", unpublished lecture, 10. ある人々は関係修復を望んでいない。例えば，ホロコーストの生存者の多くはナチとの関係修復を求めない。
(49)　Hampton, "Forgiveness, Resentment and Hatred", 80-81.

化や悔悟の情が生まれ始めなければ、赦しは発生しないだろう(50)。

しかし、特にキリスト教的伝統の中で生きてきた人たちにとっては、赦しは、犯罪者による悔悟を求めすらしないものかもしれない。替わりに彼らは、赦すという行為が犯罪者を変化させ、その心を和らげ、人道で結び付いた道徳的共同体に彼らを再度招き入れることに希望を託す(51)。赦すことを検討している犠牲者は、改悛の情を見せず品位のかけらもないような加害者を前にしたとき、加害者の自発的な悔い改めを希望することをあきらめるか、さもなければ、そのような加害者を変化させる感化力あるいは圧力を赦すという行為の中に充填させなければならない(52)。ある種の宗教的伝統はこのようなスタンスを支持するが、もちろんすべてがそうとは限らない。

赦しのプロセス自体が犯罪者に変化を与えることができるという希望は、赦される者と赦す者とが共有しなければならない、ある脚本に依存している。ジョン・リードは次のように説く。「赦されようとする者もまた同様に行動し、赦そうとしなければならない。さらに、赦されるためには、まずもって、過ちを認めなければならない」(53)。両当事者がそれぞれの役割を演じれば、赦しのプロセスは加害者を治癒し、被害者の尊厳と自尊の感覚を回復するだろう(54)。このようにして、赦そうとする理性がこのプロセスの中で稼動し始め、犯罪者と被害者双方の変化によって暴力の連鎖

---

(50) 悔い改めと謝罪が真摯なもので、やってしまったことに匹敵するものであれば、ある時点で、行動に出る責任は加害者から赦し得る力を持つ者たちに移るとある論者は主張する。Conversation with Rabbi Jonathan Kraus, Belmont, Massachusetts, 24 June 1998 (タルムード経典について論じている). この伝統的な見方を集団的暴力の実行者に適用することは難しい。ハンナ・アレントはホロコースト犯罪について次のように言った。「我々が知っていることは、そのような加害行為を我々は処罰することも赦すこともできないということ、また、したがって、これは人事と人力を超越したものであるということ、に尽きる」。Hannah Arendt, *The Human Condition* (Chicago: University of Chicago Press, 1958), 241．

(51) See Hampton, "Forgiveness, Resentment and Hatred", 84.

(52) See, for example, Joanna North, "Wrongdoing and Forgiveness", *Philosophy* 62 (1987): 499, 502.

(53) Reed, *Dickens and Thackeray*, 17.

(54) See Lazare, "Healing Process of Apology", 11 (謝罪から得られる益について論じている).

第2章　復讐と赦し

を断ち切ることが模索され得るのである。しかし，多くの人々はこの脚本を共有しない。赦免は全ての加害者を変化させるとは限らない。悔い改めを赦免の前提条件にすることは，単に悔い改めを偽装する確率を高めるに過ぎない。悔い改めもせず悔悟の情も示さない加害者に赦しを認めることは，加害者を変容させるという希望の観点からは正当化できない。報復を渇望する当初の怒りが正しきものであれば，正邪の均衡の回復を求めることもまた正当である。手に負えない犯罪者を単に赦すだけでは，被害者自身の癒しのプロセスには役立っても，かかる正邪の均衡の回復を達成することはできない。

　もっとも，加害者が悔い改めないとしても，憎悪から解き放たれることから被害者が得るものは大きい。ラビであるハロルド・クッシュナーは，被害者が赦しを行うのは，相手がそれに値するからではなく，自分自身が苦渋に満ちた怒りに溢れる人格になることを望まないからである，と主張する(55)。つまり，被害者は被害者自身のために怒りから解放されるべきなのである(56)。実際，大量殺戮の後は特に，命は貴重に感じられるだろうから，殺戮者に対して非難や憎悪を燃やすことなどで時間を浪費すべきではない。アパルトヘイトの下，彼自身何年もの間，監禁状態に置かれていた，南アフリカの真相解明・和解委員会の委員，デュミサ・ヌツェベザは，「残された自由な時間の中でやるべきことがあまりにも多いので」，加害者に対する寛容な気持ちも生まれてくるだろう，と語っている(57)。

　心理学的あるいは宗教的なある種の見解によれば，赦しは加害者と被害者，あるいは被害者のみを変容させるのに役立ち得る，とされる。が，弁護士たちによれば，傍観者たちもまた，司法手続では達成され得ない形で赦しによる救済に与(あずか)っているようである(58)。南アフリカ真相解明・和解

---

(55) Harold S. Kushner, *How Good Do We Have to Ee: A New Understanding of Guilt and Forgiveness* (Boston: Little Brown, 1996), 107.

(56) Ibid.

(57) Comments of Commissioner Dumisa Ntsebeza, Yale University Conference, "Searching for Memory and Justice: The Holocaust and Apartheid", 9 February 1998. See also response of the Dalai Lama, in Wiesenthal, *Limits of Forgiveness*, 129, 130（中国政府による18年間の投獄において最大の危機は中国人に対する愛情を失うリスクであったと述懐するチベット僧〔ダライ・ラマ〕との対話が詳述されている）.

(58) Müller-Fahrenholz, *Art of Forgiveness*, 21.

委員会は、アパルトヘイト体制による暴虐の直接の犠牲者でも加害者でもない人たちから情報提供やコメントを登録する仕組みを作った。当初受理されたコメントの洪水の中で、繰り返し現れたものは「私は暴虐と闘うためにもっと多くのことをなすべきであった」というものである(59)。真相告白(truth‐telling)や赦しの精神が個人の悔悟の念と一体化していくプロセスに加わることによって、傍観者すらも和解の追求に参画することが可能になるのである。

　だが、赦しの持つ治療的効果を一般的に推奨してしまうと、「功罪に応じて赦すという個別的措置を、条件をつけずに赦すという政策」と混同することになりかねない(60)。憎悪と報復妄想にかられた犠牲者にとっては、殺人者を赦すことよりもプロによる心理学的な介助を直接受ける方が、一定の救済を見つけることに繋がり得るだろう。痛みや怒りを管理し消去することを学ぶこと、睡眠が取れるようになり生活をきちんと送れるようになること、かつての敵と共存しようとすること、これらは価値ある目標ではある。しかし、それらは、赦しを要求したり、赦しに必然的に随伴するものではない(61)。

　原理的には、赦しは命ぜられるものではない。友人でも聖職者でも、また官吏でも、加害者に対する赦しを他者に強いることはできない。赦しを考慮しつつある被害者は、共感、博愛、自愛、あるいは被害者と加害者双方を含む人類全体に共通する欠点についての深い洞察を、自らに喚起させなければならない(62)。一方、ある被害者は、義憤を振りかざし、非難と処罰が直ちに必要であると訴えるであろう。あるいは、証言を買って出たり、刑事裁判にかけてやりたいという感情を持ちつつも、恐怖の連鎖を断

---

(59) Comments of Dumisa Ntsebeza, "Searching for Memory".
(60) Jacoby, *Wild Justice*, 352. 同様に、治療的根拠からする応報への一律的批判は、特定の報復行動と生き方としての復讐熱を混同するものである、とジャコビーは警告する。赦しは、復讐と同じく、時として、不適切であったり、自己破壊的ですらあり得る。
(61) See Murphy, "Forgiveness and Resentment", 23. 憤怒の気持ちを処理するために療法を受けるのは、精神的健康のためという自己利益的動機に出たもので、赦しを反映したものではない。See also response of Cynthia Ozick, in Wiesenthal, *Limits of Forgiveness*, 213, 215. オウジックは残虐な者に対する慈悲は無辜の者に対する無関心に至る可能性があるとして反対している。
(62) See North, "Wrongdoing and Forgiveness", 499, 502.

第2章　復讐と赦し

ち切るために寛大になろうとする気持ちを奮い立たせる者もいるだろう。

　加害行為を受け，被害者として認知される前であろうが後であろうが，一個の人間は一個の人間であることに変わりはない。恐怖に対する個々人の対応はそれぞれ個性的であり，また多様である。少なくとも恐怖への対応は各人のものである。別の対応を強いられることは，もうひとつの侮辱であり，彼らの存在そのものの否定に繋がるだろう。加害行為の対象になったわけでもない人によって，例えば被害者の代弁者たらんとする公務員によって，赦しが宣明されるならば，それは，記憶を忘却し棚上げにしようという呼びかけに過ぎず，赦しの行為そのものではない。そうなれば，赦しは，単なる忘却に転落し，本来の資格を持つ人々の手を擦り抜けて行ってしまうだろう。文学とホロコーストの研究者であるジェフリー・ハートマンは，「恩赦(amnesty)は，法による記憶喪失(amnesia)である。〔法制度という〕高度に形式化されたこの次元で起きることは，社会的・集団的な記憶の領分にも波及する」と言う[63]。この点，おそらく，特定の暴力行為を自白することを条件に行われる恩赦であれば様相は異なってくる[64]。もし復讐が，本来手なずけられるべき憤怒の念を暴走させてしまう危険を伴うものならば，赦しは，命令や遠隔操作によっては達成され得ないある種の超越を要求する[65]。

＊　　　　＊　　　　＊

　復讐と赦しは，悪行に対する人間の諸対応を羅列したスペクトラム上にともに存在している。が，両者は対極的な地点に位置する。つまり，赦す

---

[63] Hartman, Introduction, "Darkness Visible", 15.
[64] 南アフリカ真相解明・和解委員会における条件付恩赦についての考察は第4章を参照されたい。
[65] おそらく，特にキリスト教が浸透した社会では，赦しの観念は支持されるであろう。赦しは，豊かな意味での共通の人間性，共通の悪，原罪などに対する慈悲心という徳を讃えるものであるからである。See Hunter, *Comedy of Forgiveness*, 243. 彼は，赦しに関するシェイクスピア喜劇はかかる賞讃に加わり得る聴衆の能力に依存すると言う。より世俗的で多元化した社会にあっては，慈悲心というものは，自分よりも恵まれず，制約を課せられ，劣っている者への憐れみと寛容によって許容度の幅が拡大されていく結果として生まれてくる。しかし，慈悲心がわくからと言って，赦そうとする者は誰もいない。

ことは復讐を放念することであり，復讐することは赦しに反旗を翻すことであるからだ。おそらく，正義それ自体は「復讐と赦しの双方に共有されている」(66)。

そこで，核心的な問題に戻りたい。復讐と赦しの間を行く途はあり得るのか？　スーザン・ジャコビーは次のように示唆する。

> 残忍な夫にガソリンを浴びせて火をつけるのだけは避けたいからといって，妻は彼を赦す必要はない。スパイ小説もどきの個人的復讐を演じるのはごめんだとしても，収容所の生存者はナチスに対して神の加護を祈る必要などない。殺人者を死刑にすることを拒絶するからといって，社会は彼を自由の身にしてやる必要などない。相互に敵対する国の指導者たちは，核のホロコーストで世界を破壊することだけは回避するとしても，それぞれ武装を解除する必要はない(67)。

ジャコビーは，応報の正しいあり方，そして赦しの正しいあり方の模索を求めている。

私も同様の精神に立脚するが，本書では——より拡張された——可能性を展望したい。法的・文化的諸制度が個人および国民に別の方途を提供するのならば，復讐と赦しの間にはどのような別の方途があるのか，あるいはあり得るのか？　大量殺戮の経験から回復しつつある国民にとっては，とてつもない賭けであり，それに伴う危険も大きい。その構成員たちは，赦すための相当理由を数え上げたり，復讐に適切な制限を付すことだけを論じていればすむわけではない。彼らが論じなければならないことは，次のようなことである。過去を直視し，被害者，傍観者，そして加害者さえも癒し得るような手助けをどうするのか，現行のそして想定される諸制度がそれに対して何をなす必要があるのか？　犯罪的行為によって壊滅的打

---

(66) Jacoby, *Wild Justice*, 362. 復讐と赦しは合一され得る。赦しは，処罰の放棄を必然的に随伴するわけではないし，復讐も，法によって正当化され制限された応報的処罰を活写するものだからである。しかし，赦しはまた，処罰要求を全く伴わない場合もあり得ようし，復讐も合法的処罰が許容する以上のものを要求してくる場合があり得る。
(67) Ibid.

撃を受けた社会の再建を促進し得るものは何か？　将来において大量殺人や暴力および拷問制度を抑止することのできるだけの力をもった国家を建設し得るのは一体何か？　復讐と赦しの間を行くひとつの方途は，治療目的(therapeutic goals)の追求である。それが被害者であろうが，傍観者であろうが，はたまた加害者であろうが，個々人の癒しを促進することは，大量犯罪に対応する際に目指すべき潜在的目標を指し示している。さて，癒しをひとつの価値と認めることは新たな問題を惹き起こす。治療目的は，被害者，傍観者，加害者の間にどのような相対的重要度を置くのか？　治療目的は，真相の解明，正義の要請，報復要求の高揚，赦しを求める声などとの関係において如何なるウェイトを持つべきなのか？　集団的犯罪に対する個人や社会による〔国家に代わる〕代替的対処を検討する際，心理学的分析枠組みをどのように位置付けるべきか？　個々人にとって適切な心理学的な必要および治療的対処と，諸集団や社会をも包摂して問われるべき争点と同列に扱うことに意味はあるのか？

　大量殺人に関する今日の論争において，治療学的な言説が目立って散見できることは，50年前の議論状況と比較すると極めて対照的である。事実を収集することや処罰を確実にすることから心理学的癒しへ関心を移すことによって，何が得られ，何が失われるのか？　否認を超えて，完璧な事実の図柄を追究することは，ジェノサイド後の最優先課題に果たして値するのだろうか？　慰める言葉も見つからず，消化しようのない傷を負った者に対しては，癒しの言葉それ自体が侮辱になる場合があるのではないか？　治療的な目的は政治的な目的とは全く対照的なものであるが，実践においては両者は相互に影響し合っている。例えば，赦しという課題は時として政治的な言葉で語られる。つまり，誰が赦す権限を持っているのか，あるいは赦しを控える権限を持っているのか？　また，誰が，赦しを乞うことを強いられるべきなのか[68]？　さらに，ある論者に言わせれば，集団的暴力に対する最も重要な政治的対応は，政治構造そのものを改変することである。民主制を再建し，拷問室に巣食う軍隊を排除し，圧制を布い

---

[68] See Margaret Atwood, *Handmaid's Tale* (Toronto: McClelland and Stewart, 1985), 173-74（赦しは力である）; Lazare, "Healing Process of Apology," 10（怨嗟を抱えた被害者は，赦すことを拒絶することによってある種のコントロールと力を保持しようとする）。

ていた官吏たちを一掃する。かかる構造改革は，権力の座から引き摺り下ろされる者たちにとっても，権力の濫用から命からがら生き残った者たちにとっても，絶大な心理的効果をもたらすだろう。が，このような観点からの関与はあくまでも政治的なものであり，対処の方法は制度的なかたちをとる。

　政治的な関心はしばしば，また別の一連の諸目標を目指すことがあり，それらもまた復讐と赦しの間に位置付けられる。人権の呼び水になるような環境の創造と，集団的暴力に対して厳しい回答を突きつけることのできる民主的過程の創設がまず第1の目標である。テロが敗北したことをはっきりさせ，将来における集団的暴力に対する安全装置を起動させ，このような憎しみを「二度と起こしてはならない」という願望に語りかけること，このような試みは全て，政治的手段によって作動し得る重要な人権実現なのである。テロを国家が支援していた場合は，徹底した取り組みをすることこそが新体制の正統性と安定性を築くことに繋がるだろう。

　集団的暴力によって生み出された，あるいは集団的暴力の原因を生み出した分裂状況を和解させるように努めることが，次のもうひとつの目標になる。かかる和解の試みは安定性を支え，また民主制そのものをも支えるものであるが，それはもうひとつ別の対処を要求するだろう。すなわち，被害者の尊厳を回復することがこの和解プロセスの一部を構成するのであれば，暴力の支援者や共謀者についても一定の敬意を持って扱う必要が出てくるのである。さもなければ，新たな分裂や怒りが発生し増幅される公算が高くなる。

　これらの諸目標は，それぞれ，集団的暴力から脱却しつつある国家が追求し得る他の対処を推進したり，逆に抑えたりする。〔これまで示唆してきたように〕集団的暴力に対するあり得る対処とは，何も刑事訴追や恩赦だけではなく，多様である。例えば，事実調査を行う委員会を設置すること，秘密警察のファイルへアクセスする途を開くこと，前体制下の政治家，軍幹部，官吏を公的役務を実施するポストから追放すること，加害者と被害者の氏名を公表すること，賠償を確実に実施し謝罪を実行すること，恐怖に曝された人々に対する適切な治療的措置を実施すること，犠牲者の名誉を回復し，「二度と起こしてはならない」という願望に語りかけるために，

第2章 復讐と赦し

起きてしまったことを銘記する記念碑や芸術作品を設営すること，事件を伝えるための公教育プログラムを推進し，参加民主主義と人権を強化すること，が考えられる。集団的暴力に対する以上のような対処から，何が望み得，何が望み得ないのだろうか？

　西洋現代芸術は，古典的なそれを支配してきた「処罰か赦しか」という二項対立的パラダイムへの抵抗を試みている，と専門家は指摘する。例えば，ジョゼフ・コンラッドの小説は決して赦しを描写しないどころか，その影さえも作品上に表さないが，代わりに人間存在の残酷さを余すところなく表現している(69)。より最近の復讐物語でも，公的な処罰も赦しの期待もどちらも登場しない。被害者たちは，誰かが，人類が，あるいは神が彼らの精神的重荷を背負ってくれるなどとは期待していない。だから，怒りの正当なはけ口がなければ，被害者はその精神的重荷を自分自身で解き放つか，自己崩壊して行くしかないのである(70)。

　こういった話には結論と言うものがない。想像を絶する人間の暴力を目の当たりにすれば，そこにはバランスだとか満足などということは，そもそもあり得ないのかも知れない。ホロコーストを記録しようとしている歴史家のソウル・フリードランダーは，集団的恐怖を語るとき，不可避的に曖昧化され，流動的になり，また説き明かし得なくなる部分を棚上げにしないためにも，記録文書や証言が許す限り真相に肉薄する説明を，結論付けたくなる誘惑に屈服することなく，提出し続けることこそが人々の使命である，と示唆している(71)。フリードランダーが我々に想起させてくれているように，ここで重要なのは，政治的決定や行政的命令がつかさどる場に，個人の記憶や個人の声を持ち込む努力である(72)。個々の被害者の声は，歴史を知りたいと望む者すべてにとって，見せかけの正常さに風穴を開け，絶望，痛み，そして死といったものの具体的様相から我々が遊離してしまうことを防いでくれる。

---

(69) See Reed, *Dickens and Thackeray*, 478（『ロード・ジム』について論じている）。
(70) Jacoby, *Wild Justice*, 64.
(71) Saul Friedlander "Trauma, Memory, and Transference", in *Holocaust Remembrance: The Shapes of Memory*, ed. Geoffrey H. Hartman (Oxford: Blackwell, 1994), 252, 261.
(72) Ibid., 262.

(*1) ローレル=ハーディ: スタン・ローレル(Stan Laurel)とオリヴァー・ハーディ(Oliver Hardy)のこと。1920年代後半から30年代にかけて活躍したアメリカ無声喜劇映画の名コンビ。そのスラプスティック・コメディ(ドタバタ喜劇)には定評があり,いまでも根強いファンがいると言う。

(*2) 夢幻時代(the dreamtime): オーストラリア原住民のアボリジニが使用する概念で,始祖創世の時代を指す。夢幻時代は,アボリジニの歴史とともに4万年前に遡るとされ,人間や動植物・自然界が渾然一体化した独特のアニミズムが支配する世界である。アボリジニの神話の多くがこの夢幻時代を舞台にするものである。また,さらに特徴的なのは,彼らが今なおこの夢幻時代を生きているという点である。つまり,夢幻時代は過去のものではなく,アボリジニにとっては過去・現在・未来はひとつの円環的構造になっている。イグナティエフがこの夢幻時代を引用したのも,それが過去・現在・未来が同時進行するという特殊な時間概念であるためであろう。

(*3) チャールズ・マンソン(Charles Manson): 1934年にアメリカ・オハイオ州シンシナティに娼婦の子として生まれる。1960年代後半に薬物とロック音楽に耽溺し,「白人と黒人の最終戦争」を狂信するカルト集団を結成,ヒッピー文化のカリスマになる。1969年,妊娠9ヵ月の女優,シャロン・テイトを惨殺。死刑判決を受けるが,カリフォルニア州が死刑制度を廃止したため,現在も服役中。猟奇殺人者の代名詞的存在。

第3章

裁　　判

　勝利に興奮し,傷を負って苦しんでいるにもかかわらず,4大国が復讐したい心情を抑えつつ,捕えた敵を自発的に法の判断に委ねたことこそは,これまでに力が理性に対して捧げた最も意義深い貢物の一つである。
　　　　　——ニュルンベルク裁判所米国検察官
　　　　　　　　　　　ロバート・ジャクソン判事

　ドイツの主要な戦争犯罪人の裁判であるニュルンベルク国際軍事法廷におけるロバート・ジャクソン判事(ニュルンベルクでは主席検察官)の冒頭陳述。裁判は1945年11月20日に開始された(International Military Tribunal, under the authority of H.M.[Her Majesty] attorney general by H.M. Stationery Office: London 1946)。

　米国軍事裁判所主席検察官だったテルフォード・テーラーをはじめとした,ニュルンベルク裁判を研究している多くの専門家は次のように主張する。すなわち,あれほど多くの法原則をニュルンベルク裁判所がないがしろにしなかったならば,人権擁護を求めるニュルンベルクでの声は,より広範囲にわたって拡がっていたことであろう。
　　　　　　　　　　——ティナ・ローゼンバーク
　　Tina Rosenberg, *The Haunted Land: Facing Europe's Ghosts after Communism* (New York: Vintage, 1995), 350.

大虐殺という事態に訴追で対応するというのは，法の支配を取り込むことを意味する。このありふれた表現は，いくつかの要素を結びつけている。第1に，損害については既存の一般的規範を適用して賠償すべきだとする約束が前提とされる。第2に，法の支配は，個人が告発する場合であれ防御する場合であれ，審理の機会と公正さを保障された制度が必要とされる。第3に，法の支配の下で手続を進める政府は，明示された個々の証拠に照らしてひとりひとりの個人を扱うよう努める(1)等である。また，西欧の自由主義的な法の伝統によれば，法の支配は，無罪の推定，当事者対抗主義の下での訴訟，人による統治ではなく法による統治という考え方も伴っている。何人も法の上方にいるわけではないし法の外にいるわけでもない。そして，何人も法的手続によらずして法的に非難されたり制裁を加えられることはない。法の支配が生み出す社会の中で，個々の構成員は法と法制度によって拘束されたり保護されたりする。以上の考えを，国家が自ら行うか，または黙認する大量殺害，拷問，人権剥奪の場合に当て嵌めるためには，ある信念が必要となる。その信念とは，たとえ政府が大規模惨事に積極的に関与した場合であっても，政府の犯罪としてではなく，特定可能な個人が犯した犯罪として処罰することができるし，そのようなものとして処罰すべきでもあるという信念である(2)。旧ユーゴスラヴィ

---

(1) See Margaret Jane Radin, "Reconsidering the Rule of Law", *Boston University Law Review* 69(1989): 781, 792. ラディンが要約しているように，法の支配を求めようとする願望は次のような考え方に基づく。「(1)法はルールから成る。(2)ルールは個々のケース以前に既に存在する。(3)法は手段である(ルールは目的達成のために利用される)。(4)政府と市民は明確に区別される(ルール設定者・適用者とルール受範者および応諾者の区別)。(5)人は合理的な選択者であり，手段〔法〕を用いて身辺を規律する…」。ルティ・タイテルは，上記のように述べられた「法の支配」が，革命，混乱，法的・政治的不安定な時期にも矛盾なく存在可能かどうか疑問を呈している。See Ruti Teitel, "Transitional Jurisprudence: The Role of Law in Political Transformation", *Yale Law Journal* 106(1977): 2009,2017.

(2) 民事訴訟も提起できるであろう。例えば連邦裁判所の中には，外国人不法行為法に基づいて民事訴訟を提起することを許したところもある。例えば，*Filartiga v. Pena-Irala*, 630 F. 2d876(2d Cir. 1980)事件では，米国に政治的庇護を求めた二人のパラグアイ国民が，連邦裁判所の管轄権を引き出すことに成功した。原告であるフィラルティガ博士はパラグアイで息子を亡くしているが，それは拷問によるものであった。息子を拷問にかけたパラグアイ公務員が米国に滞在していたので，損害賠償を得るために提訴したものであった。しかしながら同様の請求について，他の連邦裁判所は管轄権を否定してい

第3章 裁　判

アおよびルワンダ国際裁判所の第一主任検事であったリチャード・ゴールドストーン判事が指摘するように,「国際裁判が成功するかどうかは,公判が公平であるかどうかによって検証される」のであり,訴追や有罪判決の数によるのではない(3)。これらの事件に法の支配を適用するということは,法制度が上記の問題を処理し得るのではないかとの期待を表明するものであり,しかも,非法的要素——政治的必要性,政治的圧力,個人的偏見,または報復と権力闘争の循環によってもたらされる新たな局面——を理由として法の高邁な理念に背くこともないと期待するものである。

　大虐殺後に行われる裁判は,それゆえ,復讐と赦しの間に位置づけられる措置と見なされるべきである。裁判は,個人の復讐心を国家または公的機関に移転させる。この移転は復讐を懲罰に転換し,手続を伴うことで判断に時間をかけさせ,文書・反対尋問・無罪の推定をもって,非難と宿怨の悪循環を断ち切る。しかしながら,裁判自体は赦しに関係しない。裁判は,犯された悪事の責任と認知,そして断固たる処罰を要求する。事実認定が終わり,有罪判決が言い渡された裁判手続の終わりに,法的な意味での赦しが存在するかもしれない。つまり,刑の執行猶予,恩赦または人道的観点からの刑の軽減である。その場合でも,裁判手続は被告人に時間と苦痛を強いる。しかも,被告人にある種の刑罰を科すと同時に,訴追者・証人・裁判を注視している公衆と被告人との間に変化をももたらす。最も抽象的な意味でいう場合を除けば,和解は刑事訴訟の目標ではない。我々が殺人者と和解するのは,殺人者たる彼または彼女が,我々全てを規律しているのと同一のルールと命令に責任を負っていると想像することによってである。我々は同一の部屋に座り,被告人に話をする機会を与えること,そして彼または彼女が自らの人生のために戦う機会を与えることに同意する。しかし,被告人を治癒せんとしたり,または社会を治癒して社会関係を修復することは,如何なる直接的意味においても和解の目的ではない。

　る。例えば, See, *Tel-Oren v. Libyan Arab Republic*, 517 F. Supp. 542 (1981), aff'd 726 F. 2d 774 (D.C. Cir. 1984), cert. denied, 470 U.S. 1003 (1985).

(3) 真相解明・和解委員会会合(1998年5月30日にケープタウンで開催。世界平和基金後援)での"Due Process in the Pursuit of Truth"に関するパネルにおけるコメント。

対審的検証によって事実を述べること,行われた行為に対して明確な規範を適用すること,事実と規範に基づいて判断に至ること,これらすべては,犯罪者を刑務所に入れること,または死刑判決を下すことによって犯罪者を他者から区別しようとすることを意味する。裁判は形式的正義を基準として機能し,完全かつ最終的な審理,評決,判決で閉包をもたらそうとする。

今日,国家または国際機関が,戦争犯罪または国内で犯された大規模暴力について個人を訴追しようとする場合,それらは第二次大戦後に行われたニュルンベルク裁判および東京裁判の複雑な遺産を取り入れ,かつそれらの遺産を基礎としている。20世紀の終わりに至るまで,政治家・指導者・人権活動家は,これらの裁判を,正当な世界秩序を求める戦いに貢献する画期的な事実として言及した。第二次大戦後の戦争犯罪裁判が示しているのは法的な対応策の可能性であり,純然たる権力政治または軍事攻撃に基づいた対応策ではない。フィルムに残された被告人たちの映像が示しているのは,彼らの行為の悍ましさではなく,整然として慎重な訴訟過程である。

しかしながら,ニュルンベルク裁判も東京裁判も,裁判当時は多くの人々から正義の茶番劇であるとか戦勝者の戦利品でしかないと非難され,さらには政府自体に帰属せしめるべきであった行為について特定の個人を選択して訴追したとして非難された[4]。しかし,おそらく半世紀が経過して記憶がぼやけてきたためであろう,そしてまた,記念日としての行事の祝祭的な雰囲気によるのであろう,上述の批判が人々の意識の中に表われることは今日ではほとんどなくなってきた。それどころか,第二次大戦後のこれらの裁判は,人権擁護および人権確保に必要な法的制度を確立していこうとする国際的な運動の開始に有用だったことで評価を得ている。ニュルンベルク裁判の影響を何がしか受けたといえる国内裁判としてあげられるのは,第二次大戦中の行為についてイスラエルが訴追したアイヒマン事件のほか,国家テロおよび10,000人から30,000人の殺害に関与した

---

(4) 一般的には,See Jay A. Baird, *From Nuremberg to My Lai* (Lexington, Mass.: D.C. Heath, 1972) 序文 vii-xvii.

とされる500人の軍事政権構成員に対するアルゼンチンの訴追，東ドイツからの逃亡者射殺に関与した国境警備兵および彼らの上官に対するドイツによる訴追，戒厳令を敷いたヤルゼルスキ将軍に対するポーランドの訴追がある。

しかしながら，国際社会において，ニュルンベルク裁判とそれに匹敵するような最近の戦争犯罪の訴追努力との間には大きな時間的隔たりが存在することに留意しないわけにはいかない。実際のところ，90年代初頭に旧ユーゴスラヴィアおよびルワンダ国際刑事裁判所が設立されるまで，国際機関が戦争犯罪訴追のための努力を示したことはなかった。この間の40年間，多くの虐殺事件が生じた。この事実は，ニュルンベルク裁判が大規模暴力を抑止したという主張を損ねるものである。カンボジア，南アフリカ，クルディスタン等々，こうした場所で行われた大量殺害に対して国際機関は法的対応策を創り得なかった。こうした若干の事例を挙げただけでも，ニュルンベルク裁判の長期的影響力に疑いを投げかけることができる[5]。あまり迫力のある活動とはいえなかったが，ヴェトナムでの米国の行為に対して非公式の模擬裁判所がバートランド・ラッセルおよびジャン・ポール・サルトルによって設けられ，1967年に「審理」したことがある[6]。しかし，皮肉なことに，当時の米国の指導者たちは，ニュルンベルクを援用して，ハノイからの攻撃に対抗する米国の政策を正当化したのであり，そしてまた米国の行動を司法機関が評価することに抵抗したのである[7]。この当時，米国が戦争犯罪を処罰する裁判所の設立に無関心だったのは，米国自身の行為が司法による判断を必要としたであろうからであり，このことを否定することは不可能であろう。その後ずっと，戦争犯罪処罰のための裁判所を創設しようとするたびごとに，米国がそのよう

---

[5] 国連では，アパルトヘイトの消滅および処罰に関する国際条約を起草するために短期間の活動がみられた。しかし，如何なる行動にも結実しなかった。See Paul D. Marquardt, "Law Without Borders: The Constitutionality of an International Criminal Court", *Columbia Journal of Transnational Law* 33(1995): 73, 89.

[6] See John Duffert, ed., *Against the Crime of Silenc* [ラッセル法廷議事録] (Stockholm, Copenhagen ; New York : Bertrand Russell Peace Foundation, 1968).

[7] See Telford Taylor, *Nuremberg and Vietnam: An American Tragedy* (Chicago: Quadrangle, 1970).

な裁判所に対して行うべき説明責任について，米国内の多くの人々に問題を提起してきたのである。

ニュルンベルク裁判の力と影響が50年間にもわたって慣行を確立するに至らなかったというのは，多くの国家がニュルンベルク裁判を援用して国内で積極的に大規模人権侵害の関与者を訴追できなかったことを意味する。不起訴の決定，あるいはしばしば見られる恩赦許与の決定は，新たに形成されたばかりの国内体制または再構築されたばかりの脆弱な国内体制を守ろうとする姿勢を反映していることが多い。後継体制は，集団的暴力後に，以前より良い段階に移行しようとしているかもしれない。あるいは民主的国家を再構築するために，裁判がもたらすであろう対立的雰囲気を避けたいと願っているかもしれない。あるいはまた，新政府は直前に犯された虐殺の首魁および追随者を訴追するための政治的・経済的力を欠いているだけかもしれないし，以前の軍事的・司法的権力の影響を脱しきれていないのかもしれない。したがって，不起訴や恩赦許与の決定は様々な考慮によるものであることを示しており，原則に基づくものである場合もあれば，実際的な理由による場合もある。そして，それらの理由を根拠として，ニュルンベルク以後に登場した国際的な約定の中から学者たちが拾い集めた「訴追義務」を免れさせるのである[8]。

大虐殺に裁判で対応するということで非常に興味深いのは，この企て全体をめぐり，理想主義とシニシズムが密接な関係にあることである。理想主義は，例えば「訴追義務」のように，人々を興奮させる要求に生命を吹き込むものの，多くの場合，それらは感情剥き出しで非現実的な要求でしかない。こうした主張は，現実の国内社会で変転極まりない正義と格闘している人々から遠くはなれたところに住む学者がしばしば行うものである。他方，シニシズムは，国際法の執行または平和維持機関を構築する活動に金銭その他の物資を提供する際に，普通の市民または指導者たちからの抵抗を産み出す。

---

(8) Teitel, "Transitional Jurisprudence" を Diane Orentlicher, "Settling Accounts: The Duty to Prosecute Human Rights Violations of Prior Regime", *Yale Law Journal* 100 (1993): 2537; および Naomi Rhot-Arriaza, "State Responsibility to Investigate and Prosecute Grave Human Rights Violations in International Law", *California Law Review* 78 (1990): 451 と比較せよ。

第3章 裁　判

　以下で私が検討するように，少なくとも理想主義者たちは，虐殺を裁判で処理しようとすることに対して加えられる意義深い批判および裁判の限界を認識する必要があるように思われる。シニシストは次のように自問する必要がある。裁判で処理することへの批判と限界を前にしたとき，裁判以外に何が考えられるであろうか。実際のところ，シニシズム自体がどれほど問題になるといえるのだろうか。言語に絶する暴力を訴追するために適した場所はどこなのか。人類社会がこれまでに構想し構築してきたことは，訴追に適した場所について社会および個人に教示し得るのだろうか。し得るとすれば，それはどのようにしてであろうか。

裁判に対する3つの批判

　第二次世界大戦の同盟国は，枢軸諸国が敗北した後で，自らの敵を手っ取り早く処刑することができたであろう。この選択は，一時期のスターリン，英国外務省，後にはチャーチルが実際に主張したものである(9)。そうせずに法廷を開くべしと決定したことによって，同盟国は平和と人権を保障するために国際的な規則を確立すると同時に，これらの規則を執行するのに十分なほど強力な機関を設立しようとした。ルーズベルト，チャーチル，スターリンは1943年11月1日のモスクワ会談で声明を発表し，上記の約束を表明した。その時の各国代表は，国際軍事裁判所条例を作成した。国際軍事裁判所は，復讐および戦争の継続の延長としての裁判という考え方に反対し，原則，事実認定，公開討議に依拠せんとした。
　この時の国際軍事裁判所は，新機軸たることを意図したものだった。裁判所は国際場裡で適用される法原則を採用しようとした。武力ではなく，既知のルールによって行為が判断されるべきである，政府自身が恣意的な行動を制限されるであろう等々，法の支配の基礎を占めていたのは以上のような考えである。政府の恣意性を制限することは公正たることの基本で

---

(9) See Carlos Nino, *Radical Evil on Trial* (New Haven, Conn.: Yale University Press, 1995), 5,6; および Baird, *Nuremberg to My Lai*, viii.

あり，具体的にいえば，個人は裁判を受ける機会を持つこと，刑事告発を受けた個人は訴訟で自らを防御する機会が与えられ，犯罪行為として非難された場合には公正な法廷で反駁する機会が十分に与えられることなどが必要である。これらの理念は様々なレヴェルの象徴で表現され得る。例えば，ニュルンベルクが選ばれたのは，設備が損壊せずにそのまま残っていたという理由からだけではない。反ユダヤ法が公表されたのは，1935年初頭のナチスのニュルンベルク党大会においてだったからでもある(10)。ニュルンベルクで裁判を行うということは，その地が連想させる意味を変容させはじめた。そして，如何にして法が恐怖を希望に変え得るかの象徴となったのである。

しかし，ニュルンベルク裁判の当時，批判家たちは──公的なものであれ私的なものであれ──裁判について多くの非難を浴びせかけた。以下はその一例である。この国際法廷には先例がなかったので，したがって法がないまま運営された。法廷は単に同盟国の軍事力の隠れ蓑でしかなかった。法廷は，立法者，検事，判事，陪審員の職務の分離を要求する自由主義的観念を侵害した。法廷は，規範が表明される以前に生じた行為に新しい規範を適用した。法廷は，国家の行為であるにもかかわらず個人を違法に訴追した。そして，法廷はドレスデン，広島，長崎の爆撃について同盟国を訴追しなかったし，ドイツ人が犯した行為と同じくらい非難されるべきソ連人の行為について，ソ連人を訴追することがなかった等々(11)。何人かの批評家たちは，裁判が勝者の正義であり杜撰であるとして公然と非難した。当時の米国最高裁判所長官ストーンは，私的な発言としてではあるが，裁判を「高級私刑パーティー」であると呼んだ(12)。真実であれば，これら

---

(10) Nino, *Radical Evil*, 6.
(11) これらの議論を適切に要約したものとして，Baird, *Nuremberg to My Lai*, vii, vx; 1945年11月19日付「被告人弁護士の全てが採択した動議」(提出はシュターマー博士)，Baird, *Nuremberg to My Lai*, 81-83; Dr.Hermann Jahreiss, "Statement Before the Nuremberg Tribunal", in Baird, *Nuremberg to My Lai* 84-91. See also Bernard Meltzer, "Remembering Nuremberg", (シカゴ大学特別報告, no.34, 1995) および Steven Fogelson, "The Nuremberg Legacy: An Unfulfilled Promise", *Southern California Law Review* 63 (1990): 833, 858-67.
(12) Denis J. Hutchinson, *Justice Jackson and the Nuremberg Trials* に引用(Meltzer, "Remembering Nuremberg", 34 に引用)。ニュルンベルク検察団の主要な米国人構成員であったテル

第3章 裁　判

の批判には説得力がある。というのは，まさにこれらの批判は，法廷に対する期待——すなわち，大虐殺によってもたらされる恐怖に対して法の支配を適用すること——を反故にしてしまうからである。かくしてこれらの批判が問題としたのは，法廷が，復讐と戦争を，正義の確保を目的とした公正な形式に取って替えたのかどうか，または復讐と戦争を永続させたのかどうかであった。同盟国による東京の焼夷弾攻撃，ドレスデンの破壊，原爆投下（とりわけ既に広島に原爆が落とされた後で行われた長崎への攻撃）は，法廷の審理の対象から除外されたままであった(13)。

　これらの批判の中で相互に関連した3つの批判が以下で検討するに値する。それらは，第二次大戦の法廷という脈絡においてだけでなく，最近のボスニアおよびルワンダでの審理にとっても重要である。第1の批判は遡及効である。第二次大戦後の軍事裁判で被告人となった人々は，それ以前に公示されていたこともなければ広く知らしめられたこともない規範に基づく告発に直面した。しかも告発を受けたのは，これもまた以前に存在したことのない手続を使った法廷においてであり，既に存在する明確な規範を適用するという法の支配の約束事に反するものであった。第2は政治化である。法廷は，政治的圧力や打算とは無関係な独立機関として存在するのではなく，むしろ法廷の構成と運営そのものが，伝えられるところでは，駆け引きを具現化していたのであり，公正性の理念と普遍的規範を損なっていた。第3の批判は，選択性と命名できよう。侵害行為で告発できた人が多いにもかかわらず，実際に訴追の対象となったのはごくわずかな人に限られた。一般的にいえば，訴追上の裁量が適切に行われるのであれば，そのことは，最も責任があり，かつ重要な犯罪人を明らかにしようと努力したことを示す。しかしながら，選択性が，違反者の認定および逮捕に関して偶然性を反映する場合がある。例えば，逮捕および訴追を免れる者

　　　フォード・テイラーは，「攻撃戦争についての告発は根本的な事後法問題を提起したのであり，依然として居心地の悪さを感じている」ことを認めている。See James Rodgers, "Remembering Nuremberg", *ABA Journal* (October 1983): 88, 91.

(13) Meltzer, "Remembering Nuremberg", 8. See also R chard A. Falk, "Nuremberg: Past, Present, and Future", *Yale Law Journal* 80 (1971): 1501. 敗戦国の指導者がその行動——同盟国も頻繁に行った民間都市に対する空襲など——について責任を追及されなかったこともまた裁判を道徳教育で使うにあたってその価値を明らかに制約した。

があるが，その方法は逃亡および死亡によるだけでなく，身元・行動・身元や行動を示唆する証拠を隠して免れる場合もある。また，違反者の所属する国家，政党，民族グループが，勝者や支配者層に留まっているために，逮捕を免れる者もいる。その結果，現実に訴追された人々は，誰が訴追と処罰に値するのか十分熟慮された判断に基づかない場合がある。

　要するに，ニュルンベルク裁判と東京裁判が行われた当時，裁判の批判者たちは，遡及効，政治化，選択性に言及して異議を唱えたのである。これらの異議が生ずる危険性は，旧ユーゴスラヴィアおよびルワンダ国際刑事裁判所，そして人権侵害に対する国内での訴追でも明らかである。これらの危険性は，法の支配という理想を明らかに傷つけている。問題は，訴追を価値あるものとしようという理念に十分な気概が残っているのはどのような時か，そもそもそのような気概がこの理念に残っているのかどうかということである。

遡 及 効

　ニュルンベルク裁判の主席検事で米国最高裁判所判事のロバート・ジャクソンが冒頭陳述で力強く述べたのは，法の支配という原則に服すべきこと，および本件で利用できる手続が訴追側諸国において十分確立した実行から逸脱しているという2点であった(14)。法廷が，法の支配に忠実である旨の評価を獲得するよう促す言葉の中で，彼は次のように説明もした。

　　これらの人々が，法の名において訴追される最初の敗戦国戦争指導者であるとすれば，彼らはまた，彼らの生命を守るために法の名において抗弁する機会が与えられる最初の人々でもある。現実的に言えば，

（14）「本件は研究不足で苦労するであろうし，そしておそらくは，通常であればいずれの訴追諸国もが支援したくなるような模範的・専門的作業とはならないであろう。私はこうしたことを否定すべきではないだろう」。Robert H. Jackson, "Opening Statement for the United States Before the International Military Tribunal", 21 Nov. 1945, reprinted in Baird, *Nuremberg to My Lai*, 19, 22.

第3章 裁　判　　　　　　　　　　　　　　　　　　　　　　　　　　59

　彼らに審理の機会を与える裁判所条例は，彼らにとって唯一の希望の源でもある。……〔そして〕彼ら自身を守る公正な機会を与える。これは，権力をもった人々が同胞に広げることのめったにない恩恵である。世論が既に彼らの行為を非難しているという事実にもかかわらず，我々はここで彼らが無罪の推定を与えられなければならないことに同意する。そして，我々は，被告人たちの犯罪行為，および被告人たちが彼らの行為について刑事責任を負う旨の立証責任を受諾する(15)。

　ジャクソン自身が認めたように，法の支配への忠誠という争点そのものに関しては，ニュルンベルク裁判が中心的問題を提示した。訴追に対する異議として主張された遡及効が完全に反駁され得たわけではなかった。個々の事件に既存の法のみを適用するという一般的約束にも拘らず，訴追の指針となった規範は，犯罪の実行時に適格な地位を占めていたわけではなかった。拷問および殺人を禁止する法的根拠として国内法が援用され得た。諸国民の法に反する犯罪は，既に慣習法として登場してはいた。しかし，そのような犯罪について，広範なコンセンサスが確立した例は限定的であり，例えば，公海上での海賊等しかなかった(16)。戦時における行為に関する規範は，確かに慣習法と条約に根拠があった。しかし，これらの規範と個人の刑事責任との間にどのような関係があるのかは不明確だった。また，平和に対する罪や人道に対する罪についてはケロッグ・ブリアン条約が多少の関連性を有するとはいえ，十分明確にされていたとはいえず，そもそもこれらの罪に関する規範自体の存在が明らかとはいえなかった。1945年に国際軍事裁判所が創設されるまで，第二次大戦中に犯された暴力について同裁判所で告発されることになっていた被告人に対して援用されるべき明示的かつ正式の規範は存在しなかった(17)。同様に，ニュルン

---

(15) Ibid., 23-24.

(16) Henry J. Steiner and Philip Alston, eds., *International Human Rights in Context: Law, Politics, Morals* (Oxford: Clarendon Press, 1996), 99のニュルンベルク裁判に関するコメント参照。

(17) 1945年8月8日のロンドン協定。59 Stat. 1544, E.A.S. No.472 (6条 [平和に対する罪，戦争犯罪，人道に対する罪]，7条 [政府首長および責任ある他の政府高官の免責禁止]，8条 [政府の命令で行った旨の免責禁止])。

ベルク裁判および東京裁判で行われた告発に対する抗弁のための規範も存在しなかった。正当化または免責事由として何が重要とされるべきだろうか。消滅時効によって訴追が禁止されるのはどの様な時であろうか。

人間の行動に関する如何なる当為基準によっても，ナチが行った残酷な行為，例えば，ヨーロッパのユダヤ人，民族的少数者，同性愛者，障害者，ジプシー，政敵の排除は，どう見ても義務，道理，公正さの観念を欠いていた。そのような理由からすれば，遡及効の非難はそれほど重要ではないように思われる。当時存在していた国内規範または国際規範のいずれもが，上記の行為を禁止していなかったという考え方に従うことは，時として不愉快極まりなく思われるであろう。前例が全くないような規模で行われたユダヤ人の国外追放・殺人・市民虐待，奴隷労働政策および明らかな迫害は，今日では議論の余地のない人権侵害の例とされる。しかし，ニュルンベルクでの被告弁護人が論じ，このとき以来多くの批評家も論争してきたように，裁判以前の法は，個人の侵略戦争遂行を犯罪としていないし，責任を問えるということも明確にしていなかった。同じことは，殺人，殲滅，奴隷化，意見または出自を根拠とした迫害などの人道に対する罪についても言えた。また，被告人の主張によると，当時存在した法は，国外追放，強制労働，上官の命令に服従すること等を禁止していなかったという(18)。

裁判所は，被告人側の論拠，すなわち本件起訴は，申し立てられた事件の後に成立した刑事法に依拠しているのではないかという主張を受け入れなかった。第二次大戦開始前に締結されていた侵略戦争(wars of aggression)を非難する条約に依拠することによって，そして「人道に対する罪」を侵略戦争遂行に関連して犯されたものに限定することによって，裁判所は法の支配の原則が課していた制約を認めた。しかしながら，同時に，裁判所は法の支配の原則が設定した制約を如何に曲げて解釈するかを示し，制約がもたらそうとした保証を如何に取り払うべきかを明示した(19)。

---

(18) 一般的には，See Nino, *Radical Evil*, 6-8. さらに被告人側は，平和に対する罪以外に関係する共同謀議の責任についても異議を申し立てた。See also Knut Ipsen, "A Review of the Main Legal Aspects of the Tokyo Trial and Their Influence on the Development of International Law", in Chihiro Hosoya, Nisuke Ando, Yasuaki Onuma, and Richard H. Minear, eds., The Tokyo War Crimes Trial (Tokyo: Kodansya, 1986), 37, 44-45.

中立的原則としての法を明確にしようとしてきた法律家でさえ、ニュルンベルク手続が政治的であり、法的手続とはみなされ得ないことを認めた。それにもかかわらず、彼らはこの手続を「捕虜に対する組織的暴力計画よりは洗練されている」と擁護した(20)。

ニュルンベルク裁判にしても、「いくぶんはっきりしない」人道に対する罪という観念(21)にしても、ひとたび確立すれば、もはや先例がないとはみなされ得ない(22)。しかし、上述したように、確立した先例によれば法が明確に述べられる前に犯された行為に法を適用することが認められている。このことは、法の支配という基本観念と際立って対照的ではある。実際に、ニュルンベルク裁判の前検察官の一人は、ニュルンベルクがもたらした最も重要な貢献は、絶えず成長し変化する過程にある一定の国際法をさらに発展させたことであると主張している(23)。

このように、ニュルンベルク裁判は、「具体的に明示された国際法」がない場合であっても、被告人自らが国際社会によって非難される悪事を犯したことを知っているようなケースでは、被告人を処罰しても不正はないことを示す根拠としてよく引用される(24)。ニュルンベルク自体が、国家権力に基づく行為であったとする抗弁や国内法上の義務のためという抗弁に優先する国際法を確立したのである(25)。こうした原則を、自然法、常識、正義の観点から正当化しようと努めたからといって、勝者が望むことを敗者に適用しようとする勝者の権力そのものに優越できるわけではない。しかしながら、少なくともニュルンベルク裁判当時、ほとんどのドイツ人は

---

(19) See International Military Tribunal (Nuremberg), 1946, "Judgment of Nuremberg Tribunal", American Journal of International Law 41(1947):172.
(20) Herbert Wechsler, "The Issues of Nuremberg Trial", *Political Science Quarterly* 62 (1941): 11, 23.
(21) Francis Biddle, "The Nuremberg Trial", *Virginia Law Review* 33 (1947): 679, 694
(22) しかしながら、ニュルンベルクで適用されたのが大雑把な正義ではなく法であったのかどうかについて論争は続いた。See Hans Kelsen, " Will the Judgment in the Nuremberg Trial Constitute a Precedent in International Law?" *International Law Quarterly* 1(1947):153.
(23) Thomas F. Lambert Jr., "Recalling the War Crimes Trials of World War II", *Military Law Register* 149 (1995): 15, 23.
(24) Marquardt, "Law Without Borders", 82.
(25) Ibid.

手続を公正で正当なものとみなしていたと述べていたのである⁽²⁶⁾。

　1950年代の国連はニュルンベルク原則を法典化しようと努めていた。例えば、ジェノサイド条約の起草、常設国際刑事裁判所の提案などがそれである。しかし、刑事裁判所の設立は頓挫した。ヴェトナム戦争に介入した米国に対して、およびその後数十年にわたって他の諸国に対して、戦争犯罪を行ったのではないかという疑惑が高まったためである。多数国間条約は、テロををはじめとした国際犯罪の解釈に取り組み続けた。しかし、戦争犯罪を取り扱う常設国際裁判所が設立されることはなかった。ニュルンベルク裁判は、国際法の執行という伝統的理念を持続させたものの、裁判が行われたのは実際には「国際」裁判所においてではなかった。ニュルンベルクほど理念の補強に与ったとはいえないが、東京裁判についても同じである。実際には、占領国が合同占領軍裁判所を敗戦国に対して設立し、この裁判所が裁判を行ったのである⁽²⁷⁾。これらの裁判は、世界平和の視点に基づいているとも言えるし、軍事的勝利に条件づけられたものと見ることもできよう。

　先例としてのニュルンベルク、ハーグ条約、ジュネーヴ条約、1977年の2つのジュネーヴ議定書は、国際法に組み込まれた人道的規範を明確にしている。したがって、1992年に旧ユーゴスラヴィア領土で犯された国際人道法違反行為に対して設立された国際裁判所にとって、規範の遡及的適用の危険性が問題となることは到底考えられない⁽²⁸⁾。他方、ルワンダ国際刑事裁判所は、遡及効がおそらく重要な争点を提起することになろう。裁判所の判断に委ねられた対象事項の中には、普遍的に受諾された国際法を越えて人権規範の適用を拡大することになるような非国際的性質の武力紛争が含まれるからである。とはいえ、旧ユーゴスラヴィア裁判所でさえ、

---

(26) Stephen Breyer, "Crimes against Humanity: Nuremberg, 1946", *New York University Law Review* 71 (1996): 1161, 1163.

(27) Theodor Meron, "America and the World", National Public Radio, 15 April 1993, transcript #9315.

(28) 国連安全保障理事会決議780(1992); 808(1993); 827(1993). 裁判所の公式名称は、「1991年以降に旧ユーゴスラヴィア領域で犯された国際人道法の重大な違反に責任を有する者を訴追するための国際裁判所」。

国際の平和および安全に対する脅威に対処するための国連の権限を拡大して解釈している[29]。というのは，同裁判所は，これまで国際的な場所で答えられたことのないような問題，および法的に処理されたことのない問題を解決しなければならなかったからである。例えば，同裁判所は民族紛争に際して犯されたレイプを国際法の侵害として特徴づけるべきか否か取り組むよう要求されたし，ジェノサイドを構成するのに必要とされる意思の性質について，これまで答えられていなかった規範的問題を考察し解決しなければならなかったのである。また，民族浄化はジェノサイドなのか，ジェノサイド条約にいう「重大な侵害」という概念の範囲は如何なるものか，指揮官が命令していなかったり，違反行為を監督していなかった場合，行なわれた虐殺行為について，指揮官はどの程度の刑事責任を負うべきなのか，についても同じである[30]。遡及適用が争点となっているとき，手続問題は実体規範的問題ほど困難な問題を提起していないかもしれない。とはいうものの，実行および実体法の意味の重大な相違は手続問題の解決に由来するであろう。例えば，人は欠席のまま裁判され得るのか，強迫は人道に対する罪に対する抗弁を構成すべきか等である。前例のないこれらの問題に決定を下すため，法を過去の出来事に適用せざるを得ないとすれば，裁判所の決定は不可避的に以下のような性質を持たざるを得なくなる。すなわち，裁判所の決定は，問題となっている行為が行われたときに判断の基準となる規範内容を知らなかった人々に，それらの規範を適用せざるを得ないという性質である。

　遡及的に規範を適用する際に見られる極めて複雑な問題は，裁判所で最初に受理された上訴において生じた。ドラーゼン・エルデモヴィッチはクロアチア人でセルビア人と結婚した。彼は妻とともにスイスへ移住しようとしたが失敗し，その後金銭上の理由から，ボスニア・セルビア軍（Bosnian Serb Army）に加わった。その後，彼はスレブレニカの飛び地が1995年7月に陥落してから民間人イスラム教徒の大量虐殺に参加した[31]。

---

(29) 国連憲章 39-42 条参照。
(30) Steiner and Alston, *International Human Rights in Context*. 1071.
(31) See Payam Akhavan, "Justice in the Hague, Peace in the Former Yugoslavia? A Commentary on the United Nations War Crimes Tribunal", *Human Rights Quarterly* 20 (Nov. 1998):66-69.

10年の刑を受けた後，彼は控訴裁判所に再審を請求した。彼は，強迫および止む事を得ざる事情の中で行動したこと，しかも，結果として十分な精神能力を有していなかったことを理由とした。確かに，有罪答弁を行ったとき，彼は深い悔恨の情を示し，記録に残されている以下のような追加説明を述べている間すすり泣いていた。

　　裁判官殿，私はこれ〔訴追対象行為〕をしないわけにはいきませんでした。もし拒絶していたら，これらの犠牲者とともに私も殺されていたでしょう。私が拒絶したとき彼らは言いました。「あいつらが可哀相だと思うなら立ち上がってあいつらと並んでみろ。お前も殺してやる」。私は私自身が命を失うことを残念だとは思いません。しかし，妻と当時9ヵ月だった息子に申し訳が立ちません。あの時，私は殺されたかもしれませんから，殺害を拒否することはできませんでした(32)。

この第一審裁判所自体が，有罪答弁手続を初めて創り上げたのであるが，弁明を伴った有罪答弁を処理する手続を有していなかった。今日の手続法の支配的な考え方が示唆するところによれば，有罪答弁に続いて審理が行われるべきである。それなので，控訴後の最初の問題は，有罪答弁を行った被告人のための手続を定めている法源と規範を検討することだった。6人の判事からなる控訴審は，4つの思慮深く学識に裏付けられた意見を作成した。これらの意見は，人道に対する罪についての抗弁として強迫が利用可能かどうかに関して可能性のある法源を検討した。有罪答弁が自発的である点について見解は一致したが，強迫が抗弁として援用可能か否かについて判事の意見は分かれた。3人の判事は，2つの意見において，強迫が人道に対する罪について完全な抗弁とはならないと推論した。多数意見は，有罪答弁が十分な知識に基づいて行われていなかったと結論した。すなわち，エルデモヴィッチは有罪答弁を行うことによって彼が裁判の権利を失い，刑事責任の欠如を主張する権利を失うことを十分に知らされてい

（32） *Prosecutor v. Dražen Erdemović*, Judgment, in the appeals chamber, 7 Oct. 1997, 4 に引用。

なかったとした(33)。そこで多数意見は，エルデモヴィッチに「起訴の性質と被告人の抗弁の帰結について十分な知識を持って」再抗弁する機会を与えるために，本件が新たな法廷に差し戻されなければならないと結論した(34)。

強迫が人道に対する罪について抗弁となり得るかどうかは，興味深いと同時に困難な問題であり，倫理学者，法学者，大量虐殺研究者の関心を引くであろう(35)。この問題に関して利用可能なあらゆる国内法の法源，国際法原則，倫理思想を探し回り纏め上げた控訴裁判所判事の真剣さと彼らの並外れた努力を目の当たりにするのは感動的でさえある。それでも，本件で到達した独特の結論にもかかわらず，これらの結論をエルデモヴィッチ自身に適用することは，彼が本件虐殺に関わった時点において，彼を含めて誰も知らない規範を適用することを意味する。遡及性は，あらためて被告人に抗弁することを認めた判決によって和らげられてはいる。しかし，本件に関わる要素，例えば，新たな手続，防御理論，根本的な規範的基準が，国際裁判所に提起される事件に渾然一体として現れることは多い。何らかの性質の「でっち上げ」は，起訴の決定から有罪答弁後で判決前の審理に至るまで，または強迫の抗弁の評価に至るまで存在する。したがって，外部の観察者が，裁判の公正性，中立性，予測可能性を問題としたがることは禁止されていないどころか，むしろ極めて重要となる。さもなければ責任追及のためのメカニズムは，それ自体が無責任なものとなってしまう。

規範を遡及的に適用することで問われる公正性，中立性，予測可能性の問題は重要であるが，それとは別に法の支配が潜在的に腐敗させられることがある。裁判所が，裁判所の運営，人的資源，決定について，明白にかつ深く政治的アクターおよび政治的情勢に依存するときである。このことは旧ユーゴ裁判所にあてはまるであろう。ボスニアに対する裁判所の行動が開始されたのは，公訴された人々が権力についている時であり，ニュル

---

(33) *Prosecutor v. Dražen Erdemović*, Judgment, 17; *Prosecutor v. Dražen Erdemović*, ガブリエル・カーク・マクドナルド判事およびラル・シャン・ボーラー判事の共同個別意見, 1.2。
(34) *Prosecutor v. Dražen Erdemović*, Judgment, 17.
(35) この問題は，「国家的虐殺(administrative massacre)」に関する個人責任が提起する問題を特定の視点で明らかにする。国家的虐殺の議論については，本章の後半部分を参照。

ンベルクおよび東京裁判をめぐる環境とはほとんど対照的な状況にあった。こうした行動は、虐殺をやめさせるために自国の兵士を犠牲にしたくない諸国が企てた象徴的な国際的行動と理解された(36)。とりわけ、計上された財源がわずかばかりであったこと、および旧ユーゴスラヴィアにおける戦争、民族浄化、拷問に対して、より直接的な国際行動を行なうよう努力したにもかかわらず失敗してしまったことからすれば、裁判所の創設は法の支配の採用というよりは政治的対応のように思われた。

　米国の国連大使マドレーヌ・オルブライトは、裁判所を創設することで法との関わり合いが示されることを率直に褒め称えた。彼女はまた、次のように論じた。「1940年代の世界と異なって、今日の国際人道法は見事に法典化され、十分理解され、同意され、執行可能である。ニュルンベルク裁判所を大変悩ました国際法の内容に関する論争が、本裁判所を悩ませることはないであろう」(37)。彼女の発言は、熱のこもった感動的な言明として評価され得る。ではあるものの、国際的コンセンサスが存在するという主張自体によって当該コンセンサスが創設されたわけではないし、事後法に関して残存する懸念を排除するわけでもない。国家が享有する幅広い刑事事件上の権限および刑罰権を、国際法も内包しているのだということを示す明確な根拠は全く存在しない。したがって、国連安保理は法の欠缺を埋めるために、旧ユーゴスラヴィアの国内法に依拠することを許可し(38)、国際的なレベルにおいて形成途上の先例をさらに曖昧とさせた。加うるに、新しい裁判所は西欧諸国が支配的である安保理に起源を有したので、不可避的に法を権力政治と結び付けている。

　遡及効に関する同様の懸念は、共産主義崩壊後の東欧諸国内での訴追にも拡がっている。例えば、ハンガリーの学者たちは次のように非難した。

---

(36) See James O'Brien, "The International Tribunal for Violations of International Humanitarian Law in the Former Yugoslavia", *American Journal of International Law* 87 (1993): 639; Steiner and Alston, *International Human Rights in Context*, 1970.

(37) Meron, "America and the World"に引用。See also Justice Richard Goldstone, "Prosecuting War Criminals", (David Dawes Memorial Institute of International Studies, no.10, August 1996の特別報告), 6 (旧ユーゴスラヴィアおよびルワンダ国際裁判所での遡及問題への言及なし).

(38) See Keith R. Chaney, "Pitfalls and Imperatives: Applying the Lessons of Nuremberg to the Yugoslav War Crimes Trial", *Dickinson Journal of International Law* 14 (1995): 57,85.

消滅時効を含めて刑法を遡及的に変更して，行為の時点においてなら許可されていなかったであろう正式起訴と処罰を事後的に許容すべきではない(39)。ハンガリー議会は1944年12月21日から1990年5月2日の間に犯された反逆罪，予謀殺人，傷害致死の消滅時効は，1990年5月2日まで始まらないことを宣言する法の制定を進めたのであった。さもないと出訴期限法によって正義の実現が妨げられ，統治権による行為という事実を責任追及に対する絶対的盾として強化しようとする加害者自身の行動に手がつけられないからである。しかしながら，ハンガリー大統領は，法案に署名することを拒否し，憲法裁判所は法案を違憲と判断した(40)。憲法裁判所の判断によれば，法は共産主義の時代と今日の間で継続していると見られるべきであるだけでなく，訴追しないのは何故かという政治的な理論的根拠を無視すれば，法と政治の間に新たな，かつ危険な悪影響をもたらすであろうとした(41)。

政治化

　法と政治の関係は，ルワンダ国際裁判所の創設と運営ではっきりする。1994年にルワンダで生じた政治的・民族的虐殺は，少数民族ツチ族とフツ族の反対派に向けられたものであり，国民の全人口の10分の1にあたる80万人ほどのアフリカ人の殺戮をもたらした。15万人の白人が殺害された後に創設された旧ユーゴスラヴィア国際刑事裁判所が，控えめで不完全な先例となってはいたものの，ルワンダでの虐殺は，極めて明白に国際法的対応を必要とした。国際的な時事解説者および特にアフリカ諸国は，ルワンダにもユーゴスラヴィアと同様の裁判所を創設するよう安保理に強

---

(39) Nino, *Radical Evil*, 23.
(40) Ibid., 24. See also Gabor Halmi and Kim Lane Schepple, "Living Well Is the Best Revenge: Hungarian Approach to Judging the Past", A. James McAdams, ed., *Transitional Justice and the Rule of Law in New Democracies* (Notre Dame, Ind.: University of Notre Dame Press, 1997): 155-84. HalmiとScheppleは，前体制の構成員に向けられた民主勢力の主張に対して，憲法上の制約があることを主張するハンガリーの立場を支持している。
(41) Nino, *Radical Evil*, 24.

要して首尾よく成功した。もっとも，強要したのは，単に人種差別主義および自民族中心主義の非難を回避するためだけのことだったかもしれない。国連は，根拠薄弱ではあるが，ボスニア裁判所において援用された憲章上の根拠を拡大し，一国内の紛争にまで憲章を適用するに至った。ただし，この紛争は，国際の平和および安全に対する脅威とみなされなければならなかった(42)。

　両裁判所での議論の大半が焦点をあてたのは，裁判所が直面した実際上の問題であった。犯罪行為発生後かなりの時間が経過し，犯罪行為地から離れた場所で訴追することから，例えば，起訴されたボスニア出身の犯罪者を逮捕するに際して直面した問題であったり，十分詳細で信頼できる証拠をボスニアおよびルワンダから集める際に直面した問題等々である。慢性的人員不足および極めて限定された財政状況，紛争に関係した諸国の協力の欠如，被告人逮捕について国家に依存せざるを得なかったこと等々，こうした実際上の問題は克服不可能であることが明らかとなった。しかし，さらなる難問は，虐殺への法の適用という理念が，あからさまに政治的に利用されないように確保することである。しかし，裁判所は，まさにその人的資源および運営の継続的必要性からして，本質的に国連総会構成国の政治的見解と意思に依存したままである。

　証拠収集および犯人逮捕に関連する命令を執行するにあたってさえ，これらの裁判所は他の機関がもくろむ明白な政治的考慮に依拠しなければならない。NATOが支援した逮捕によって裁判所の努力に新たな生命が吹き込まれるまで，ヨーロッパの軍人および外交官は次のように考えていた。裁判の前または裁判と同時に，旧ユーゴスラヴィアで軍事的勝利を追求するという国際的約束が行われないのであれば，如何なる裁判も意味をなさないであろう，と(43)。この見解によれば，裁判過程は軍事行動に取って

---

(42) ユーゴスラヴィア紛争は，当初，一国家内で始まったのだが，ユーゴスラヴィア解体によって紛争は国際的性質を帯びることになり，国際的な管轄権が生じる可能性を確実にした。See Meron, "America and the World".

(43) Kenneth Anderson, "Nuremberg Sensibility: Telford Taylor's Memoir of the Nuremberg Trials", *Harvard Human Rights Journal* 7(1994): 281. See Hartley Shawcross, "Let the Tribunal Do Its Job", *New York Times*, 22 May 1996, sec. A, p.11（ニュルンベルク裁判での英国主席検察官は，旧ユーゴスラヴィアにおける重大な犯罪について起訴された人々をNATO

かわることができず、むしろ軍事行動に依存することになる。かりに、軍事行動を無視して指導者の逮捕と裁判を進めれば、交渉努力を損ねるだけでなく、平和をもたらそうとする努力をも損なうであろう(44)。それ故、デイトン平和合意後、逮捕は平和を危殆に瀕セしめると恐れられたのである。裁判に関与した判事と検事は、逮捕と審理の手続を進めたにもかかわらず、その後で訴訟手続を続けられないのであれば、何も始めなかった場合よりも悪い結果をもたらすのではないかと公然と疑問を投げかけていた(45)。

どのような国際裁判所であれ、それが存続し、資金の提供を受け、運営されていくためには、強大国の政治的な連携が依然として決定的に重要である。政治過程に依存すると、裁判所の徹底的な順法性を害する危険性がある。確かに米国の法制度を思慮深く観察する人が強調するように、法が政治と完全に分離されることはあり得ない(46)。しかし、両者の境界をなくし、法を政治の気まぐれな変化に依存させることは、法が公平、公正、安定したものであるべきだという願望を危殆に瀕せしめ、それ故、法が計略的な力および個人的資質と区別されるべきだという願望を危殆に瀕せしめることになる。

選 択 性

3つ目の危険性、すなわち訴追が明らかに選択的に行われるということであるが、これは、いわば訴追される人とされない人が存在する理由を正

が逮捕しない限り、ユーゴスラヴィア裁判は失敗するであろうと述べた)。

(44) Branko Milinkovic and Guido de Bruin, "Yugoslavia: Divisions Emerge Over War Crimes Tribunal", *Inter Press Service*, 15 Feb.1994; See Goldstone, "Prosecuting War Criminals"（訴追が平和過程に及ぼす危険性を議論）。

(45) Samantha Power, "The Stages of Justice", *Mass Atrocity, Collective Memory, and the Law*, by Mark Osiel の書評。*New Republic*, 2 March 1998, 32.

(46) See Judith Shklar, *Legalism: Law, Morals, and Political Trials* (Cambridge, Mass.: Harvard University Press, 1986); Morton J. Horwitz, *Transformation of American Law*, 2 vols. (New York: Oxford University Press, 1992); Morton Horwitz, "Law and Economics: Science or Politics?" *Hofstra Law Review* 8(1981):905.

当化することが困難であるということである。選択は,はたして恣意性の問題としてではなく公正の問題として評価され得るだろうか。権力と個人的資質が支配するのだろうか。それだけでなく,選択性がもたらす懸念には,より複雑な側面もある。選択性の懸念が由来するのは個人の刑事責任という重要な観念である。この観念は,実は法の支配という西欧的理念に組み込まれている。社会や国家全体が有罪であるという主張を存続させないために,責任および処罰は特定の個人に限定され,かつ当事者対抗主義によって検証される特定の証拠に基づかなければならない。個人責任を強調することによって,復讐,逆襲,民族的・国内的紛争を引き起こす非難の循環から脱する手段を提供する。さらに,大規模虐殺について個人が刑事責任を負うという観念は,ニュルンベルクおよびそれ以降に展開したように,国内法の義務を超えた国際規範に対して個人が義務を負うことを承認したことからも生じている。

旧ユーゴスラヴィアにおいて,主要当事者を逮捕するのが困難であったこと,そして彼らと証拠の痕跡とを結びつけるのが困難だったために,裁判所は下級の実行者を対象とせざるを得ない状況におちいった。たしかに,このことは,下級実行者の行動について個人的責任を追及することができただけでなく,彼らの逮捕は平和を不安定化させる危険性が少なかった。しかし,下級実行者に命令を下し,実行の動機を与え,実行するよう威嚇した上官の裁判がないので,上記の裁判は取るに足らないか,高く評価され過ぎるように思われる。ルワンダでは,国際裁判所が多くの重要人物を拘置し,国内裁判所は,虐殺に関与したと申し立てられた12万人にも上る被疑者を劣悪な状況の中で投獄した。ルワンダ国内法は,多くの事件で死刑を許容しており,実際に同国の検事は死刑を求刑するつもりである。他方,国際裁判所の最も厳しい制裁は,死刑ではなく終身刑である。したがって,実際の可能性としては,国際裁判所で審理される指導者たちは有期刑で,彼らの影響を受けるか命令に従った人は死刑判決を受けるということになる[47]。そうした選択性および恣意性は,如何なる意味においても公正性および合理性の感覚を満足させるものではない。

---

(47) See Power, "Stages of Justice", 32.

第3章　裁　判

　これらの問題のうち若干は，ニュルンベルク裁判および東京裁判当時，すでに予示されていた。ニュルンベルク裁判は，同盟国の代表が職務につき，主に個人としての24人のドイツ人について刑事訴追を行った。形式的に行われたというわけでもないが，彼らは選別されたのである。このことに疑いの余地はない。これらの公務員は，2千万人以上もの人々に死を，さらに数百万人の人々に言語に絶する苦痛を故意にもたらした数千人の公務員の代役を勤めたわけである。ニュルンベルク裁判所でのその後の審理は，追加的に他の個人も訴追した。しかし，それでも実際に問題となった行為に関わった人々のほんの一部でしかなかった(48)。

　全体計画の一部として行なわれた行為の全てに関して指導者を訴追するというのは，個人責任の観念を侵害するものだと考えた人もいる(49)。極東国際軍事裁判所は，広田弘毅元首相に死刑判決を下したが，それは南京事件に関する陸軍の責任を共有させたものである。死刑判決は，惨事に対する非難を表明したものであった。しかし，その一方で裁判所は，軍部指導者たちに個人的責任がないこと，そして，戦闘員に対して，命令に従うべきか否かを決定する際に，戦闘員自身の良心に従うよう指示する法も命令もなく，それらを変更する義務すらなかったと示唆していた(50)。

　法の支配原則と，より根本的な抵触が生ずるのは，法学教授マーク・オシールが次のように呼称する事態に関連して個人を訴追するときに生ずる(51)。その事態とは，「国家的虐殺(administrative massacre)」または「内戦であれ対外戦争であれ，現実のものであれ架空のものであれ，一般的に戦

---

(48) 1946年12月9日から1949年4月11日までの間に，強制収容所の監視員，医師，秘密警察殺人部隊構成員，軍需物資を提供した主要企業役員が告発された。これらのうち25人が死刑，20人が終身刑，97人が有期刑の判決を受け，35人が無罪とされた。See Donald W. Shriver, Jr., *An Ethic for Enemies: Forgiveness in Politics*（New York: Oxford University Press, 1995), 248, n.21（米国ホロコースト・メモリアル資料を引用）．

(49) Ipsen, "Main Legal Aspects of Tokyo Trials", 42; Rosenberg, *Haunted Land*, 350（以前のSSの行為を知った後もSSに留まっていたSS構成員を起訴するにあたり，集団犯罪理論を適用することに関するテルフォード・テーラーの批判を説明）．

(50) B.V.A. Roling, *The Tokyo War Crimes Trial: An International Symposium*の序文（Tokyo: Kodansha, 1986), 15,17.

(51) Mark Osiel, "Ever Again: Legal Remembrance of Administrative Massacre", *University of Pennsylvania Law Review* 144（1995）: 463, 468.

争といえるような状況で，中央政府がしばしば自国の市民に対して，計画的・組織的方法で行なう生命・自由に対する基本的人権の大規模侵害」と呼称する事態である。オシールが説明するように，「国家的虐殺で特徴的なのは，……少なからぬ拡がりをもつ空間と時間にわたって，多くの人々が足並みを揃えて行動することである」。そして，特定の被告人が故意に行動したことを証明しなければならないのに，そのような厳格さを「堅持することは困難である(52)」。虐殺に関わった歩兵を訴追することで生き生きと描写されるのは，普通の人々が，複雑で統制された恐怖と暴力の作戦に押し流されていく過程である。しかし，こうした歩兵の全てまたは少なからぬ数の歩兵に対してさえ審理の手続に着手できないということは，実際に行われる審理を恣意的かつ極めて不完全に思わせる危険性がある。

　ベルリンの壁が崩壊する直前の数日間に壁を越えて逃れようとした人々を射殺した数名の国境警備兵の訴追が上記の困難な問題点を描き出している。ベルリンの壁における安全保障政策の最後の犠牲者であるクリス・ゲフロイの殺害および殺人未遂について，1991年に4人の国境警備兵が訴追された背後には，複雑な人物史および世界の出来事が絡んでいるが，これについては，ティナ・ローゼンバークが生き生きとした説明を加えている(53)。ゲフロイは，1989年の「ヴィロード革命」の最中，ベルリンの壁が崩れるちょうど9ヵ月前に，壁を越えて東ドイツから逃亡しようとしたときに射殺された。ローゼンバークが示すところによると，ドイツ政府は，当時当直だった4人の警備兵を起訴した。その理由は，ゲフロイの母親が自己の費用で集めた証拠が十分に存在したこと，本件が新政府に「ベルリンの壁，およびそれを構築したシステムを裁判に」付託する格好の機会を提供したこと，越境阻止のため，「熟慮することなしに」小火器を使用すべきである旨を示した1974年の方針を現実に導入した公務員を起訴するための前座だったことである(54)。

　4人の歩哨，インゴ・ハインリッヒ，アンドレアス・キューンパスト，ペーター・ミヒャエル・シュメット，ミヒャエル・シュミットは，壁が

---

(52) Ibid.,507.
(53) Rosenberg, *Haunted Land*, 261-305, 340-51.
(54) Ibid., 265-66.

崩壊する間際に勤務したため単に運がなかったといえるであろう。あるいは，壁が東西ベルリンを隔てた28年間，逃亡しようと試みた何千人のうちの少なくとも474人を殺害した他の歩哨と同程度有責であるともいえるだろう(55)。いずれにせよ，検察官も被告人側も4人の歩哨がただ単に命令に従っただけである点では一致した。双方が同意しなかったのは，命令に従ったことが免責事由に該当するかどうかについてだけであった。なお，「命令に従う」という表現は，ニュルンベルク裁判でドイツ人の被告人が援用したとき適用が疑わしいとされていたものである。

検察官は，他の歩哨が「熟慮することもなく」射殺命令を実施せず，しかも重い刑罰を科されなかったことを立証しようとした。これに対して弁護側は，命令を無視すれば歩哨は軍刑務所で禁固刑に処せられたであろうと応えた。秘密警察記録中の実行に基づけば，命令に従うことを拒否すると兵士だけでなく子供まで刑に処せられたであろうとローゼンバークは指摘した(56)。裁判で弁護側は次のように主張した。国家は普通の人々が英雄でないことを理由に訴追するが，それでいて「40年もの間，東ドイツの政治システムは，英雄が作られないよう保証することを第一義的任務としていた(57)」のであると。多くの観察者は，遡及効についても検察官を批判した。というのは，行われたときに適法な行為であると理解されたことについて兵士を処罰しようとしたからである(58)。勝者の正義，法の仮面を被った政治，東ドイツ人に屈辱を与えようとした西ドイツ人の試み等々，これらの批判が裁判自体にまとわりついていた(59)。検察官でさえ，上記のいずれの被告人も拘置されてはいなかったと裁判で主張したくらいである(60)。

実を言えば，東ドイツ安全保障軍は慎重に国境警備兵を選抜しており，選ばれた兵士は，逃亡の危険性を少なくするために堅実で喧嘩する可能性

---

(55) See ibid., 269-70.
(56) Ibid., 287.
(57) Ibid., 269.
(58) Ibid., 344.
(59) Ibid., 344.
(60) Ibid., 346.

がなく，家族との結びつきが強いことを示していた(61)。国境警備訓練は，集団的思考および不屈の精神力を創り出すことを目的としていた(62)。裁判所は，審理中の4人の警備兵が命令に従うよう訓練され，越境者を射殺するよう絶えず圧力を受けていたことを確認した。警備兵が所属連隊への報償を確保するとともに，個人として非難されたり処罰されることを回避するためであった(63)。警備兵の行動を見るとヘルシンキ協定および戦時以外での射殺禁止という新たに確立しつつある国際法を侵害しているという認識を警備兵自身が有していたとは思えない。裁判で証言したのは警備兵の上官数名であり，彼ら自身は自由の身で起訴されず，裁判手続のために休業したことで保証金さえ受領していたのである(64)。

　本件を審理した西ドイツの判事は，次のように結論した。「ナチが我々に示したことは，合法的なものの全てが正しいわけではないということであった。本法廷は，被告人のいずれもが以下のことを自問するのを待っている。例えば，射殺命令が一時的に停止されたのは何故か，また，射殺した警備兵が彼らの師団から異動させられたのは何故か。何故だれもがこのことについて話すことを許されなかったのか。何故彼らの名前は文書から削除されたのか。20世紀の最後の4半世紀にあって，他者を殺害することが許されるとき，実行者の良心が咎めないはずはないのである」(65)。裁判所は，2人の被告人に無罪を言い渡し，地面に銃弾を放ったがゲフロイにはあてなかった警備兵には故殺未遂で執行猶予付の有罪判決を，致命傷となる銃弾を撃った警備兵には，検察官が2年の保護観察期間を要求したにもかかわらず，故殺罪により3年6ヵ月の禁固刑を言い渡した(66)。最後の警備兵に対する判決は，控訴審で覆され，2年の保護観察に変更され

---

(61) Ibid., 271.
(62) Ibid., 280, 284.
(63) Ibid., 285, 287.
(64) Ibid., 344.
(65) Rosenberg, *Haunted Land*, 345 に引用されたセオドア・ザイドル判事の判決。判事は国際法を明示的に援用したわけではない。そうではなく，むしろ警備兵は彼らの行為が東ドイツの国家的価値を侵害したことを知るべきであったと主張した。ローゼンバークは東ドイツの教育の内容と型を判事が理解できなかったことを批判した。Id., 349.
(66) Ibid., 346.

た[67]。この後に続く裁判のうち，射殺命令に従った警備兵で自由刑に処せられた者は皆無であった[68]。

国境警備兵事件裁判では，検察官も裁判所も，個人責任および個々の人間が単独で判断する義務の存在を立証しようとした。とはいうものの，裁判自体は，他の裁判と同様に，旧東ドイツで見守っていた公衆にとって公正とは思われなかった[69]。上官は訴追されずに警備兵が訴追されたことは，特に不正に思われた。同じように不正に思われたのは，警備兵の行動を規律する独特の教育および軍事的統制を，裁判所が認識することも理解しようともしなかったことであり，西ドイツの道徳的倫理的判断が東ドイツの国境警備兵に公正に適用され得るという裁判所の推定であった。

訴追の選択性は，至るところで公正性観念を損なった。1983年に突如選出されてから，アルゼンチン大統領ラウル・アルフォンシンは，「汚辱にまみれた戦争」および軍隊による「行方不明」処置の指導者たちを，大胆にも国内で訴追し始めた[70]。前軍人大統領および軍の指導者たちが裁判を受け，刑の宣告を受けた。初期の裁判は，何年にもわたる暴力と人権侵害を一般人に認知させた。しかし，議会および軍の反対を前にして，さらには司法府をコントロールできなくなるのではないかと恐れて，アルフォンシン大統領自身が中途で訴追を止めさせた。結果として「終止符」法および「適正な服従」法が制定され，これらの法によって，当局に適正に服従して行動した公務員，兵士，警察官は，人権侵害で処罰されることを免除されることとなった[71]。かくして既に行われた訴追および停止された訴追が併存することから，訴追が明らかに選択的で偏向したものとなったわけであり，このことは手続全体の公正性を極めて疑わしいものとしたのである。

---

(67) Ibid., 348.
(68) Ibid.
(69) Ibid., 349.
(70) Carlos H. Acuna and Catalina Smulovitz, "Guarding the Guardians in Argentina: Some Lessons about Risks and Benefits of Empowering Courts", in A. James McAdams, ed., *Transnational Justice and the Rule of Law in New Democracies* (Notre Dame, Ind.: University of Notre Dame Press, 1997), 93, 103; Nino, *Radical Evil*, 41-104.
(71) Acuna and Smulovitz, "Guarding the Guardians", 108.

公正さの問題に加えて，訴追の選択性がもたらした問題は，裁判と処罰に服するわずかな人々を殉教者にしてしまう危険性である(72)。法と政治の区別はほとんど消滅し，真実探求過程という側面は公開のイベントとしての側面と象徴的な政府の公式声明の前で霞んでしまうように思われる。その結果，加害者は，訴追レジームの犠牲者のように見られ始めるわけである。

　訴訟手続が，戦争または二極化した闘争後に行われる場合，紛争当事者の双方を訴追できないと，訴追された人々に疑いを抱かせる。かくして，ニュルンベルク裁判手続において，ロシア人指導者を含めて同盟国の違反者を起訴できなかったことは，何人かの批評家の目には公正さを損ねたように思われたのである(73)。ある違反行為について訴追が行われ，他の違反行為について行われないとき，この選択性は，「不公正感の認識」という更なる危険を生み出す。こうした目で第二次大戦後の東京裁判を見てきた人々は，日本が支配下においていたアジアで犯された犯罪について裁判が沈黙したことに異議を唱える(74)。ヨーロッパ研究所研究員であるラドミラ・ナカダラは，旧ユーゴスラヴィア国際刑事裁判所の創設自体が，ジェノサイドに対して大変選択的で不公平な対応となっており，「ヴェトナム，アルジェリア，パナマ，南アフリカ，イラクにおいて同じような戦争犯罪を犯したことに責任を有する全ての人々に対して，明らかに恩赦を与えるほど」であると主張する(75)。

　訴追が選択的とならざるを得ない別の原因は，人的・物的資源の不足である。ルワンダ，東ドイツ，ブラジルのような場所で訴追に値する全ての人を訴追できるほど，法廷，法律家，証人，専門家，時間が存在しないのである(76)。審理が行われたとしても，証拠上の難問に直面する。証人が

---

(72) Nino, *Radical Evil*, 13-14.
(73) Otto Krazbuhler, "Nuremberg Eighteen Years Afterward", *DePaul Law Review* 14 (1964): 334,348. さらに，Herbert Kraus, "The Nuremberg Trial of the Major War Criminals: Reflections After Seventeen Years", *DePaul Law Review* 13(1964): 233.
(74) Roling, *Tokyo War Crimes Trial*, 52, 54 における Paik Choong-Hyun のコメント。
(75) Milinkovic and de Bruin, "Yugoslavia: Divisions Emerge Over War Crimes Tribunal"に引用。
(76) See Allan Ryan, "The Search for Justice", *Boston Globe*, 9 Dec. 1995, 11.「十分な法律家，判事，法廷が存在しない。たとえこれらが充足しても，十分な証人，証拠，時間がない」。ルワンダ司法省内には電気さえもない。

遠くにいたり，証言することを厭う場合もあれば，死体を掘り起こし検査する鑑識専門家に費用がかかり，数が限定される場合もあるからである。虐殺の訴追は，法と政治の密接な関係，および政治が法を圧倒する危険性に注意を向けさせる。敵を降伏させた勝者が行う訴追は，正義というよりは支配を示すための劇場を仕立てて，ただ単に審理を見世物にするものでしかないように思われるし，そもそもその実態は劇場そのものであるのかもしれないのである。ソ連の裁判所は，見世物裁判に特化し，それ故，体制崩壊後も，存続した法に対してシニシズムを搔き立てたのである。

　虐殺に取り組む裁判所が，政治的な過程と政治的配慮に明らかに依存することから，マーク・オシールのような主張を行う人々も現れた。彼らは，法の支配原則を支持する自由主義社会において大規模暴力に取り組んでいる裁判所が意図的に神話を創造すべきことを擁護するのである。オシールは，大規模暴力後の裁判が，国民の記憶を強固にするという。さらにこの裁判は，国民を「世俗的な記念式典」に関与させるのに有用であり，それは，真実と虚偽の区別を曖昧にするほどであると主張する[77]。オシールによれば，政治的暴力という精神的衝撃の大きい記憶を公然と調査するに際して意味のある枠組を創造するために，そのような措置は正当化される[78]。オシールが示唆するところによれば，集団的記憶が神聖視され得るのは，おそらく裁判を通じてのみである[79]。もっとも，そうした意図が国民に隠されている必要はある。こうした真意と使命を具体化するために画策された計画を暴露すれば，真理を発見するために設けられた裁判所の公正さに対する公衆の信頼を損ねるであろう。オシールでさえ，「自由主義」社会での見世物的裁判は，手続的公正さと個人的有責性についての法的ルールに従わなければならないことを強調する。「したがって，最も魅力的な法の物語であっても，かりに公衆を魅了するその物語の力が，越えてはならない制限を侵害して贖われたのであれば，不出来な物語といわなければな

---

[77] Mark Osiel, *Mass Atrocity, Collective Memory and the Law* (New Brunswick, N.J.: Transaction Publishers, 1997), 6. Osiel, "Legal Remembrance of Administrative Massacre", 463, 466.

[78] Osiel, "Legal Remembrance of Administrative Massacre",510

[79] Ibid., 467, 652-71.

らない」(80)。

　これらの制限の中には，規範の遡及的適用防止もある。さもなければ，法の支配という原則を上演する裁判の企画全体に対して，裁判自体がシニシズムを招いてしまうからである。しかし，オシールが示唆するように，形式的な手続的制限に服したとしても，大衆裁判の聴衆をシニシズムから守ることはできない。個人責任の主たる前提は，被告人を自律的選択ができる単独の人格として描き出すことにある。しかし，大虐殺という現象を前にすると，どうしてもこの前提が疑わしくならざるを得ない(81)。武器を一切使わなくとも，宣伝活動を行う人々は，武器を持ってはいるが，その行使を強いられたとか，威嚇されたとか，恐怖を抱いたとか，動員させられたと主張する人々に影響力を行使する。しかし，選ばれた特定の個人に焦点を当ててしまうと，虐殺とジェノサイドを生じさせるこのような複雑な人間関係を理解することができなくなってしまう(82)。また，人々が裁判を行おうとするのは，人々の記憶および社会連帯を形成するためである。もっとも，達成すべき目標がコンセンサスを確立し，複雑で論議を呼ぶ出来事を記憶することにあるというのであれば，裁判は理想的とはいえない(83)。たとえ裁判がそうした任務に十分適していたとしても，そこで必要とされる舞台装置と演出は，訓戒の重要部分を構成する法規範の意義を損ねる。少なくとも法の支配の原則に服する社会においてはそうである。

　大虐殺後に行われる裁判は，大いに期待されるにもかかわらず，完全な

---

(80) Osiel, *Mass Atrocity*, 69.
(81) オシールは，次のような法的擬制を強調する。法を犯すとき人々は自律的な選択が可能である。人々はそのような不可譲の能力を行使する。そしてそれ故，法は人々を選択者とする。Ibid., 72-73. これは奇妙な「構成」である。というのは，裁判は問題となっている行為の後で行われるからである。オシールが本書で展開した詳細な論拠は，虐殺後の社会に連帯意識を構築する「記念碑的見世物」としての裁判を擁護するためのものである。
(82) Cf Hannah Arendt, *Eichmann in Jerusarem: A Report on the Banality of Evil*, rev. and enl. ed. (1963; New York: Penguin Books 1977), 9 (見せしめ裁判が，勇ましい主人公を被告人として必要としていることを本書は示している).
(83) 犯罪に対する個人責任の実在を構築する手段として裁判を雄弁に弁護したパヤム・アカバンは，それにもかかわらず，裁判が包括的な記録を作成しないこと，そして犠牲者の苦しみに焦点をあてないことを認める。See Akhavan, "Justice and the Hague", 6. アカバンは旧ユーゴスラヴィア国際法廷検察事務局法律顧問。

歴史的記録を明確に確定することはない。ニュルンベルク裁判で主任検察官を勤めたハートリー・ショウクロス卿はそうした期待を大いに持っていた。彼は，「ニュルンベルク裁判所は，現代の試金石並びに権威的および不偏な記録を提供し，それは，将来の歴史家が真実を求めるために，そして将来の政治家が戒めのために依拠するであろう」と説明した(84)。しかし，その後歴史家は，裁判所が残した記録の中の不公正と歪曲を暴露する。というのは，人道に対する罪よりはむしろ平和に対する罪を検察側が強調したためであり，また，ホロコーストの中心的原因である反ユダヤ主義，人種差別主義よりはむしろ戦争の開始の方に検察官が焦点を当てたからである(85)。戦争犯罪裁判の被告人は，彼らなりの見方を裁判で語る。彼らは他の被告人と同様，しばしば嘘をつき歴史的記録の信頼性をさらに貶める。

より一層痛烈なのは，法の支配の原則を伴った裁判形式では，大規模虐殺の本質に対処し得るほどの機能を明らかに果たせないことである。ハンナ・アレントは，1946年に，友人であるカール・ヤスパースに次のように書いている。ナチスの犯罪は，法の限界を顕かにした。というのは，どの様なものであれ，十分な処罰はあり得ないだろうからである。ニュルンベルクの被告人たちが，あれほどおつにすましていたのもこれで説明がつく(86)，と。

シニシズムへの抵抗

それにもかかわらず，あるいは，おそらくはまさしく潜在的なシニシズムと絶望に直面したがために，ニュルンベルクは，法の支配の原則に基づ

---

(84) International Military Tribunal, *Trial of the Major War Criminals Before the International Military Tribunal, Nuremberg*, 14 Nov. 1945-1 Oct.1946, vol.3 (Nuremberg: International Military Tribunal, 1947), 92.

(85) See "Searching for Memory and Justice: The Holocaust and Apartheid"のために用意されたペーパーである Michael Marrus, "History and the Holocaust in the Courtroom", Jan. 1995, 15.

(86) Arendt to Karl Jaspers, 17 Aug. 1946, *Hannah Arendt-Karl Jaspers Correspondence, 1926-1969*, ed. Lotte Kohler and Hans Saner (New York: Harcourt Brace Jovanovich, 1992), 51,54.

いた注目すべき国際的人権運動を惹起したのであり,さらには,国連および世界中のNGOの成長に影響を与え,人権侵害について国内裁判を督励し,地域・国内・国際的な場面で拡がっている人間の権利に関する基本原則を明確にしたのである。基本的人権の理念は公式・非公式の機関を通じて拡がった。とりわけ,権利という用語と権利侵害後の裁判という理念が時と場所を超えて普遍的に適用されるとき,人々は責任を追及する能力を付与される。たとえ政治的であるかその他の事情によって当該責任追及が妨げられることはあるにしてもである。ホロコーストに直面して,法の限界を鋭く表現し,国連のような国際機関に起源を有する権利章典について懐疑的であり続けたハンナ・アレント自身,国家間の協力に基づいた「国家を超えた法」を捜し求めた(87)。ニュルンベルク裁判を批判した人たちでさえ,裁判の影響を受けて法概念を構築する気になったのだが,そうした法概念は,たとえ国家が人間の尊厳を確保できないようなときでさえ,それを確保しようと試みるものであった。ニュルンベルク裁判の精神は,ボスニアおよびルワンダ裁判所を生み出すのに大きく寄与したと広く考えられている。これらの裁判所は,国際犯罪者として起訴されたという烙印を被告人に押して,ニュルンベルク原則に新たな息吹を与えている(88)。

　ニュルンベルク裁判手続50周年記念式典は,世界中の権威ある人々に,同裁判の遺産について言及する機会を提供した。この時の演説が口を揃えて強調したのは,裁判の実績と着想についてであった。米国最高裁判所判事スティーヴン・ブライヤーが行った演説である「人道に対する罪」が好例である。この演説は,ヨム・ハショア(ホロコースト追憶日)を記念して,1996年4月16日に米国議会議事堂内のロタンダで行われた(89)。彼は,ニュルンベルク裁判を「想像できる中で最も重要な裁判」と述べた(90)。ブライヤーは,この主張を裏付けるために3つの論拠を示した。第1に,彼は証拠収集という純然たる作業が裁判手続で指示されたことを指摘した。

---

(87) See Elisabeth Young-Bruehl, *Hannah Arendt: For Love of the World* (New Haven, Conn.: Yale University Press, 1982), 257.
(88) Meron, "America and the World".
(89) Breyer, "Crimes against Humanity".
(90) Ibid., 1161.

第3章 裁　判

確保された10万点以上にのぼるドイツ語文書，何百万フィートにもなるフィルムと写真が，17,000頁におよぶ裁判記録をもたらすに至った。この記録を前にすると，その当時でも今でも，また将来においてでさえ，犯罪を否定することは明らかに不可能であるし，「ナチのリーダーを殉教者にする伝統が知識人の間に生じることもあり得ない」(91)。「信じられない出来事を信頼に値する証拠で立証する」という目的をジャクソンは達成したのであるとブライヤーは結論づけた(92)。

第2に，ブライヤーはニュルンベルクの遺産を賞賛した。「国家は他国の野蛮極まりない行為をどうしても無視することができないと感じている」ということである。そうした行為を犯した人々は，「自らが責任を問われ，法に基づいて裁判にかけられるであろうという一層現実味のある可能性」を無視することができない(93)。第3に，裁判は，人々が過去から学ぶこと，そして将来の人々に警告することを可能とする。それ故，裁判は正義をもたらそうとする情熱に有用であるとした(94)。

ブライヤーの言葉は，細部の具体的な箇所に不十分な点はあるものの，ニュルンベルク裁判の遺産を賞賛する他の人々の言葉と同様，人々に励みを与える。同様に，解説者たちは，東京裁判が正義を求め，将来の害悪再発抑止を求める人類の闘争における進歩であると記憶している。東京裁判記念シンポジウムで，ある参加者は次のように言う。「東京裁判は，法的手続であったし，そうすることを目的としていた。しかし，その目的は，法的であると同様に歴史的でもあった。すなわち，太平洋における日本の犯罪行為の記録を最終的に明確にすることであった。東京裁判は過去に注意を向けたけれども，将来に留意しようともした。すなわち，国際的な行為規範を確定しようとしたのであり，その点で法的であった」(95)。旧ユーゴスラヴィアおよびルワンダの裁判所に関して，同じように希望的な発言

---

(91) Ibid.
(92) Ibid.
(93) Ibid.
(94) Ibid., 1164.
(95) Richard H. Minear, "The Individual, The State, and the Tokyo Trial", in Chihiro Hosoya, Nisuke Ando, Yasuaki Onuma, and Richard H. Minear, eds., *The Tokyo War Crimes Trials* (Tokyo: Kodansha, 1986), 159, 160.

をする人もいる。もっとも，今日までの実績はそれほどでもないのだが。

　希望を挫くシニシズム，容易に示し得る欠陥，大虐殺後の訴追計画失敗等々の影響から人々を防御することは可能だろうか。完璧な防御は創り出せないし，すべきでもない。しかし，裁判が達成できることについて過大な期待を抱かないのであれば，裁判手続が有する真の遺産──すなわち，信頼できる歴史的記録の確保，明確な証拠に基づく特定の個人の非難──を損なわずに維持することができよう。組織の創設，会合の開催，変化の要求，人権規範を取り入れた環境の創出を人々に動機づけるにあたり，神秘的と言えなくもない信念の力と熱望の力をとりこむことは，逆説的ではあるが，おそらく賭けてみる価値があろう。そうした信念は，容易に反駁されることがなく，したがって新たな疑念とシニシズムに直ちに陥ることのないような主張に基づかせるべきである。

　かくして，戦争犯罪およびその他の惨事について，国際的および国内的に訴追することが，国際的な精神的・法的秩序を創出し，ジェノサイドを防止し，これまで抑圧されていた体制を政治的に変容させるのだと主張することが賢明だとは思わない。そうした主張が広がるのは魅力的かもしれない。国外および国内の人々に資金を提供してもらい，裁判への取り組みを支持してもらうためである。しかし，誇大な主張は，決定的な失望を招くだけでなく，敵意のこもった失望さえもたらしかねない。

　ニュルンベルク裁判での訴追への取り組みについて，ジャクソン判事自身が行った抗弁は，他の人々がこのとき以降に行った戦争抑止の主張よりもさらに控えめである。彼は控えめな目標を要求する。特に戦争は，大抵自分たちが勝てるという確信を抱いてのみ始められるからである。それ故，彼は次のように認める。「戦争に負けた場合においてのみ個人が処罰されるのであれば，戦争遂行者が敗北の可能性を極めて小さいものと感じるときは，おそらく戦争を防止するのに有効な抑止とはならないであろう」[96]。そもそも人権侵害で処罰される可能性があるからといって，権威主義的体制の指導者たちが，しぶしぶながらでも力を放棄するであろうか[97]。ジ

---

(96) ニュルンベルク裁判におけるジャクソンの冒頭陳述 28。引用文全体については第一の題辞の註を参照。

(97) See Nino, *Radical Evil*, x.

ェノサイドと呼べる規模で虐殺を行った個人は,処罰を自覚して自己抑制するような「合理的アクター」として振舞うとは思えない。かりにそうであったとしても,これまでの国際法の実績を見れば,処罰の見込みはないであろうと考えても不合理ではない。裁判所は,平和を確保し,権力を有する人に対して法的責任を負わせ,侵害を非難する過程の一手段でしかあり得ない[98]。

裁判は,信頼に値する文書および判決を生み出し,惨事を認知して非難することができる。したがって,裁判は,規範を明確にすること,および規範実現のために行動する責務を明確化するのに有用である[99]。裁判の数,射程範囲,結果が極めて限定的であったとしても,起訴,訴追,有罪判決といった裁判所の作業は国際人権の資料を蓄積し,そしてまた国際人権観念に内包される個人の責任と良心,および人間の尊厳を増大させることができる。したがって,裁判は,公正さまたは公正さの観念が覚束ない場合,裁判所が完全に特定国家の利益に従属する場合等においては行なわれるべきでない。また,一方で裁判を行うのに必要とされる人的資源と意思,他方で現実に利用できる判事,証人,違反者と法律家の能力の間に圧倒的な不均衡が存在する場合にも行われるべきではない。

しかしながら,裁判は,規範の遡及的適用,政治的影響,選択的訴追の問題等によって損なわれたとしても,争点を公表し,公正の感覚を醸し出し,公的記録を明確にし,一定の責任感を生み出すことができる。その時,法の支配を強力にせんとする要請が高まる。たとえ法の支配の実現が明らかにうまくいかなかったとしてもである。特にニュルンベルク裁判について,世界の指導者および学者が最近表明した高い評価は,少なくとも次のようなことを示唆している。すなわち,たとえ法的に根拠のある異議に直面しても,国際規範について進化の過程にあるコンセンサスを構築するこ

---

(98) ニュルンベルク裁判におけるジャクソンの冒頭陳述。
(99) かくして旧ユーゴスラヴィア国際刑事裁判所は,デゥスコー・タジッチが単に通常の戦争犯罪だけではなく,むしろ人道に対する罪で責任があることを慎重に正当化した。というのは,彼は非セルビア系住民に対する攻撃を積極的に支持したからであり,同時に民族間の緊張を悪化させた宣伝を緊張緩和手段と扱ったからである。*Prosecutor v. Tadic*, 判決 Case No. IT-94-1-T(14 July 1997), 36, paras.66-67.

とは可能であるということである。指導者たちが，新たな国際裁判所と国内裁判所の活動をニュルンベルクに遡って跡付けているという事実は，この歴史的事例がどれだけ欠陥に満ちていて神話的であったとしても，新たな先例を提供していることを意味する。そして，それらの先例の欠陥もまた，今後の数世代の中で大目に見られるようになるかもしれないのである。

　英国の数学者，哲学者，平和活動家で，ヴェトナム戦争中に模擬国際法廷を開いたバートランド・ラッセルは次のように述べている。「ジレンマはどこの国でも同じである。重大な不正が存在し，法が機能しないのである」(100)。ティナ・ローゼンバークが付言する。「大規模に正義を行おうとする裁判は，小さな不正を行う危険を冒す。裁判の目的は，絶対的正義ではなく，漸進的正義でなければならない。結極のところ，裁判は，過去に向き合うというような微妙な問題を処理することに適してはいない」(101)。もっとも，少なくとも将来の世代が参照できるような耐久力のある公判記録を創り出すことのできる裁判もあるかもしれない。国民的規模で論争を呼び起こす裁判があるかもしれないし，内輪で認知されるだけの裁判もあるかもしれない。いずれにせよ，複雑な過去を真剣に扱おうとする熱意が欠けている裁判を発見したからといって，裁判が大虐殺への対応策として価値がないということにはならない。難問は，裁判の有用性について謙虚であることと，裁判を真剣に行なおうとする意欲とを結びつけることであり，そして，証拠の収集および法的資料の判決への編み込みという過酷で骨の折れる仕事と，創造的着想とを結びつけることである。

（100）Rosenberg, *Haunted Land*, 351 に引用。
（101）Ibid.

第 4 章

真相解明委員会

いなくなってしまった人たちを無視すること，それは世界の事実を掘り崩す。
　　　　　　　　　　　――ズビグニュー・ハーバート
Zbigniew Herbert, "Report" in *Besieged City and Other Poems*, trans. John Carpenter and Bogdana Carpenter (New York: Ecco Press, 1985), 67.

しかし，真実だからといって必ずしも信じてもらえるとは限らない。真実に癒しの力があると信じるのは，真実を盲信するに等しい。
　　　　　　　　　　　――マイケル・イグナティエフ
Michael Ignatieff, "The Elusive Goal of War Trials", *Harper's*, March 1996, reprinted in "Articles of Faith, Index on Censorship", *Harper's*, September/October 1997, 15, 16-17.

必要なのは，理解なのであって復讐ではない。賠償であって報復ではない。ウブントゥ（ubuntu）であって犠牲ではない。
　　　　　　　――1993年南アフリカ暫定憲法前文

その政治活動を理由に27年間の獄中生活を送ったネルソン・マンデラは，解放後，南アフリカのアパルトヘイトを平和裏に終息させるための交渉に尽力した。交渉の重要課題は，新政府がアパルトヘイト時代の出来事やその帰結をどのように扱うべきかということであった。表舞台から去りつつある指導者たちは，旧体制に責任ある人々に対する何らかの恩赦を完全な民主社会への平和的移行の条件にしようとした。交渉の対象になった政治的改革が産んだ特筆すべき文書である暫定憲法は，アパルトヘイト加担者を刑事訴追から解放するプロセスを要求している。それは，慈悲心，あるいはすべての人を尊重する包括的共生感を意味する「ウブントゥ（ubuntu）」というアフリカ的概念(*1)と明らかに関係していた。しかし，ウブントゥへのコミットメントは，他面，移行期における人権の確立や，過去の直視の促進をも強く迫ったのである。

　マンデラに率いられたアフリカ民族会議(the African National Congress：以下 ANC と略記)は，犯罪行為，拷問，人権侵害の事実を公式に調査するために真相解明委員会(a truth commission)の設置を求めた。既に ANC は，自らのメンバーが行った人権侵害，とりわけアンゴラの ANC 訓練キャンプでの加害行為に対して2つの独立した調査に着手していた［ちなみに，ANC は，1960年に国民党政府によって非合法化された後，地下に潜行，亡命組織化し，周辺諸国に活動拠点を置いていた］。この調査は，ANC の活動によってもたらされた拷問や殺人の事実を解明し，人権という基準の受容と高揚を図り，アパルトヘイト体制下で浸透していた価値観とは全く別の価値観の流れを作った。そして，ANC の指導者たちは，アパルトヘイト体制下の公務員によってなされた集団的暴力に対して，類似の，しかしより広範な真相解明委員会を設置することが，犠牲者の名誉回復を助け，アパルトヘイト下で本当は何が起きたのかという焦眉の問題に一定の回答を提示することにつながる，と考えた。他方，旧体制を率いてきた国民党(the National Party)は，和解委員会(a reconciliation commission)を主張した。この委員会の主要関心は，アパルトヘイト体制下で承認され命令された行為に参画した者に恩赦を与えることであった(1)。

　1990年代の初めに主要政党間で交渉が妥結すると，1994年4月27日に，南アフリカ第一回民主選挙が行われ，この劇的な一日を記録した写真が世

第4章 真相解明委員会

界中に配信された。肌の色や人種を超えてすべての人々が長い行列を作り、投票を辛抱強く待ち続け、一票を投じるとその経験を噛みしめながら街中を練り歩いていた。多党間交渉フォーラムとアパルトヘイト体制下最後の議会は、1993年に暫定憲法を採択した。その最後のパラグラフには異例の自己省察が添付されている。そこでは、過去の深く分断された社会から、人権・民主主義・平和的共存にコミットする未来への架け橋として、この憲法自体を制定した、とある。ここに掲げられた目標を達成するため、暫定憲法は議会に対し、「政治的目的を伴い、過去の対立の過程の中で行われた」行為に対する恩赦を付与する機構と基準を定めた法の制定を要請したのだった。

1995年7月19日、議会は、「真相解明・和解委員会(Truth and Reconciliation Commission：以下、TRCと略記)」を創設することでその使命を果たした。この委員会は、人権侵害小委員会(Committee on Human Rights Violations)、恩赦小委員会(Committee on Amnesty)、賠償・回復小委員会(Committee on Reparation and Rehabilitation)から構成される[2]。議会によるTRCの設置決定は、さまざまなグループとの長期にわたる交渉の過程を反映したものであった。この設置過程は、既に他国で活動を開始していた先行する真相解明委員会の実績に範を取ったものであるが、同時に、南アフリカの試みをそれらの先例と異なった独自のものにしている。いくつかの先例のように、TRCも民主的な議会制定法によって誕生した[3]。が、TRCだけが、その設計にあたり展開された広範な公的議論と関与から産まれたのである[4]。

他国における類似の人権侵害調査機関はこれとは違ったプロセスから産まれている。エル・サルヴァドルの真相解明委員会は、国連の支援の下で

---

(1) See Geiko Müller-Fahrenholz, *The Art of Forgiveness: Theological Reflections on Healing and Reconciliation* (Geneva: World Council of Churches Publications, 1997), 85-101.

(2) See The National Unity and Reconciliation Act, Act No. 34, 1995, Republic of South Africa, Government Gazette, vol. 361, No. 16579 (Cape Town, July 26, 1995).

(3) ドイツ議会は東ドイツにおける権力濫用を調査する人権委員会を創設した。ウルグアイ議会は「失踪」した人々の現況を調査する委員会を設置した。Priscilla B. Hayner, "Fifteen Truth Commissions—1974-1994: A Comparative Study"; *Human Rights Quarterly* 16 (1994): 600.

(4) Ibid., 600 n. 102; and Address of Dullah Omar, to the National University Forum on 2 March 1995 on the Truth and Reconciliation Commission.

交渉されたサルヴァドル平和協定(the Salvadoran Peace Accords)に基づいて設立された(5)。アルゼンチンの失踪者に関する全国委員会は大統領決定の成果物であった(6)。その他の真相解明委員会や調査機構も行政的決定に基づくものであり、いくつかのものはNGOも関係している(7)。ある国際的NGOはルワンダの人権組織と合同して、短命ながら真相解明委員会を立ち上げた(8)。ネルソン・マンデラは、〔自らが所属する〕ANCがまだ非合法政党であった頃、南アフリカの国外で活動していたANCの収容キャンプでの拷問・残虐行為を調査する委員会を組織し、さらに、同キャンプに対するより広範な告発を実行するため、第2の委員会を組織するに至っていた(9)。

　ブラジルでは民間人によるイニシアティヴで調査機関が設置された。それは、カソリックの大司教、サン・パウロ(São Paulo)と世界教会会議(the World Council of Churches)の財政的・政治的支援を受けるものであった。この機関は、公務員に一切知らせることなく、軍法会議の逐語記録の謄本を複写し分析するという、高度に込み入り、しかも極秘の作業に4年間を費やした。とは言っても、形の上では、そこでの作業にいささかの違法性もなかった。幾百万頁にも及ぶ保管資料は公文書であったし、それをチェックする権限を有する法律家たちが分析を行っていたし、また、資料は

---

(5) See Thomas Buergenthal "The United Nations Truth Commission for El Salvador", 27 *Vanderbilt Journal of Transitional Law*, 27(1994): 497.

(6) See Aryeh Neier, "What Should Be Done about the Guilty?" *New York Review of Books*, 1 February 1990, 32, 34; Carlos Nino, "The Duty to Punish Past Abuses of Human Rights Put into Context: The Case of Argentina", *Yale Law Journal* 100(1991): 2619. 同様に、チリで「真相解明と和解に関する全国委員会」がパトリシオ・エイルウィン・アソカル大統領によって創設された。本委員会は、ピノチェト政権下で行われた人権侵害の公式記録を作成し、被害者に対する賠償を加速させ、「失踪」事件に対するさらなる調査に拍車をかけることによって信用を獲得してきた。See Carnegie Commission on Preventing Deadly Conflict, *Preventing Deadly Conflict* (New York: Carnegie Corporation, 1997), 97. See also Priscilla B. Hayner, "Commissioning the Truth: Further Research Questions", *Third World Quarterly* 17(1996): 19 (19の委員会について論じている).

(7) See Hayner, "Fifteen Truth Commissions", 600.

(8) Ibid., 629.

(9) Ibid., 239-40, 244-45.

期限内に返却されたのであった(10)。複写班,統計班,事務処理班,そして法律家グループは,それぞれ,他班の活動はおろか他班が保有している文書の内容も知らないまま,このプロジェクトに4年間を費やした。そして,12巻に上る資料が生み出された。本プロジェクトのコーディネーターは,要約本を執筆させるために,未だにその名が明かされていない2人のジャーナリストを起用した。その要約本の名は,*Brazil：Nunca Mais*(『ブラジル：二度と決して』)と言い,144件の政治的殺人と1800件の拷問事犯が収録されており,ブラジルにおいて前列のないベスト・セラーになった(11)。同書は,背景や文脈に関する章に証言録からの引用をちりばめてある。本書が示した諸事実に対する国民の反応は大きなうねりとなり,国連の拷問等禁止条約(the United Nations Convention Against Torture)にブラジルが調印するに至った経緯を雄弁に物語ることとなる(12)。

　さて,南アフリカでの体制移行の後,国家指導者と研究者たちは,国際社会から集まった人々と共同して上に挙げた真相解明委員会の先例を検討し,公聴会やその他の機会での討議を推進した(13)。もっとも,このようなプロセスに憂慮する人もいる。長期にわたり南アで人権活動を行ってきた,ケープ・タウン大学のアンドレ・デュ・トワ教授は次のように述べている。「宗教指導者や教会勢力が委員会の作業に関わる度合いが増大してくると,宗教的スタイルとシンボリズムの影響が政治的・人権的関心を押しのけてしまった」(14),と。宗教界で強い訴求力を持つ赦しという観念が,委員会が形を整えるにつれて,その存在感を増していったのである。

---

(10) Lawrence Weschler, *A Miracle, A Universe: Settling Accounts with Torturers* (New York: Pantheon, 1990), 24. この作業に関するヴェッシュラーの素晴しい叙述はテロに直面した人間の見せる勇気と創意の証しである。

(11) See Nino, "Duty to Punish", 34.「メモリアル(Memorial)」という名の私的団体が,政府内の変革以前にソ連で組織され,スターリニズムの犠牲者に関する情報の収集作業を行っている。Neier, "What Should Be Done about the Guilty?"

(12) Nino, "Duty to Punish", 75.

(13) See Timothy Garton Ash, "True Confessions", New York Review of Books, 17 July 1997, 33 ; Explanatory Memorandum to the Parliamentary Bill (真相究明・和解委員会の設置に関わるものである)(1995).

(14) André Du Toit, in "Human Rights Program", Harvard Law School and World Peace Foundation, *Truth Commissions: A Comparative Assessment* (Cambridge, Mass.: Harvard Law School Human Rights Program and World Peace Foundation, 1997), 20.

とは言っても，南アフリカの司法相，デュラ・オマーは，TRCの任務に正統性を与える上で公的な討議のプロセスには意義があったことを，設置法〔TRCの設置法である「国家統合と和解を促進する法」the Promotion of National Unity and Reconciliation Act のこと〕に具現された諸目標を回顧しつつ強調している(15)。また，正義や国際法の諸原則に対する理論的分析だけでなく，かつての敵対者との交渉や調整というより広範な文脈に〔設置法の〕起草者たちがどれだけ腐心したかについても力説している(16)。また，ネルソン・マンデラやデズモンド・ツツ大主教といった南ア指導者の宗教的および倫理的関与ないし名声は，和解や赦しのトーンを強めた。さらに，黒人多数派が選挙権を獲得すると，現実的な安心感も生まれ，それが民族融和を醸成するプロセスを推し進めるために必要な経済的資源を掌握しているのは白人層であるという従来からの認識に結びついていった〔TRCは新国家建設と同時に設置されたわけではない。1994年の総選挙，93年の暫定憲法の採択，95年の新憲法の制定と続いて設置され，96年から活動を開始している。移行期にあってもなお一定の社会的安定がTRCの成立の背景には必要であったということだろう〕。

他国での経験を参照した上で，南アフリカは次のように結論した。「統合と，道徳的に受容可能な和解を達成するには，人権侵害全体の真相が，公正な手続を用いた公的調査機関によって解明され，完全かつ覆し得ないほどに加害者によって自白され，策謀者，加害者，被害者とともに公衆へ知らされることが必要不可欠である」(17)。そして最終的に，オマー司法相らは，恩赦の付与に踏み切るのは，完全な民主体制へ平和裏に移行を果たすための代償であると判断した(18)。こうして恩赦が下される可能性が出てはきたが，それは条件付であった。つまり，恩赦は，それを個人として申請してきた者で，政治的理由から行われた不法行為の全容を自ら明らかにした者のみに与えられるのである(*2)。恩赦を得るには真相を，真相

---

(15) Dr. Abdullah M. Omar, The South African Truth and Reconciliation Commission（司法大臣の発言が記されており，the Facing History and Ourselves, 12th National Human Rights and Justice Conference, Harvard University, 10 April 1997 に提出された），3.

(16) Ibid., 5.

(17) Explanatory Memorandum to the Parliamentary Bill (1995).

(18) Ash, "True Confessions", 33.

を解明するには恩赦を取引材料にするというわけであるが，このような取引を手段として委員会は，事実の収集と，強固な民主的未来へ移行するための社会の基礎構築を推進することを目的として設立されることになったのである。

グリフィス・ムシェンジェやスティーヴ・ビーコの家族，およびその他殺害された活動家の遺族たちは，TRC の存在自体を争う訴訟を合同して提起した。恩赦規定は，愛する人を殺害した者に対して司法的糾弾を求める家族の権利を奪うものであると主張したのである。新設の憲法裁判所はこの事件を審理したが，請求を棄却した(19)。裁判所は，南アフリカ憲法もジュネーヴ条約も真相と引き換えに恩赦を与えることを妨げるものではないと理由付けた。

大量殺戮の後には恩赦が実施されるという広く見られるやり方が多くの人々の心にある種の痛みを与えていた。ブラジルでは，軍部が，文民政府の再興を承認する前に，自らに恩赦を与える決定をした。また，ウルグアイでは，文民政府が，軍指導者たちと恩赦に関する私的合意を取り交わした後に，恩赦を決定するということが明らかに行われている(20)。こういったイメージからすれば，恩赦は，正義や責任という観念よりも単なるおとがめなし(impunity)に近接しているようだ。

だが，TRC が用いた恩赦のプロセスは，とかく論争の対象にされている複雑なものではあるが，単なるおとがめなしとは異なるものであった。それは包括的恩赦(a blanket grant)ではない〔加害者の個別的状況に応じて免責するのではなく，加害者を包括的にまとめて免責すること〕。加害者が恩赦を申請しなかった場合や，かかる申請が拒絶された場合は，刑事訴追や民事訴訟が依然として潜在的な選択肢として留保されている。処罰可能性を前提として個別的に温情的措置や恩赦を与える TRC のやり方と，訴追に先立ってしかもしばしば犯行を全面的に帳消しにするため集団に丸

---

(19) See *Azanian Peoples Organization v. President of the Republic of South Africa*, Case CCt 17. 96, Constitutional Court of South Africa, July 25, 1996; see also Daniel F. Wilhelm, "Note", *American Journal of International Law* 91 (1997): 360（南アフリカ憲法裁判所は「国家統合と和解を促進する法」に対する異議申立てを棄却した）．

(20) Neier, "What Should Be Done about the Guilty？", 33.

ごと与えられる，他の恩赦との間には重大な違いがある[21]。条件付恩赦(conditional amnesty)の手続は，真相の追究を妨げるものではなく，むしろそれを促進する。これにより，本来ならば利用不可能な資料，とりわけ旧体制の官憲が記録を破壊したり鉄壁な団結を図ったために利用不能となったような，特定の拷問行為や殺人行為についての証言や説明を委員会は確保し得るだろう。このように，その名称が示すごとく，「真相解明・和解委員会」は，修復的正義(restorative justice)と真相の追究が融合したものになっている[22]。

　委員会の任務は事実の収集だけにとどまらない。共同体一般や政府職員の間で横行する無視や拒絶を克服するために作業することも任務とされている。それは，政治的必要から約束せざるを得なかった恩赦のしくみを，真実発見手続を推進するメカニズムに転換する。また，同委員会は，賠償制度を復活させたり，賠償勧告を行ったりすることも企図している。その目指すところは，政府に過去を明確に認知させ，現体制の正統性を高め，人権や民主的プロセスに導く環境を促進することである。が，これらの目標が実を結ぶのは，賠償勧告が具体的行動に移される場合だけであろう。

　TRCの目指すところは，現実的な政治上の制約に直面した場合の「次善

---

(21) Naomi Roht-Arriaza, ed., *Impunity and Human Rights in International Law and Practice* (Oxford: Oxford University Press, 1995), 22.
(22) 本法はその目的を次のように表明している：
第3条.(1)この委員会の目的は，以下に掲げる方法によって，過去の衝突と分裂を克服する〔相互〕理解の精神に基づいて国家統合と和解を促進することにある。
(a) 1960年3月1日からその終結日までの期間に行われた全ての人権侵害の原因，性質，および規模に関し，かかる侵害行為の来歴，状況，要因，および文脈とともに，被害者の観点ならびに侵害行為に責任があった人物の動機と観点を含めて，調査権の行使と聴聞の開催を通じて，可能な限り完璧な全体像を確立すること；
(b) 政治的目的を随伴する行為に関わる関連事実の全てについて完全な開示を行う者に対して恩赦の付与を行うこと；
(c) 被害者たちがたどった運命や行方を確証し，かつ知らしめること，被害者に対し彼らを被害者ならしめている侵害行為についての彼ら自身の説明を述べる機会を提供することを通じてかかる被害者たちの人間的・市民的尊厳を回復すること，そして彼らのために賠償施策を勧告すること；
(d) 将来における人権侵害を防止するための施策の勧告を含む，この委員会の活動と認定を可能な限り包括的に説明する報告書を編纂すること。
(*Government Gazette*, 6; c. 2.)

郵 便 は が き

料金受取人払

113-0033

本郷局承認

2455

差出有効期間
平成17年2月
28日まで

（切手不要）

東京都文京区
本郷 6 - 2 - 9 - 102

信山社出版株式会社　行

※本書以外の小社出版物の購入申込みをする場合に御使用下さい。(5[K]540)

購入申込書	書名等をご記入の上お買いつけの書店にお渡し下さい。		
〔書　名〕		部数	部
〔書　名〕		部数	部

◎書店様へ　取次番線をご記入の上ご投函下さい。

愛読者カード
お手数ですが本書の著者名・書名をご記入ください。

[　　著者名　　　　　　書　名　　　　　　　　　　　　　]
　　　　　　　　　　　：

フリガナ ご芳名	年齢　　歳	男女

フリガナ
ご住所

郵便番号　　　　　　　　FAX：
TEL：　　　　　　　　　Eメール：

ご職業	本書の発行を何でお知りになりましたか。 A書店店頭　B新聞・雑誌の広告　C小社ご案内 D書評や紹介記事　E知人・先生の紹介　Fその他

本書についてのご感想・ご意見をご記入下さい。

今後どのような図書の刊行をお望みですか。また、本書のほかに小社の出版物をお持ちでしたら、その書名をお書き下さい。

の」目標に過ぎないのであろうか？あるいは、集団的暴力や国家の支援による大量虐殺に関する国内法・国際法を実現するために必要とされる刑事訴追に取って代わる、立派な選択肢を示しているのだろうか？ TRC は復讐と赦しの間を行く模範的な途を指し示すものなのか？あるいは、法制度の射程を越えて不可避的に生まれてくる余剰物――感情問題、道徳的憤怒、および正義の要請が生み出す余剰物――を表わすに過ぎないのか？[23]

　刑事訴追の持ついくつかの基本目標に照らしてみても、私は、真相解明委員会は社会に裨益し得るものであることを示唆したい。大量虐殺のトラウマの後に個人や社会を癒すことを目標に掲げるならば、真相解明委員会は、刑事訴追よりもよい選択肢になりさえするだろう。もっとも、個人にとって委員会が持つ治療的価値の限界、社会的癒しに関する我々の知識の限界が、この選択肢を現在の解決ではなく、将来の探求方針にとどめてはいるが。

次善の策か？

　国家の支援を受けた暴力に対する制度的対応のモデルとして人権侵害行為に対し刑事訴追に出ることが妥当ならば、真相解明委員会は望ましさにおいて劣る選択のように思える。ステファン・ランヅマン教授が主張したように、人権侵害を訴追することは、法の支配を確立し、何人も法的責任追及の手から逃れることはできないという合図を送る機会をしっかりと促進する[24]。訴追は、将来における人権侵害を抑止する社会の能力を高める一方で、犯行者を処罰するための手段でもある。さらに、「社会は罰することのできないことを救すことはできない」という理論に依拠すれば、訴追は重大な侵害によってもたらされた社会的傷を癒すためにも必須のも

---

(23) See Wai Chee Dimock, *The Residues of Justice: Literature, Law, Philosophy* (Berkeley: University of California Press, 1996).

(24) Stephan Landsman, "Alternative Responses to Serious Human Rights Abuses—Of Prosecutions and Truth Commissions", 4, presented to the Law and Society Annual Meeting, May—June 1997; to appear in *Law and Contemporary Problems*.

のと言えるかもしれない(25)。

　これとは対照的に，人権侵害に関する検証と報告を任務とする調査委員会は，見劣りのする不適当な代替物に映るかもしれない(26)。ほとんどの論者が，刑事訴追こそが大量殺戮に対する最善の対応であり，真相解明委員会は訴追が不可能である場合にのみ，代替手段として用いるにとどめるべきであると主張する(27)。前章で論じたように，現実的判断はしばしば訴追に干渉しそれを妨げる。つまり，不十分な物的資源，訴追を遂行するために有資格で利用可能な熟練スタッフの不足，犯罪を犯した指導者，警察官，軍幹部を訴えるに十分な権限あるいは覇気の欠如，などである。政治的現実が訴追を排除するとなると，どのような方策が採用されたとしても，排除された刑事訴追という方策が後からそれに憑依して，その方策を機能させないようにしてしまうであろう(28)。

　が，訴追を見合わせるべき理由には上記とは別の一群が存在する。それは，訴訟を遂行する国家の能力の欠如や限界にではなく，むしろ訴訟に内在する限界に関係している。訴訟は理想的形態の社会活動ではない。かつて，ヴォルテールは言った，「私はかつて2回だけそれ以上ないほど消耗したことがる。ひとつは訴訟に負けたとき。もうひとつは訴訟に勝ったと

---

(25) Ibid., 5. ランヅマンはまた，不法な行為の性質と規模を市民に教育し，将来における権力濫用を牽制する役割を訴追に認めている。また，訴追は被害者に対する補償の基礎を同定することにも役立ち得る，とする。Id., 4. See also Hannah Arendt, *The Human Condition* (Chicago : University of Chicago Press, 1958).
(26) See Margaret Popkin and Naomi Roht-Arriaza, "Truth as Justice: Investigatory Commissions in Latin America", in Neil J. Kritz, ed., *Transitional Justice: How Emerging Democracies Reckon with Former Regimes*, vol.1 (Washington, D.C.: U.S. Institute of Peace Press, 1995), 262, 289.
(27) For example Mary Albon, "Truth and Justice : The Delicate Balance—Documentation of Prior Regimes and Individual Rights", in Neil J. Kritz, ed., *Transitional Justice: How Emerging Democracies Reckon with Former Regimes*, vol. 1 (Washington, D.C.: U.S. Institute of Peace Press, 1995), 290; Douglass W. Cassell, Jr., "International Truth Commissions and Justice", in Neil J. Kritz, ed., *Transitional Justice: How Emerging Democracies Reckon with Former Regimes*, vol. 1 (Washington, D.C.: U.S. Institute of Peace Press, 1995), 326, 333 .
(28) See John Dugard, "Retrospective Justice: International Law and the South African Model", in A. James McAdams, ed., *Transitional Justice and the Rule of Law in New Democracies* (Notre Dame, Ind.: Notre Dame University Press, 1997), 269-90 (TRCの難点をその背景に存在する政治的妥協に求めている). 実際には，南アの真相解明委員会立法は訴追の可能性を排除してはおらず，既に何件かが訴追されている。

きである」(29)，と。訴訟の金銭的・精神的コストは，個々の私人同士がお互いを訴えあう場合，最も明白になろう。が，政府や国際裁判所が訴追を行う場合も同様の問題があると言ってよい。被害者やその他の証人たちは，通常，彼らが経験した物語を直接語る機会を一回も与えられることなく，証言や反対尋問といった古の試罪法(ordeal) (*3)にも似た過酷な試練を耐えることになる。中断されたり懐疑の目を向けられることなく自らの物語を語り，それを聞いてもらえる機会を持つことは，多くの人にとって極めて重要であるし，トラウマを持った生存者にとってはこれ以上ないほど死活的なものである。そして，また，民族全体のトラウマや暴力の複合的な原因やその発現に関して，複雑ではあるが一貫した物語を作り上げることに関与することも同様に重要である。害悪に関する公的認知を獲得し，何が起きたかをできる限り完全な形で説明することが目標であるならば，訴訟手続はせいぜい不完全な手段のひとつに過ぎない。

このような2つの目標〔つまり，個人が自分の物語を十分聞いてもらうことによってトラウマから解放されることと，民族全体のトラウマや暴力の来歴を一貫した物語として提示することの2目標〕に実質的によりよく適合するのは真相解明委員会であろう。そして，それは特に，委員会が政府によって権限を与えられ，あるいは政府の影響下で設置され，広く社会に流通する報告書を作成する力を与えられる場合に適合的である。そして，完全な物語は，それを語る者に恩赦を与えなければ，明るみに出ることはないであろう。南アフリカの異例な試みは，真相解明委員会と，誠実かつ完全な事実の暴露を提供するプロセスに参加した犯行者に対する条件付恩赦とを組み合わせている。したがって，それ以外の者に対しては刑事訴追が行われることになろう。準司法的機関が独立した調査を通じて物語を評価し，恩赦の申請を受け容れるか否かを決定する。「極端に(disproportionately)」極悪非道と見られる犯罪を犯した者，あるいは政治的な動機を伴わない犯行を犯した者からの申請は却下され，彼らは刑事・民事の裁判に直面せざるを得ない状況に置かれる(30)。権力の平和的移譲を確実にするために必要

---

(29) Herbert Mayes, ed., An Editor's Treasury: A Continuing Anthology of Prose, Verse, and Literary Curiosa (New York, Atheneum, 1968), 1032.

であった政治的妥協の産物ではあるが，アパルトヘイトの内部者から身の安全と引き換えに情報開示を得ることにANCが以前から価値を見出していたことを，この恩赦手続は反映している(31)。

恩赦と証言の取引はまた，このプロセスにある者が参加することにより，別の人物の参加を〔連鎖反応的に〕確保するのに利用できる。中堅クラスの政治職公務員5名が恩赦を求め，その際，1992年にデモ隊に対する発砲を命令した人物としてヨハン・ヴァン・デア・メルヴェ将軍の関与を指摘した(32)。そこで，将軍自身が委員会に恩赦を申請し，彼がまさにその命令を下したことを告白した。そして今度は，将軍が彼に命令を下した2人の閣僚級の高官の関与を指摘したのである。大量虐殺を決定者までさかのぼることのできるような証言は，殺戮に実際に加わった者でなければできない。このようなことは，裁判という対審的過程では明るみに出すことは極端に困難である。証言を採取し，独立した調査を遂行し，そして，真実味のある証言にのみ恩赦の付与を限定することは，集団的暴力の徹底した記録を作り上げるというTRCの任務の支柱である。

得られた証拠に照らして生起した事実の完全な説明を行う任務は，裁判には通常見られないような調査と起草の過程を要求する。重大な事件を様々なアクターの行動と組み合わせて物語に仕立てることは，様々な資料を必要とし，また，諸事例を横断的に見て犠牲者と加害者の双方の物語を結合する作業を要求する。真相解明委員会は，何が起きたのかという歴史を叙述することを中心的な任務とする。他方，訴訟における裁判官にとってかかる歴史は，証人に対する尋問や反対尋問，および特定の個人の責任をめぐる証拠の精査といった特別な契機の副産物に過ぎない。

真相解明委員会という物語創出プロジェクトこそは，体制総体のあり方

---

(30) See Tina Rosenberg, "A Reporter at Large: Recovering from Apartheid", *New Yorker*, 18 November 1996, 86, 87.

(31) See ibid. 反乱対策部に所属していた白人警官にして，政府の支援を受けた殺人と拷問に対するANCの追及に協力したダーク・コートズィーに対して一定の配慮を与えることを，ANCが権力委譲前に既に決定していたことについてローゼンバーグは論じている。

(32) Suzanne Daley, "Bitter Medicine: Settling for Truth in the Quest for Justice", *New York Times*, 27 October 1996, sec. 4, p. 1., col. 1.

に関する説明を産出する点で，裁判所よりもはるかに高い可能性を有するものである。しかし，歴史的説明が事件の全真相を必ずしも完全に描出するものではないように，委員会の報告にも限界はあろう。委員会は，加害行為に対する公的認知を与えるための「公衆」代表として機能するかもしれないし，あるいは逆に，周辺的で重要度に乏しく，代表機能を果たし得ない機関と見られてしまうかもしれない。また，真相解明委員会は厳しい時間的制限——TRC の場合は最長 2 年間——の下で活動するのが通例で，また，〔人的〕資源上の制約もあって，それがさらに，知り得ること，記録され得ること，および伝えられ得ることの範囲を狭めてしまっている(33)。大量殺戮は，歴史調査に通常利用可能な準拠枠組みを破壊してしまい，その結果，包括的であることを標榜する報告書にも欠陥が生じるであろう。

刑事訴追と比較した場合，真相解明委員会の有する最も際立った要素は，関心の焦点を，忘れ去られた場所の忘れ去られた者たちを含めた，被害者に置いた点である(34)。さらに，特に，南アの委員会で際立っているのは，和解と癒しを強調している点である。委員会でのヒアリングを定例の放送で流すことは被害者の物語と痛みを公衆の思考の中に持ち込む。人権侵害小委員会に勤務していた心理学者のプームラ・ゴボド‐マディキゼーラは，多くの被害者たちは正義というものを，「自己を再び有効なものとして認知してもらうこと(revalidating oneself)」として，あるいは，「あなたは正しく，あなたは被害を受け，そしてそれは不正であった」との認識を肯定しても

---

(33) 「国家統合と和解を促進する法」は，委員会は「その創設から 18 ヵ月以内に，あるいは，大統領が決定する 6 ヵ月を超えない範囲での延長期間を経た場合，その任務を完了しなければならない」と定めている。Promotion of National Unity and Reconciliation Act *supra* note 4, at chapter 7, section 43 (1). 当初，委員会の作業は 1997 年の 7 月までに完了するはずであったが，議会は委員会の活動期間を 1998 年 4 月まで延長することを正式に決定し，最終報告は 1998 年 7 月 31 日までに国家大統領に提出される予定である。(Promotion of National Unity and Reconciliation Second Amendment Bill No. 109, 1997).〔最終報告が実際に提出されたのは，1998 年 10 月 29 日であった。〕

(34) Du Toit, "Human Rights Program", 36. ジュリー・メルタスは，被害者は自らが，暴力の行われた後に作成されるあらゆる記録の一部をなしていると感じる必要があり，また，生存者の物語を語るフォーラムは，〔彼らの物語を〕法的な言語に圧縮し翻訳することを要求する裁判所的な形態をとるべきであると主張している。See Julie Mertus, "Only a War Crimes Tribunal: Triumph of the 'International Community', Pain of the Survivors" (chapter of a forthcoming book).

らうこととして理解している、と言う(35)。人権侵害小委員会は、生存者や拷問され殺害された者たちの家族から証言を取るという形でかかる認知を提供しようとしている。

　被害者に焦点を置くことは、部分的にTRCの構成にも反映している。その設置法は、TRCの任務を実現させるために3つの小委員会——人権侵害小委員会、恩赦小委員会、賠償・回復小委員会——を設置したが、人権侵害小委員会が最初に活動を開始し、被害者の証言のための手続を確立していった。そこでは公開性が高度に保障されたヒアリングが開かれ、それが直ちにTRCの姿勢と公的印象を固めた。TRC設置法は、恩赦申請を求める個人は本法が採択されてから12ヵ月以内に申請をするように規定する(36)。他方、賠償・回復小委員会は、個人からの申請が出るか、あるいは、人権侵害小委員会と恩赦小委員会が下す各犠牲者および社会全体の必要に対する認定に基づく付託が出るのを待たなければならない。

　ティモシー・ガートン・アッシュは、このような委員会の構成の結果、「免責を受けた殺人者は直ちに自由の身になれる」一方で、その被害者は賠償に関する決定を待たなければならない、と指摘する(37)。このこと〔つまり、加害者は真相を証言することによって免責を得られる一方で、被害者は人権侵害小委員会で被害の事実を証言しても、賠償・回復小委員会の賠償提案と政府によるその実行を待たなければならないという非対称性が存在すること〕は、個々の被害者や社会全体にとってTRC人権侵害小委員会での証言・聴聞の公式手続には他の小委員会にはない独自の価値を持つわけではない、ということを含意している。確かに注意を喚起する反対意見ではある。果たして、過去の虐殺に関し公式の手続の下で聞き手に語りかけることは、個々の被害者と聞き手である国民にとって何か大切なことをもたらし得るのであろうか？

---

(35) プームラ・ゴボド・マディキゼーラ の会議におけるコメント。
(36) 同法はこの期間の延長も認めた。See chapter 4, para 18(1), *Government Gazette*, 16,an extended period beyond that time announced by the Commission. 恩赦小委員会は当初、200人ほどの申請者が見込まれると聞かされていたが、実際は約7000人の申請を受けた。Antji Krog, *Country of My Skull* (Johannesburg: Random House, 1998), 121.
(37) Ash, "True Confessions", 34.

証言と審問を通じての癒し

　真相解明委員会の設置の正当性は癒し(healing)という目標に依拠しているが，そこには，委員会に公式に提出された被害者・加害者の証言こそが個人や国家全体に対し癒され得る機会を提供するはずであるという想定が働いている。真相解明委員会は，虐殺に関する公正かつ徹底した説明を生み出すという目的をかかげ，個人がそれぞれの物語を語ることを支援し，またそれを公的に認知してもらうことを手助けするという前提に立って手続を進めている。さらにここで想定されているのは，最終報告は，国家が自らの過去を処理する際の枠組みを創出できるという前提である。サイコセラピーや信仰告白そしてジャーナリスティクな不正追及なども共有しているこの前提と響きあいながら，真相解明委員会は，真相を語りそれに耳を貸す行為は癒しにつながるという想定を置いているのだ。

　ラテン・アメリカ，東欧，南アフリカにおける集団的暴力の問題をずっと追いかけてきたジャーナリスト，ティナ・ローゼンバーグは，真相解明委員会と治療プロセスとの間に，個人が心的外傷後ストレス障害〔いわゆるPTSD：post-traumatic stress disorder〕(*4)に立ち向かうのを手助けするという点でパラレルなものを見出している(38)。ローゼンバーグは，どちらの文脈においても，個人はそれぞれの物語を，真剣に耳を傾けてくれる人々，公的認知をもって自分たちを有効な存在として扱ってくれる人々に語りかける必要があり，また，どちらの場合でも，個人は虐殺についての述懐を彼らの人生全体の物語の中に再統合できなければならない，と指摘している(39)。彼女は次のように付け加える。「国家全体が心的外傷後ストレス障害に罹っているならば，このプロセスは国家全体にとっても適切なものになるだろう」(40)。

---

(38) Tina Rosenberg, *The Haunted Land: Facing Europe's Ghosts after Communism* (New York: Vintage, 1995), 26.
(39) Ibid.,24.
(40) Ibid. See also Rosenberg, "Reporter at Large", 86, 95.「真相解明委員会による公聴会の目的は，全ての南アの人々に対して自分たちもアパルトヘイトの共謀者であったことの認識を助ける点にあり，いわば4100万人に対する集団セラピーを施す点にある」。

が，反対に，ある者は次のように言う。個人も国家もあまりにも多くの記憶を抱えてしまっている，と(41)。おそらくこのような事態は，迷信的で停泊地を持たずに浮遊し続けるような，たちの悪い記憶が集積される場合にのみ生じるのではないか(42)。あるいは，おそらく，真相が未来への架橋を伴わずに過去にのみ向いたものである場合に起き得ることなのだろう。ローレンス・ヴェッシュラーは，W．S．マーウィンの散文詩"Unchopping a Tree"を真相解明委員会の限界に関する警告として援用している(43)。マーウィンは，葉も枝も細枝もすべてバラバラになるほど完全に破壊された木を如何にもう一度集めて組み立てるかを細かく吟味している。骨の折れる工程を経て，ひとつひとつ部分を集めた後に，木は再び組み上げられた。しかし，復元されても，そよ風が触れることのできるのは依然として〔新木ではなく〕枯葉のみである。癒しなど死んでしまった人々にとっては馬鹿げた，そしていかがわしくすらある考えである。大量殺戮の生存者たちも，事実上自分たちは死んでしまったかのように，あるいは死者の中に生きているかのように感じるだろう。生存者たちが求め得るのはせいぜい忍従であろう。癒しではない(44)。

問題は真相があまりにも多数存在することではない。問題なのは，「真相」というものは「何が起きたか」という非常に困難な認識に直結するほど完全ではあり得ず，また十分に包摂的なものではあり得ないということである。マイケル・イグナティエフは我々に次のことを想起させる。「サラエヴォでの戦闘は，国際的に承認された国家の民主的政府にテロを加え転

---

(41) チャールズ・マイアーは次のように言う。「人々が受けた被害は認知され，修復されるべきであると私ははっきりと確信するが，被害者の被害者としての地位は新しい政治秩序を構成する支柱になるべきなのであろうか？私にはよくわからない。おそらく本はある時点で閉じられなければならないだろう」。Harvard Law School and World Peace Foundation, "Human Rights Program", 17.

(42) Saul Friedlander, Keynote Address, Yale University Conference, "Searching for Memory and Justice: The Holocaust and Apartheid", 8 February 1998.

(43) Harvard Law School and World Peace Foundation, "Human Rights Program", 15 (comments of Lawrence Weschler, quoting W. S. Merwin, "Unchopping a Tree", *in The Miner's Pale Children* [New York: Atheneum, 1970], 85-88).

(44) Lawrence Langer, panel on "Hearing the Victims", Yale University Conference "Searching for Memory and Justice: The Holocaust and Apartheid", 8 February 1998.

覆する意図的な企てか，セルビア人の母国をイスラム教徒の攻撃から守るための正当な先制攻撃なのか，どちらかである。それら両方であるということはあり得ない」(45)。

　証言や公正な調査が誠実に行われればテロや人権侵害が過ぎ去った後で個人や社会が立ち直る機会がもたらされ得る……という希望によって，真相究明が正当化されるとしても，なお問題は残る。被害者，加害者，そして傍観者は，背景的事情や癒しへの期待に対してそれぞれ異なる立場に立っており，また，真相解明委員会の作業へ参加することやその活動から得られた知識がそれぞれの集団に対して有する影響を個別的に辿っていくことはほとんど不可能に近い。

　さらに複雑な問題は，ある特定の個人が被害者にも加害者にも傍観者にも該当し得る場合があるということである。秘密警察によって両親が蹂躙されるさまを目撃した学生。彼は抗議団体や闘争団体に参加し，その後逮捕されるに至る。やがてこの学生は秘密警察に対してテロリスト的手法を用いることを決意し，市民を殺害する爆弾を炸裂させる(46)。また，別の人物は，秘密警察のスパイになる覚悟をつけさせるための拷問的な講習会を生き延びる(47)。このような人々は，自身が受けてきたトラウマを語る一方で，自分たちが行ってきたことを他者に対していつどのような形で告白するのであろうか？　彼らはどうやって自らを赦し，敬意を獲得しようとするのか？　ましてや国家を癒すとなると，個人が暴力から回復することに関する上述の理論や個人の証言が国家にとって意味を持つのか否かはなおのこと不分明である。

---

(45) Ignatieff, "Elusive Goal of War Trials", 16.
(46) 南アフリカ警察による家族への虐待を毎週のように目の当たりにしたドノヴァン・"フェアリード"・ファーヘルストは17歳のときに学校をやめ，ウムコント・ウェ・シズウェに参加した。これはアフリカ民族会議の禁じられた軍事部門であった。彼は後に逮捕され，刑務所の中で虐待を受けた。その後，ファーヘルストは「戦争マシーン」と化し，パイプ爆弾を製造し，復讐を模索するようになる。*Hearts and Minds: The Burden of Truth*（Sound Print Media Center, 1997）（broadcast on National Public Radio）. 後に，彼と彼の母親は，彼の受けた拷問に関してTRCの面前で証言をした。母親は，獄中での息子の衣服を取り上げ，そこに付着した血痕を指し示し，彼女の心痛を吐露した。
(47) Tina Rosenberg, *Children of Cain: Violence and the Violent in Latin America*（New York: Penguin Books, 1991）, 83-95.

癒しという言葉は集団的暴力の帰結をトラウマの観点から見つめる。ここでのパラダイムは正義よりもむしろ健康である。正義の観念は,「暴力の犠牲者を癒し,対立する集団と和解することこそが正義の実現に当たる」との理念の文脈の中に顔を出すに過ぎない。あるいは,むしろ,形式的正義の仕組み〔たる司法制度〕は,それが癒しの潜在的な障害になっているとか,トラウマを昂進させる原因になっているなどの観点から話題にされるに留まる[48]。もっとも,民主制への諸条件を確保しつつ国家を再建しようと構える集団にとっては,癒しと正義はほとんど互換的な観念のようである。が,被害者たちが追放されてしまったような場合,あるいは和解し再建に努めるべき国家をほとんど持ち得ないくらいに徹底的に弾圧されてしまったような場合は,癒しと正義が互換的に用いられる可能性は低くなる。

癒しや回復というヴォキャブラリーは,刑事訴追を支える法律的術語にとってはまさに馴染みのないものである。癒しという感情的・心理的な言葉は,ホロコーストに対する初期の国内的・国際的論議にはほとんど姿を現さなかった。が,癒しは近時の議論には繰り返し登場しており,おそらくそれは20世紀の推移とともに心理学的な考えが普及していったことを反映している。そして〔癒しの観念の普及を促進した〕もうひとつの資源は虐殺の生存者とその家族の経験であろう。過去数十年の知見からすれば,生存者としばしばその子供たちが癒しの必要と,再び生きることを学ぶ必要とを強調している。

学者や療法士は,集団的暴力の後の癒しが個人に,そしておそらくは社会に対して発現し得る意義の解明に乗り出している。例えば,エリック・サントナーは,ホロコーストの被害者や傍観者が経験したトラウマについて,また,トラウマが消え去る前に早計な常識的判断を下してしまうことの危険性について,さらに,とりわけ,新たに再統合されたドイツにおいてナチ期のトラウマを除去するための持続的努力について書いている[49]。

---

(48) For example, Judith Herman, *Trauma and Recovery* (New York: Basic Books, 1992), 72-73.
(49) Eric L. Santner, "History Beyond the Pleasure Principle: Some Thoughts on the Representation of Trauma", in Saul Friedlander, ed.,*Probing the Limits of Representation: Nazism and the "Final Solution"*,(Cambridge, Mass.: Harvard University Press, 1992), 143,

第4章　真相解明委員会

ジークムント・フロイトやソウル・フリードランダーの業績を明示的に引用しながら，サントナーはトラウマを，精神構造に対して加えられた過剰刺激であって，その刺激の程度が，意味の構築や自己と他者の境界設定の基本的方法を再創造ないし修復することを必要とする程度に至ったもの，と定義している。例えば，トラウマの犠牲者にとって，自我の境界線上を往来する情報を制限するには，〔自己の〕大幅な再編成を要求されることになろう(50)。サントナーは次のように記している。「ナチズムや『最終的解決』を集団的トラウマとして真剣に捉えることは，人々の理論的・倫理的・政治的関心を，個人や集団のアイデンティティが構築され，破壊され，そして再構築される精神的・社会的次元に移行させることを意味する」(51)。

同様に，ロバート・ジェイ・リフトンは，暴力の犠牲者たちは，死線すれすれのトラウマを経験していたり，「精神的外傷を発症させた出来事を含めて新しい内的形相を発達・形成させる」というつらい作業を後に残すようなトラウマを経験していることを強調している(52)。また，ジュディス・ハーマンは，ホロコーストの犠牲者，ヴェトナムにおける合衆国兵士，虐待を受けた女性，児童虐待の犠牲者，そして近親相姦の犠牲者たちの経験を統合的に理解し得るようなトラウマと回復の理論を展開している(53)。ハーマンによれば，被害者の当初の被害は次の2段階に発展していく。まず，恐怖や支配に直面して，自律性，他者とのつながり，そして道徳原則を喪失し，次に，生きる意志を喪失していく(54)。全体主義体制の生存者に加えられた長期にわたる不安や口に出せない日常的な恐怖，そこには絶

147-48, 153-54. また，サントナーは，ホロコーストをいかに使い，表現するかに関する歴史家たちの論争に心理分析の枠組みを適用している。Id., 145, サントナーは，歴史家をして霊媒のワザに精勤することに向かわせてしまう転移のダイナミクスについて議論している。

(50) Ibid., 151.
(51) Ibid., 153.
(52) Robert Jay Lifton, *The Broken Connection: On Death and the Continuity of Life* (New York: Simon and Schuster, 1979), 176.
(53) Herman, *Trauma and Recovery*, 32.
(54) Ibid., 84-85. Also see page 121 (そこでは，複雑な心的外傷後ストレス障害の診断上の性格付けを行っている)。

望，感情の衰弱，個人的問題を装ったトラウマ的事件の繰り返し等が含まれるが，そういったものの効果を詳細に指摘する論者もいる(55)。生存者は，しばしば，感情をコントロールすること，自殺願望を克服すること，トラウマ的事件を思い出すこと，事件を想像上で再体験することを阻止できるようになること，関係，信念，意味の感覚を維持し続けること，において困難を抱えてしまっている(56)。ハーマンは，「拒絶，圧迫，そして隔絶は個人的次元と同様に社会的次元においても機能し」(57)，復讐という幻想を求める気持ちそのものがトラウマの様相を呈するようになる，と論じている(58)。

　ハーマンは，癒されるために記憶を取り戻し，虐殺について語ることを学ぶのは重要であると強調する。生存者たちはかつての関係をそのまま単純に保つことはできない。なぜなら，彼らはすべての関係をもはや「極端性のレンズ(lens of extremity)」を通して見てしまうようになるからである(59)。また，生存者たちは従前のアイデンティティをそのまま単純に取り戻すこともできない。彼らは，「他者を失い，また他者にとって失われた」自己に関する記憶を，そして悪に対する耐久力を直に学んだ自分自身を，他者および自己自身の中に組み込んでいく方法を発見する必要がある(60)。長きにわたる全体主義的支配によって過酷なトラウマを負ってしまった個人ですら，真相を告白し，嘆き悲しみ，行動を起こし，戦うことを通じて，そしてそのような営みを経て他者と再びつながることにより，回復を果たし得るのだ，とハーマンは主張する(61)。「エンパワメン

---

(55) David Becker. Elizabeth Lira, Maria Isabel Castillo, Elana Gomez, and Juana Kovaksys, "Therapy with Victims of Political Oppression in Chile: The Challenge of Social Reparation", in Neil J. Kritz, ed., *Transitional Justice: How Emerging Democracies Reckon with Former Regimes*, vol. 1 (Washington. D.C.: U.S. Institute of Peace Press, 1995), 583, 586. See also Ervin Staub, "Breaking the Cycle of Violence: Helping Victims of Genocidal Violence Heal", *Journal of Personal and Interpersonal Loss* 1 (1996): 191.

(56) Herman, *Trauma and Recovery*, 121.
(57) Ibid., 2.
(58) See ibid., at 137-38, 229-31.
(59) Ibid.,92.
(60) Ibid.,93.
(61) For example, ibid., 157.

ト(empowerment)」――力とコントロールの感覚を取り戻すこと――と「再接合(reconnection)」――アイデンティティと共同性の感覚を蘇らせること――は癒しを実現するための構成要素になるだろう。他者に助けの手を差し伸べ、将来における犠牲を阻止するために自己を投ずることは、被害者が目的意識と生きる理由を取り戻すのに役立ち得るだろう[62]。

　上に見た考えが、政治的対立や闘争から抜け出せないことから生まれるトラウマにどのように関係するかは、依然、問題として残る。ハーマンは、トラウマを負った生存者に対する集合的政治行為や法的措置の治療的価値を認めているが[63]、彼女は、トラウマを負った者とプロの療法士との関係――あるいはプロの療法士によって指導される集団療法――にむしろ重点を置いている。委員会聴聞のような、より形式性の高い環境の中で真相告白がなされる場合、生存者と介助者との間に築かれる信頼関係に何か重要な変化をもたらすのだろうか？　抑圧に抵抗する政治運動が心理的トラウマの経験や治療的対応の価値に与える影響にはどのようなものがあるのか？[64]　犠牲者を支えるために療法士が不正義や抑圧という言葉を用いることはどれほど重要なのか？[65]

　「真相告白の潜在的な修復力」、「共感を示してくれる証人の重要性」、および「加害者と傍観者の構成的役割」、これらはすべて真相解明委員会に期待される特徴を示すものである。以下では順番にこれらの特徴を考察することにしたい。その後で、傷と癒しに関して、個人的次元でのそれらと国家的次元でのそれらとの比較検討、また、癒しと正義の違い、〔刑罰の〕実施と恩赦の問題、などを検討することとしたい。

真相告白の修復力：「心理療法的措置の根本的前提は真相告白の修復力(the restorative power of truth-telling)を信ずることにある」とハーマンは報告

---

[62] これらのテーマは、ドキュメンタリー・フィルムである Margaret Lazarus and Renner Wunderlich, *Strong at the Broken Places: Turning Trauma into Recovery*. 60 min., Cambridge Documentary Films, Cambridge, Mass., 1998. において強力に展開されている。

[63] Herman, *Trauma and Recovery*, 207-11.

[64] Ibid.,9.

[65] Becker et al., "Therapy with Victims", 587.

している(66)。同様の前提が，犠牲者に自らの物語を語る機会を提供する真相解明委員会を下支えしている。いずれの場合も，その目標は悪魔払いではなく認知(acknowledgment)である。また，いずれの場合も，トラウマを語ることは証言となる。真実を知ることは人を自由にし，病んだ社会の恐ろしい秘密を暴露することは社会を癒すことにつながる…というわけだ(67)。が，このような主張は検証可能なのか，それとも職業的・文化的・宗教的信条の吐露に過ぎないのか？　この問いに十分な解答がなされなければ，戯言にすぎないような証言がトラウマを吐露することの修復力を僭称することになろう。

　インゲル・アッゲルとソーレン・イェンセンは，迫害から生き残った難民に対して何年にもわたって療法的措置を行ってきた。彼らは，私的次元における告白的な意味においても，公的次元における司法的な意味でも，証言の重要性を強調している(68)。同様に，リチャード・モリカは，トラウマの物語は証言という営みを経ることによって，恥辱と屈辱の告白から，尊厳と徳の表現へと変化し，失われた自我と喪失された世界を再活性化すると説明する(69)。政治的拷問の生存者を扱った療法士たちは，証言を展開し修正するプロセスが癒しの重要な要素であることを認めてきた(70)。トラウマを忘却するのではなく，それと向き合うことは，犠牲者がトラウマを感情的障害の形で再生させることを回避したいと望んでいる場合，決定的に重要である。チリ人の療法士グループは次のように結論付ける。

　　　被害者やその家族はトラウマ的体験を詳細に説明し，そこから生まれる感情を露わにする必要があることを我々は発見した。これは，経

---

(66) Herman, *Trauma and Recovery*, 181.
(67) Comments of James Gilligan, Facing History and Ourselves, 12th National Human Rights and Justice Conference, 10 April 1997.
(68) See Inger Agger and Soren B. Jensen, "Testimony as Ritual and Evidence in Psychotherapy for Political Refugees", *Journal of Traumatic Stress* 3 (1990): 115.
(69) Richard Mollica, "The Trauma Story: The Psychiatric Care of Refugee Survivors of Violence and Torture", in F. Ochberg, ed., *Post-Traumatic Therapy and Victims of Violence* (New York: Brunner/ Mazel, 1988), 295, 312.
(70) Herman, *Trauma and Recovery*, 182.

験した痛みと喪失を被害者に感じさせる一方で、必然的にバラバラになりやすい出来事が凝集する歴史に統合的一貫性(integration)を与えることにつながる。それは嘆息と叫びに道を開くものであるが、より一貫した自我像を形成することを助けるものでもある(71)。

　過去と直面することによって、トラウマを受けた個人は過去・現在・未来の峻別を学ぶことが可能になる(72)。物語を聴き、語る作業が終結すれば、そのときトラウマは過去に帰属することになるだろう。つまり、生存者は未来を建設する作業に向かうことができるのだ(73)。

　自分が受けた被害が、忘れてしまうのが最善であるような単なる私的な経験ではなく、社会変革のための告発にもつながることを知るのは、トラウマや無感覚、そして喪失と被害への執着から個人が離脱することを可能にする(74)。抑圧的政府による拷問や権力濫用の密室的性格は、共同体に対する不信を随伴させてしまい、上に挙げた体験から生まれる被害者の痛みを倍化させ、彼ら自身の記憶や正気を歪めてしまうことすらある。確かに、起きてしまったことに過度に囚われてしまうことはトラウマを悪化させる。が、逆に、自分たちの体験が認知を受けるような環境の中でそれを語ることは修復へと導く可能性を持つ。アパルトヘイト体制下で警官によって失明させられ、後にペニンシュラ族のランボウ(the Rambo of the Peninsula)として知られるようになったある人物が、TRCの人権侵害小委員会の前で語った際、そこに出頭して自らの物語を語ることに如何なる感慨を持つかを問われ、次のように答えている。「今までずっと、私を閉口させてきたのは、自分の物語を語ることができなかったという事実で

---

(71) Becker et al., "Therapy with Victims", 587.
(72) Ibid.
(73) Herman, *Trauma and Recovery*, 195.
(74) Becker et al., "Therapy with Victims", 586-87. ハーマンは、沖合いの油田掘削装置が崩壊した事件の生存者に対して精神衛生班がカウンセリングを行い、心的外傷後ストレス障害への対処を解説した1頁のファクトシートを配布したことを報告している。このシートは、予想される引きこもりの誘惑に負けないで他者と話をすることや、症状に対処するためにアルコールに頼ることを避けることを奨励していた。事故から1年後、生存者の多くは依然として、読み返しでぼろぼろになったファクトシートを携帯していた。Herman, *Trauma and Recovery*, 158.

した。しかし今，私はここに来て皆さんに話をすることができて，自分の視力を取り戻せた——ような気がしています」[75]。公的な機関の前で公に証言することは私的に見える経験を公的なものに変えることができる。スリランカ南部地域における失踪に関する大統領委員会(the Presidential Commission on Disappearance)の長を務めているマヌーリ・ムトゥトゥウェガマは，既に数千に上る申立人からの証言を聴聞してきた。彼女は，人々が如何に自らの物語を語りたがっているか，沈黙という桎梏を解き放ちたがっているか，そして悲劇的な経験を如何に生々しく解き明かしたがっているか，を報告している[76]。

　南アフリカ真相解明・和解委員会に勤務する心理学者，プームラ・ゴボド - マディキゼーラは，ある母親が拷問によって子供を失った痛みについて委員会の前で証言した様子を報告している。彼女が後に語ったところによると，当初は委員会では泣くつもりはなかったが，それにもかかわらず，泣いてしまった。証言が放送されることを知って，「世界に私の涙を見てほしい」と決断したそうである。世界的舞台に立つ役者として自己をみなすこと，そして，私的な災厄を公的な方法であからさまにする一方で世界を教化しうる人物として自己をみなすことには，相当なプライドと強靭さが必要であったものと思われる。公衆の前で流す涙はそれが最後の涙になるわけではなかろう。しかし，流す涙を見られていることを知ることは，認知されたという感覚を付与し，その感覚は嘆きに込められる孤独と恐怖の度合いを低めてくれる。

　しかしながら，ある人々は嘆きをメディアに報道されることによって見世物にされていると感じるかもしれない。そこで，TRC はメディア報道の介入なしで手続に参加し得る機会を多くの人に提供している。1998 年 2 月までに，公聴会でもたらされた証言に加えて 2 万人からの陳述を得た。

---

[75] Testimony to South African Truth and Reconciliation Commission Human Rights Committee, quoted in Krog, *Country of My Skull*, 31 (testimony of Lucas Baba Sikwepere).

[76] Quoted in "Human Rights Program", Harvard Law School and World Peace Foundation, *Truth Commissions: A Comparative Assessment* (1997), 16. ある人たちにとっては，刑事裁判で証言することでも同様の機会を提供できる。しかし，尋問や反対尋問の中心的ルールは，そのような種類の証言を変質させ，語りや認知のチャンスに潜在的に介入してくるだろう。

第4章　真相解明委員会

証言を公に放送しようがしまいが，自分のことを信用してもらえているという環境の中で語るというまさにその行為そのものが，犠牲になった者たちを肯定する（affirmative）意義を持ち得る。ムズィキシ・ムディディンバは，16歳のときに受けた拷問について証言することは「それを私の心から取り去ってくれた」とティナ・ローゼンバーグに対して語った。彼は次のように続けている。「以前は自分の人生の話をすると，その後はただ涙涙で，それは尽きることがないように思えました。でも，今回は，彼らが私に行ったことがこれらの人々の中に，そして国中に流布されるであろうことを知っています。依然としてある種の悲嘆に暮れることはありますが，同時に心の中で喜びを感じることもあるんです」(77)。

エル・サルヴァドルの国連真相解明委員会の3名の委員のうちのひとりであったトーマス・バーゲンソルは次のように報告した。

　　この委員会にやってきて自分あるいは親戚や友人に対して起きたことを語った人々の多くは，以前にそのようなことをしたことはなかった。ある人にとっては，沈黙し怒りを閉じ込めたままで10年以上が過ぎ去っていた。が，最終的には誰かが彼らに耳を貸し，彼らが耐え忍んできたことが記録されるだろう。彼らは何度となく出頭し，依然として恐れてはいたが一抹の疑いも伴わずに語ったのであり，それは多くの人にとって初めてのことであった。生起したことを語るという単純な行為が癒しの効果を持ち，感情の解放につながるということを認識せずに，そして語る者たちが応報よりも語ることや耳を貸してもらえることに関心を持っていることを認識せずに，彼らの話を聞くことはできないだろう。それはあたかも，以前は語る勇気を持てなかったことにある種の恥辱を感じていた者が，今やそれを語り尽すと，家に帰って，過去の重荷をそれほど負っていない未来に焦点を当て出したかのような光景である。(78)

---

(77) Rosenberg, "Reporter at Large", 92.
(78) Buergenthal, "United Nations Truth Commission for El Salvador", 292,321.

もちろん上記は，生存者自身ではなく外部の観察者の見方ではある。が，それは，真相解明委員会の前で証言する機会を得た生存者に対する外部観察者の直接的反応を反映しているのは確かだ。

　被害に対する心理学的枠付け(a psychological framework)に個人的には嫌悪感を示したり拒否反応を示したりする場合でさえ，何人かの被害者は証言に治療的な意義を見出すだろう。アッゲルとイェンセンは，虐待の生存者で，心的外傷後ストレス障害の兆候を示しているにもかかわらず，心理的な問題は抱えていないと言い張る"K"という人物について次のように描写している。「K は……なぜ療法士と話をしなければならないのかが理解できていなかった。自分の問題は医学的なものである。つまり，夜中に眠れない原因は脚や足に感じる痛みが原因なのだと言いつのるのである。彼は，療法士に自身の政治的背景……を尋ねられ，療法士である女性に対し，次のように語った。自分はマルキストであり，フロイドも読んではみたが，そういった心理学的なものは少しも信じることはできない，療法士と話すことが一体どうして自分の痛みを取り除くことにつながろうか？」(79)。

　しかしながら，療法士が K 自身の目的に関連性を持つ2つのポイントを説明すると，K は療法士に自身の物語を語ることに同意した。まず，療法士である彼女の任務の一部は，K の故国での行刑実態に関する情報を収集することである点。次に，拷問の経験に関する悪夢にうなされる人々は生起した出来事を他者に語ることにより助けられる場合があることを彼女自身が目撃してきた点。これらを説明した(80)。おそらく，療法士との面会を拒否する者，あるいは面会できない者たちは，真相解明委員会で自己の物語を語ることに利益を見出すだろう(81)。が，真相解明委員会は犠牲に過大な焦点を当ててしまい，自身を犠牲者ではなく生存者であると規定する者たちの参加を抑止してしまう危険がある〔ことを上記の"K"の例は物語っている〕(82)。

---

(79) Agger and Jensen, "Testimony as Ritual", 115,124.
(80) Ibid.
(81) See Herman, *Trauma and Recovery*, 159（療法士は，トラウマに悩まされている患者が助けを求めてくることを，弱さや敗北ではなく，勇気と強さを示す行為として扱うべきであることを指摘している）．
(82) Comments by André Du Toit, *Truth Commissions: A Comparative Assessment*, 28 .

第4章 真相解明委員会

　真相解明委員会は，証言をしてくれる個人に対して，あるいはそれをしない個人に対してさえ，彼らの経験を政治的暴力というより広範な文脈設定の中に位置付けることを手助けするだろう。委員会の調査官たちは，証言を肯定し，吟味し，明確化することを通じて，また，侵害行為に対するより広範な文脈設定を開拓していくことを通じて，証言を真剣に扱う。恐れるあまり，あるいは痛みの大きさのあまりに証言をできない者たちも，自分たちの経験とパラレルな，あるいは部分的に類似する経験を語る他者の証言に耳を傾けることから一定の利益を得ることが可能だ。過酷な目にあったという個人的な経験をより広範な文脈を持つ政治的抑圧の一部に統合することは，治療的効果の発生にとって大変重要である。自分の幼い子供を近所の人たちとテレビを観るために通りを横断させようとして警官隊によって射殺されてしまったチリのある母親は，その子の死に対して罪の意識を感じているという。チリにおける政治的恐怖の状況を認知する使命を帯びた専門家とのセラピーにおいて，その母親は息子の射殺は大規模な政治的抑圧の一部をなすものであったということを学んだ。そして，彼女は「自分の私的で個人的な損失は社会政治的な状況によってもたらされたことを知った。私的な嘆きに置かれた彼女を助けたひとつの要素は，彼女ではなく警官が息子を殺害したという事実を感情的に理解することを成し遂げたことである」[83]。

　療法士は，彼女がその後警察に対してとった法的措置もまた治療的な意義を持つことが分かってきた，と言及している。

　が，治療的効果がもたらされるには，弾圧の経験を物語る行為が，単に事実を説明することを超えて，被害者の感情的・身体的反応や被害者にとって大切な他者の対応をも含むものでなければならない。ハーマンは次のように言う。「トラウマ的な心像や身体的感覚を含まない語りは不毛であり不完全である……。それに随伴する感情を除去して事実を詳述することは意味のない行為であって，治療的効果は期待できない」[84]，と。同様に，癒しが生まれるには，それぞれの個人が生起した出来事を理解することに

---

[83] Becker et al., "Therapy with Victims", 588.
[84] Herman, *Trauma and Recovery*, 177.

どの程度努めたか，そしてそのような理解が各個人の価値観や希望とどの程度再統合されたかに対する関心を証言が含んでいなければならない(85)。以上の諸要素を確実なものにすることは真相解明委員会に与えられた時間，配慮，および専門能力を超える可能性が高い。しかし，意味や感情や記憶に関する統合された私的な物語の上記のような諸相に真相解明委員会の委員や職員が関心を持たなければ，証言を試みる被害者たちへの治療的効果は限定的なものになってしまうだろう。トラウマを除去するという骨の折れるプロセスは個々の療法士によってこそ成し遂げ得るものであり，真相解明委員会にはなし得ないものである。が，委員会手続は治療の契機を提供することはできる。

共感を示してくれる証人の存在：真相告白の有効性は，少なからぬ部分，共感を示してくれる証人(sympathetic witness)の存在に左右される。被害者たちは，他者との信頼関係を醸成する過程で痛みを伴う物語を告白し，他者からの認知(acknowledgment and validation)を受ける(86)。南アフリカのTRCにやって来てそこで語ろうとする者の多くは，彼らの痛みや，失われた愛すべき者たちがこの世に存在したことの証人に委員会自体がなってほしいとどれほど願っているかを力説する(87)。トラウマを伴うような暴力の被害者を扱う療法士たちは，治療的な関係において，道徳的な，共感的な，そして政治的な配慮のあるスタンスを取ることがどれほど重要であるかを認識してきた。療法士は，道徳的な立場を明確にしなければならず，中立的な立場に留まったり，主観的な部分にのみ焦点を当ててはならない(88)。

---

(85) Ibid.,179.
(86) See remarks of Tina Rosenberg, *Truth Commissions: A Comparative Assessment*, 26.
(87) 例えば，ジョイス・ムティムクールは，公安警察官によって投獄され，毒をもられ，殺害された当時20歳の息子の髪の毛を一握り，TRCに提出した。「『これはシフィウェの髪の毛です。私が今日ここに持ってきたものが何であるかを委員会に証人になっていただきたいと思います。そうすれば，委員会は息子に使用された毒物の効果を知ることができるはずです。私は彼の髪の毛とともに息子を埋葬しようと思っていましたが，神の御意志によって私はそうしませんでした。まるで今日ここに来ることが分かっていたかのように。』」Quoted in Mark Gevisser, "The Witnesses", *New York Times Magazine*, 27 June 1997, 32, 34.
(88) See Herman, *Trauma and Recovery*, 178-80.

第4章　真相解明委員会

したがって，政治的抑圧の生存者を扱った療法士たちは次のように結論付けてきた。「実際，療法士に向けられた第一の挑戦は，心理療法的措置と病状の根にある社会政治的現象との間のリンクを維持することであった」(89)，と。療法士と患者は，明白に政治的・社会的・心理学的な同盟関係の前提となるコミットメントの紐帯を築き上げる必要がある(90)。したがって，「患者の持つ障害は政治的な理由から意図的かつ犯罪的に加えられたトラウマ的体験の結果であるということを当然の前提とすべきである」(91)。

被害者の道徳的傷を他者が認知することこそ，癒しのプロセスの中心的要素となる(92)。「その療法士はある犯罪の証人となるために召喚されている。彼女は被害者と一致した立場を積極的に採らなければならない」(93)。

生存者が彼らの親類が「死んだ」と語れば，心理学者は彼らが殺された事実を生存者に代わって強調するのである(94)。悪行を的確に摘出し非難する道徳的準拠枠を再構築することは，通常，生存者の精神的健康を回復するのに決定的な意味を持つのである。

権力濫用の尊厳破壊性をきちんと認知することも同様に，被害者およびその他の国民に対して「個人こそ問題なのだ」ということを伝えるに当たって重要である。確かに，証言を単に収集することだけでは，この目的を達成することは困難ではあるが，そのようなステップを経なければ個人や彼らの痛みこそが問題なのであるという結論を得ることはほとんど不可能だろう。無関心は犠牲を一層悪化させることになる(95)。

生存者からの証言を受け付けるという真相解明委員会の存在と構造そのものが，証言をする生存者の物語に対して証人の役割を演じているのである。TRC人権侵害小委員会のヒアリングは，共感を示してくれる傍聴者の前

---

(89) Becker et al., "Therapy with Victims", 586.
(90) Ibid., 587.
(91) Ibid.
(92) Staub, "Breaking the Cycle of Violence", 193-94.
(93) Herman, *Trauma and Recovery*, 135.
(94) Ibid.（ホロコースト生存者に対するヤエル・ダニエリの作業について詳述している。）
(95) Justice Pius Langa, "Hearing the Victims", Yale University Conference, "Searching for Memory and Justice: The Holocaust and Apartheid", 8 February 1998.

で自分の物語を語る機会を被害者に提供し、大量虐殺を記録することのために捧げられた公的環境を創出して、個人的なトラウマをより大きな政治的な文脈の中に置き換えようとしている。これらの機会は個人に癒されるチャンスをもたらすものである。ある人が被った災厄を、忘却されるべき私的な体験として扱うのではなく、むしろ社会的文脈を持った告発と位置付けることによって、小委員会は個々の被害者に新たな体験のための空間を構築する手助けをしている(96)。もし小委員会が、療法士たちが患者とともに模索しているコミットメントの絆を構築することができないのであれば、被害の公的認知を通じて個々の被害者が人々を、さらには政府をさえも、信頼する力を再構築できるように手助けすることなど到底できない。

　TRC は、配慮の手を差し伸べる(care-giving)雰囲気と安心感をもってヒアリングを開催するように努めている(97)。そこでは、拷問その他の人権侵害の生存者に反対尋問を行うようなことはしない。が、加害者からの恩赦申請を奨励できるように公正で十分中立的な外観を示さなければならない。これは、悪行を非難できる機関を設けるという国家的必要と矛盾衝突し得る。TRC の中立的な外観は、より公式的で裁判所に類似した恩赦小委員会と、より非公式的で共感的な人権侵害小委員会との分業制によって支えられている。まさに裁判所でないからこそ、人権侵害小委員会はアパルトヘイト時代の裁判所が持っていた敵愾心や無配慮についての凍りつくような記憶を被害者に再燃させないようにし得るのである。同時に、同小委員会はアパルトヘイト時代の人権侵害としばしば共犯関係に立った裁判所の腐敗的性格を避けることもできる。人権侵害について証言しようとする者を、トラブルメーカーでも、単に立証責任を負った人でもなく、信じられる人物(persons to be believed)として扱うことによって、TRC は、対審的な聴聞や尋問を旨とする裁判所と際立った対照をなしている。しかしながら、そこでの証言は反対尋問のテストを経ていないがために、その真実性の価値は、そこから公的認知を引き出す力とアパルトヘイトの侵害性に

---

(96) See ibid.
(97) Du Toit, *Truth Commissions*, 28; Justice Pius Langa, comments, Yale University Conference.

第4章　真相解明委員会　　　　　　　　　　　　　　　　　　　　115

関する一般的な構図を作り出す力とに依存せざるを得ない(98)。

　TRCでのヒアリングは、各セッションを要約した週間報道とともにラジオやテレビで定期的に放送される。テレビ放映されたあるセッションで、拷問による負傷が一因で車椅子の生活を余儀なくされているシンコクワナ・エルンスト・マルガスは、彼が耐え忍んだ拷問のやり口を詳述しようとするうちに、手で覆って隠そうとしながらも、泣き崩れてしまったことがある。マルガスはANCの退役メンバーで、14年間にわたりロッベン島に投獄されていた人物である。投獄中、彼の家は繰り返し焼夷弾を受け、警察は彼の息子のひとりを酸で焼き殺している(99)。マルガスは小委員会の面前で手で自ら〔の涙〕を覆い隠したので、家族やスタッフは彼を慰め、話す力を取り戻すのを助けた。部屋の向かい側に座っていたのは、本委員会の長であり創設者であるデズモンド・ツツ大主教であった。男が証言し泣き崩れるのを聞いて、ツツ大主教は、自らの顔を手の中にうずめ、身をかがめ、彼らの間に置かれた机の前に平伏した。おそらく彼は証言から得た彼自身のおののきを注意深く人目にさらすことを避けようとしたのか、あるいは彼自身が示す同情の痛みが証言する被害者に向けられた関心をそらせてしまうのを防ごうとしたのかもしれない。いずれにしても、放映されたこの光景は、存在自体が破壊され尽くした者に尊厳を回復する一方で、認知を行い、証言を提供し、アパルトヘイト時代の大量虐殺を非難するプロセスが複雑で、深く感情的なものであることを例証している。

　南アフリカ憲法裁判所のアルビー・サックス裁判官は「ツツは泣いたが、

---

(98) TRCのドゥミサ・ヌツェベザ委員は、1977年にアパルトヘイト収容房で遺書を残して縊死しているところが発見された男性マペトラ・モハピの未亡人が、検死——それは結局明確な結論を導かなかったが——を要求した模様について詳細に語っている。要求に続いて彼女は、政府を訴えたが、結局それも成功せず、莫大な負担だけが彼女に残ってしまった。1996年に彼女はTRCの面前で証言を行ったが、後に報告されたところによると、彼女は初めてそこで、敵意ではなく信頼をもって扱われたと感じたらしい。彼女は、夫の身に起きたことの詳細をもはや知る必要はない、との結論を下した。もし委員会の調査部門が〔死因に関する〕情報を入手したとしたら、それは彼女が既に手にしている便宜の上に予想外のボーナスを上乗せすることになるだろう。Dumisa Ntsebeza, "Healing the Victims: Possibilities and Impossibilities", at Yale University Conference", "Searching for Memory and Justice: The Holocaust and Apartheid", 9 February 1998.

(99) A written account appears in Gevisser, "The Witnesses", 32, 34.

裁判官は泣くことはない」と言った(100)。他面，委員会のメンバーたちは証人とともに歌ったり，祈りのために額づいたりする。認知のために公的プロセスは証言する側も聴聞する側も既に知っているような物語についてさえ承認を与える。

プームラ・ゴボド‐マディキゼーラは，多くの被害者は南アフリカの委員たちが彼らの物語に示してくれた共感を伴った関心によって彼らの痛みが名誉ある扱いを受けたことに感謝していると報告している。が，真相解明委員会での証言プロセスが模範的な心理療法が要求する水準での信頼関係の構築までをも含んでいると偽装してはいけない。ゴボド‐マディキゼーラ博士は，TRC は証言の前後を通じて被害者／証人に対して援助を提供するけれども，それは完全な療法的サーヴィスには欠けるところがある，と注意を喚起している。おそらく委員会は将来的補償の問題としてそのような治療的サーヴィスを受けることを勧めるだろうが，しばしば証言を行うその体験そのものが即応的な心理学的援助を必要とするものなのである。例えば TRC の創設に関わった「暴力と和解研究センター (the Centre for the Study of Violence and Reconciliation)」など委員会以外の組織が，生存者やその家族にカウンセリングや照会サーヴィスなどを提供しているが，需要は利用可能な資源をはるかに凌いでいるのである。

さらに，真相解明委員会は典型的には，拷問や暴力の犠牲者の声を聞く委員会メンバーやその他の者たちの心理的必要には関心を払わない。証言が生み出さざるを得ない不穏当な想像や感情に聞く側は如何に対処すべきか？ 誰にそれを語り，誰とともにその反動を処理していくべきか？ トラウマを持った被害者を扱った療法士たちの研究によれば，聞く側の必要は，人道的関心に照らして重要であるだけでなく，被害者にとって首尾よい結果をもたらすチャンスを増大させるためにも重要なのである。被害者とともに作業を遂行する共感ある聴聞者は，苦悶に飲み込まれ，絶望に圧倒され，嘆きに溢れることになろう(101)。聴聞者たちは，自己と被害者を同一視し，治療が必要な人々に再言させることにより痛みを再度体験させ

---

(100) Comments at Yale University Conference.
(101) Herman, *Trauma and Recovery*, 114 (ホロコースト生存者，インドシナ難民，その他の暴力の被害者に対する治療を行った療法士について扱っている).

ざるを得ないことへの罪の意識を感じ，被害者の絶望が伝染し，報告される被害の甚大さに圧倒されるようになり，そして，人間の顔をした悪魔に直面することになる。聴聞者の上記のリアクションはここに挙げた体験への反応としてはもっともなものである(102)。

　が，より厄介なのは聴聞者が傍観者や加害者にさえ自己同一化してしまうような場合である(103)。もしこういった感情が理解されず何の対処も受けなければ，心理療法士——あるいは委員会メンバー——は自己懐疑に陥ったり，恩着せがましい存在になってしまったり，あるいは徒労感に襲われたりするようになるだろう(104)。が，同時に，聴聞者たちも，被害者の体験や感情に没入してゆく中で，人生の豊穣さに立ち会っているのだという感慨とある種のユーモアの感覚を動員して，平衡を保つことを学べば，自らも成長することが可能である(105)。以上の洞察は，証言をする者および真相解明委員会の手続きで聴聞をする側に立つ者，双方に対する心理療法的援助の重要性を強調するものである。

　加害者と傍観者への対応：集団的暴力の被害者を扱った心理療法士たちは社会改革の必要を強調している。ある療法士は「被害者は，彼らの身に起きたことを社会全体が認知していることを知る必要がある」と言う(106)。ところで，このような一般的，社会的認知は傍観者たちもまた必要としている。彼らは，自分たちに災厄が及ぶことを避けたり，あるいは集団的暴力を生み出した体制において無視を決めこんだり，事実を否認することを通じて暴力に加担していたがために，しばしば罪の意識を感じている(107)。
　ニューヨーク・タイムズなどの情報ソースは，TRCでの被害者の証言

---

(102) Ibid.
(103) Ibid., 144-45. （これを逆転移（counter-transference）の一局面として扱っている）．
(104) Ibid.
(105) Ibid., 153-54.
(106) Becker et al., "Therapy with Victims", 589.
(107) See Gevisser, "The Witnesses", 38. 委員会は解放運動に肩入れする方向でのバイアスがかかっているというデ・クラークの見解は「南アのほとんどの白人の気持ちを象徴するものである。彼らは，証拠に衝撃を受けた（「われわれは知らなかった！」）ものの，彼らの名の下に犯された行為について責任も取ろうとしないし，良心の呵責を示すこともなかった」。

をテレビで視聴する機会を持つことが白人に対して持つ治療的価値を指摘している。「ヒアリングは被害者に対してのみ治療的意味を持つわけではない。放映された被害者や犯罪者の主張は，アパルトヘイトの犯罪を無視し正当化してきた白人たちの眼を開かせた。それは和解や民主的文化の創造のための欠くべからざる要素なのである」(108)。

放送されているという現実は，視聴者をして，認知を与え，悲憤をともにし，共感を持って耳を傾けるというプロセスを共有することを可能にするかもしれない。一方，それは窃視的な傾向を助長するかもしれないし，また，ヒアリングの放送が，視聴者，さらにはヒアリング参加者自身に対して，如何なる影響を与えるかは明らかにされているわけではない。しかし，公衆が視聴しているというまさにその事実こそが被害と加害行為の認知を促進するのならば，やはり放送することには意義がある。放送が国の全土に行き渡れば，深く分断された国民にとってひとつの共有された体験を創出することが可能になる。もっとも，背景を異にする人々が同じものを視て同じ証言に重きを置くのか，それとも自分たちの立場に最も類似した立場にある証言のみを重視するのかは，検証する余地がある。

放送の他にも，共有された国民的物語を創出するプロセスに傍観者を直接関与させることのできるメカニズムがある。TRCは，被害者でもなく，恩赦を求める事情にあるわけでもない人々が自らのリアクションを書き込める「和解の登録簿(a Register of Reconciliation)」を開設した。第1陣で受理されたコメントの洪水(「…とは知らなかった。」とか「…に対する抵抗にもっと手助けするべきであった。」とか)は，委員会の手続が傍観者を新しい国家的アジェンダに再び向かわせる契機となっていることを物語っている。〔このメカニズムによって〕TRCは被害者たちを和解へと導く。TRCは登録簿を「人権侵害を阻止できなかったことの後悔の念を表明し，和解への態度表明をするチャンスを公衆に」与えるものと公式に位置付けている(109)。TRCの活動の期間も余すところ後6ヵ月未満となったとき〔本章の注33番を見よ〕，登録簿にコメントを寄せるものが目に見えて減少してきた。ツ

---

(108) Editorial, "The Truth About Steve Biko", *New York Times*, 4 February 1997, sec. A, p. 22, col.1.
(109) This appears on the TRC home page, www.truth.org.za (visited on March 19, 1998).

ツ大主教は，白人のさらなる参加を求めて公的呼びかけを行い，和解を可能にする公式手続への参加を強く要請した(110)。が，高い期待が当初性急に押し寄せた後，TRC の手続に対する幻想が溶け出してきたことなど，多様かつ複雑な感慨が芽ばえてきたことをこの不参加傾向は反映している。

　また，TRC は，アパルトヘイトに加担したことに対する恩赦申請をするように経済界の人々，ジャーナリスト，および裁判官たちに呼びかけたが，反応は皆無に等しかった。アパルトヘイト時代の裁判所で行われた個々の行動に対して恩赦を求めてきた司法関係者は全くいなかった。唯一，数名の指導的立場にある裁判官たちが，制度としての司法がアパルトヘイトを執行し，人々を拷問から擁護することに消極的であった点を認める署名入りの文書を提出したのが関の山である(111)。アパルトヘイトの受益者である経済界の役割——およびアパルトヘイトを支持してきた医療関係者やジャーナリストの行動——に対する調査は，体制悪の全体像を描き出す上で重要な関連性をもつ共犯関係のパターンを摘出するのに有益であった。この調査はまた，過去を開示することが如何にして主要国家機関の責任者たちに新たな国家ヴィジョンを抱懐せしめるに至るかを示している。が，この調査は，暴力と抑圧の体制との共謀あるいはそれと関連する作為・不作為に対する個人的な責任を認める言説はおろか，さらにはかかる個人責任に言及することさえも欠いている始末である。

　真相解明委員会というものが行うヒアリングや提出されるであろう最終報告は，人権侵害の前後関係を解明し，抑圧され闇に葬られた人的損失を一般傍聴者に想起させるだろう。ティナ・ローゼンバーグは主張する。「その女性は『警官がやって来て，私のミシンをめちゃくちゃにしたのよ』と言った。それはとっくに消えてなくなった小さな物語である」が，そのようなことこそ「人々は知る必要があるのだ」(112)，と。実際の血や肉や涙の統計的数値化を超えて，真相解明委員会は個人の証言を収集することで，大量虐殺が人間にもたらした本来ならば計量化不可能で圧倒的な帰結

---

(110) Paul Harris, "Tutu Asks Whites to Support Work of His Reconciliation Panel", *Boston Globe*, Feb. 19, 1998, sec. A, p. 8, col. 3.
(111) Sachs, Yale University Conference.
(112) Rosenberg, "Reporter at Large", 95 (quoting Brandom Hamber).

を提示することができるのである。

　また，真相解明委員会は，過去に対する神話，うわさ，誤った描写を押し切って進むことができる。エル・サルヴァドルの最終報告書では，蔓延している嘘やうわさから真実を分離しながら，ある人が疑い，またある人が信ずるのを拒否している事柄とは何かを確証した[113]。起草者のひとりによれば，この最終報告書は，煽情的な批判や反批判に終止符を打ち，戦慄すべき真相を拒絶せんとする傾向にうちかち，国民をして将来的な事柄に集中することを可能にした[114]。もちろん，懐疑派は同意しないだろうが，報告書は委員会での熟慮的討議のプロセスとその明白な誠実さによって信頼を確立したのであった。

　おそらく，悪行を認知することは，そのような認知が加害者の側からもたらされた場合に，被害者や社会全体にとって最も意味のあるものになろう[115]。が，真摯な認知は命令や強制によってなされるべきではない。南アフリカの法律は誰にも恩赦の申請を強制するものではない。また，恩赦を申請した者に対して悔い改めも要求しない[116]。が，加害者がTRCの面前で政治的動機に基づく自らの犯罪や不法行為について完全に証言することを条件に恩赦を与える仕組みが採用されており，これによって拷問，発砲，爆破などに関する詳細な告白を引き出すことが可能となっている。かかる情報の収集は，愛する者がどこに埋められているのか，彼女は死ぬ前に拷問を受けたのか，誰が襲撃を命じたのか，自殺者の遺書はでっち上げられたのではないか，といった事柄を知りたいと思っている被害者を慰撫する術を提供できる。恩赦申請者から集められた情報は，より完全な過去の像を提供するのに役立つであろう。それは，人権侵害に関与した者を免責し摘発から逃れさせるリスクを部分的には凌駕するであろう。もちろん，いくつかの，おそらくは多くの詳細は公衆に知られることはないかもしれないが。

　時として，恩赦を求める者たちは，自らの犯行が政治的信念のみによっては正当化されない悪行であったことを認知することがある。ある者

---

[113] Buergenthal, "United Nations Truth Commission for El Salvador", 321.
[114] Ibid.
[115] Staub, "Breaking the Cycle of Violence", 193.

第4章 真相解明委員会

は謝罪を申し出，赦しを求める。ヨハン・ヴァン・デァ・メルヴェ総監は1992年にデモ隊への発砲を命じたのは自分であることを告白したが[117]，これによって彼はアパルトヘイト体制の秘密と匿名性にメスを入れただけではなかった。デモ隊への発砲を命じたことを告白した総監は，同時に謝罪の言葉を述べたのであった。ツツ大主教は後に次のように語った。「それは信じられない瞬間であった。我々はじっと静かにして，ただしばらく頭を垂れているべきだと申し上げた」[118]。

が，TRCでの他の場面はこうは行かなかった。13人に発砲した事件での自己の役割を認めた警部は，犠牲者の家族に赦しを求めた。ところが，彼はニューヨーク・タイムズが描写しているように「低い声でぶつくさ」言い始め，恩赦や真相解明が傷を癒すという理念に対する明白な抵抗を示していたことが後になって判明した[119]。他の加害者と目されている人々は委員会に嘘をついたり，自分たちの行動を歪曲したり，傲慢かつ敵対的に応じたり，あるいは犯罪の事実を何の煩悶もなく単調に認めたりしている。

ある被害者たちが赦したいと願っていても，誰を赦すのかに関する基礎的情報に欠けている場合が多い。この点においてこそ，真相解明委員会が人物を特定することを手助けする余地がある。殺害された南アフリカの活動家の遺族である10代の娘は，赦しはしたいが，誰が父の殺害に関与したかが分からないと述べたところ，殺害に加わった者が恩赦を申請してきた[120]。一方，他の被害者たちは加害者を赦したいなどとは思っていないし，またそうする必要もない。南ア司法大臣であるデュラ・オマーは，彼個人の見方として，「赦しは個人的な問題である。とは言っても，辛酸は社会の緊張を倍加するだけであろう。被害者に彼らの物語を語り，愛する者のたどった運命を知るためのプラットフォームを提供することによって，過去と和解し平和を自らのものにできるような国家を作り上げることを手

---

(116) Gevisser, "The Witnesses", 32.
(117) Ibid.
(118) Daley, "Bitter Medicine", sec. 4, p. 1, col. 1.
(119) Ibid.
(120) Gevisser, "The Witnesses", 38.

助けできる」(121),と語った。

　TRC が目指す癒しとは,謝罪や赦しを要求するものではない。被害者と同様に傍観者や加害者のためにも TRC は,正と邪の基本線を再設定し,加害者を人間化し,何が起きたのか,誰が命じたのか,失踪者の末路はどうだったのかに関する以前であれば隠蔽されていた情報を獲得・開示しようとしているのである。ヌツェベザ委員は,夥しい人権侵害の最前線で被害にあった者だけがアパルトヘイトの犠牲者ではなく,愛する者が実は犯行に関与していたことを知ってしまった家族や,さらには当の加害者たちですらも,スパイ,拷問,殺人といった行為の実態によって心が歪み,時として自己崩壊に陥ってしまっており,彼らもまたアパルトヘイトの犠牲者である,と述べている(122)。加害者の癒しにまで望みを差し伸べようとするこの寛容な見方こそ,TRC の際立った特徴である(123)。

　真相解明委員会は,収集した情報に筋の通った説明を与え,道徳的評価を生み出す公式報告書を作成する任務が課されている。そこでの事実認定や結論は,特定の個人を非難することではなく,何が悪で何が正当化し得ないことなのかを明らかにすることを旨としている。それによって,TRC は,認知,責任,市民的価値といった新たな国家の物語に依拠して諸事を枠付けていくことを促進する(124)。裁判記録というものは,特定の個人の行為を超えて十全な歴史的説明を追究することはない。が,委員会は,ジェノサイドをもたらし拷問とテロの体制を築き上げた複合的な原因と条件の解明に取り組むことが可能である。証言や文書資料の詳細な分析は,経済的搾取,集団間の敵対関係,デマゴーグの政治,全体主義的統治構造,無力感や無関心を感じたりパニックに陥ったりするだけの受身の傍観

---

(121) Dr. Abdullah M. Omar, The South African Truth and Reconciliation Commission (written remarks of the justice minister, presented to the Facing History and Ourselves, 12th Annual Human Rights and Justice Conference, Harvard University, 10 April 1997), 22-23.
(122) Ntsebeza, Yale University Conference.
(123) アメリカの聴衆に対してデズモンド・ツツ大主教は,「正義を獲得するため,我々は,勝者と敗者を逆転させること (the top dog/underdog reversals) だけでは人間の手による恐怖を持続させてしまうので,それを解きほぐす努力を続けなければならない」と説明した。Archbishop Tutu, by Colin Greer, *Parade Magazine*, 11 January 1998, 6.
(124) See comments of José Zalaquett, *Truth Commissions*, 29-31.

者たち——あるいは抑圧的体制から傍観者に与えられる便宜の自己完結性——といった，様々な要因を明らかにした。また，委員会は，指導者や文化慣習が如何に特定集団に対して非人間的な扱いをしてきたか，また，軍隊や警察の実務が如何に公衆への責任とは無縁のものになっていたか，を詳細に明らかにすることができる(125)。複合的な分析は，国家や世界に対してひとつの記録を残すという目的，そして将来における大量虐殺を予防するために過去に再び光を当てるという目的からすると，有罪・無罪の評決よりも多くのことを可能にする。

国民を癒す

　治療的プロセスは集団(collectivities)に対して機能し得るのであろうか？真相解明委員会というメカニズム——それは，個人に対してでさえ十全な治療的関係の構築やそれにとって必須の要素に既に不足する点があるのだが——は，社会全体の再建を促すことができるのであろうか？ TRC はその設計において国民的な癒しと和解を個人的な癒しに対して優先させるが，だからと言って，破壊的で敵対的な分裂状況によって荒廃してしまった社会の再建を TRC だけで達成し得ると考えることは間違っている。が，委員会が果たすべく期待された役割というものがいくつかある。

　ブライアン・ヘァは真相解明委員会は次の 3 つの次元での機能を果たすと見ている。ⅰ) 戦慄すべき個人的なトラウマを語ることを通じての私的カタルシス，ⅱ) 歴史的記録に対して社会的判断や道徳的説明を与えることによる道徳の再建，そしてⅲ) 訴追のような行動に出るのか，それとも，将来における暴力と不安定化のリスクを勘案して訴追を断念するのかといった政治的帰結，の 3 つの次元で委員会はそれぞれ機能する(126)。この観点からすると，委員会が大量虐殺に関するひとつの説明を提示し，恐怖の

（125）See generally Ervin Staub, *The Roots of Evil: The Origins of Genocide and Other Group Violence* (Cambridge: Cambridge University Press, 1989). See also particular commission reports, reprinted in Kritz, *Transitional Justice*.
（126）*Truth Commissions: A Comparative Assessment*, 24（ヘァ神父のコメント）。

出来事を特定し、前向きに歩むために必要な道徳的スタンスを明確にするにつれて、社会の再建は達成されていくことになる(127)。

もっとも、実際に交戦状態にあり、あるいは深い敵愾心に支配されてしまっている諸集団の和解を、委員会が証言を集めたり報告書を公刊することを通じて果たして促進することができるか否かは、依然論争に開かれたままである。最低限の和解でさえ、犠牲になった側と犠牲に関与したりそれを命じたり承認した側との双方に建設的な協力関係を作り上げる度量を要求する。ここにおいて決定的に重要なのは、政府権力を濫用した側とそれに抗した側との区別を失わずに、目に見える外観的な中立性 (demonstrable evenhandedness) を保ち、また、競合する双方が関わった被害と加害をそれぞれ誠実に認知することであろう(128)。TRC は、アパルトヘイト体制の権力側・支援側のみならず、解放勢力による不当行為をも追及する任務を負っており、おそらく両陣営の損害に対するこのような対応は長い目で見て和解を支えていくことにつながるであろう。が、道徳的基本線を明確にしようとするこの努力こそが、アパルトヘイトの犯罪を ANC や他の反アパルトヘイト勢力の犯罪よりもその規模と動機において、よ

---

(127) See also Buergenthal, "United Nations Truth Commission for El Salvador", 325:「かつての敵対者同士たちおよびその共感者のそれぞれの間に信頼を築いてゆくという、国民的和解にとって不可欠な骨の折れる任務を成功裏に進めていくには、それに乗り出す前に、国家は自らの名の下に犯した悪行を認知することによって過去と対峙しなければならない。真相を国民の自覚という敷布の下にスッと隠してしまったり、被害者やその親類縁者に『何も起こらなかった』と言わせたり、あるいは、彼らに個々の物語を口にするなと要求したりすることによっては、以上のような目標を達成することは望むべくもない。物語を語り、その正統性を国民的に認知することによってはじめて傷は癒されるのである。

物語が真実に基づいて語られるのであれば、あとはそれがどのように語られるかはあまり重要ではない。したがって、加害者の使命が明らかにされるか否か、裁判が開かれ、制裁が加えられ、補償が与えられ、恩赦が認められるか否かといった選択は、総じて、対立の性質、国民性、政治的現実、および対立に終止符を打つための妥協などに依拠して考えればよい事柄なのである。しかし、過去についての基礎的な真相解明が抑圧されれば、国民的和解の達成は極めて困難になるだろう」。

(128) ターボ・ムベキ副大統領は、ANC の恩赦申請の一環として次のように証言した。「我々は、解放運動の中で行われたこれら個別的・例外的行為に焦点を当てることによって危機を回避するべきである。それらは、悪質な人権侵害を構成すると見られている。我々は、解放闘争そのものが悪質な人権侵害であったという感慨を伝えるのだ」。Quoted in Krog, *Country of My Skull*, 124.

り悪しきものとして扱わざるを得ない事態に導く⁽¹²⁹⁾。何人かの論者は，TRCを総体として見れば，それは前国民党政権に対する不信感を，同政権がかつて既に買っていた以上に増幅することを企図した政治的な魔女狩りに当たると異議を唱えている⁽¹³⁰⁾。

さらに，被害者の体験に重点を置く真相解明委員会は，民主的な政治秩序における権利の観点からではなく犠牲の観点から歴史を記録することに傾斜しやすい。TRCの創設に関わった活動家であり研究者でもあるアンドレ・デュ・トワは，犠牲者に焦点を置き，彼らに配慮を与えることを中心に考えたり，キリスト教的赦しの観念が前面に出たりすることは，一定の人々を参加拒絶に導くのではないかと危惧する。「(自らを犠牲者であると規定していない)生存者たちはこのような場に関係しようとしない。彼らはこう言って対応するだろう。『確かに我々はこの種の体験をした。しかし，癒しを必要とする犠牲者として自分を曝すことはしたくない。我々は赦しのメッセージに必ずしも同意する必要はない。赦しの観点から語られた物語は一体どのような政治的目的に資するのだろうか？』」⁽¹³¹⁾。

真相解明委員会を治療に焦点を置くものとして見るのは，政治状況を無視し，正義に関する論点をごまかし，生存者と彼らの回復を尊厳と正義を求める権利を有する人格としてではなく，より良き社会の建設のための手段として扱うに等しいように思われる⁽¹³²⁾。イスラエルの哲学者，ヤエル・タミアは，様々な真相解明委員会の試みにおける被害者の証言と市民

---

(129) See Gevisser, "The Witnesses", 38. 注目すべき人物，マイケル・ラブスリー神父は，ANCによってジンバブウェに再送中の手紙爆弾を開封して，両腕と片目を失い，激烈な痛みにさいなまれた。彼はTRCにおいて次のように説明している。「私は自分のことを犠牲者ではなく，アパルトヘイトの生存者と見ている……このような自己規定は，南アフリカに戻り，自分の人生を可能な限り有意義かつ楽しく生きている私が獲得した勝利の一部をなしている。私は憎しみのとりこにはならない。なぜなら，彼らは私の身体を破壊したが，私の心までは奪ったわけではないからである…。皮肉にも，確かに両腕と片目は失ったかもしれないが，私は，私にそれを行った人物よりもはるかに自由である…。アパルトヘイトを支持した全ての人たちに言いたい。自由はあなたたちを待っている…が，その前にあなたたちは全ての行程を歩み切らなければならない」。Quoted in Krog, *Country of My Skull*, 133.

(130) Gevisser, "The Witnesses", 38.

(131) Du Toit, quoted in *Truth Commissions*, 28.

(132) Comments of Dennis Thompson, in *Truth Commissions*, 37-38.

的権利の共有との相関的重要性に関する意見交換に耳を傾けた上で、次のようにコメントした。「私はこの心理学的な見方に不安を感じる。なぜなら、ある人のカタルシスは別の人にとっての災厄であるからだ。みんなが何がしかの悪を他者にはたらいている状況でこのようなことは果たしてうまくいくのだろうか？」(133)。

たとえ、みんなが何がしかの悪を他者にはたらいている状況であっても、あり得る真相を最も完全な形で公式に確保することに力点を置くことによって和解はより良く達成され得る、というのが TRC の賭けである。アパルトヘイトを作り上げそれを実行した人々のみを非難し処罰するのではなく、両陣営の犯した人権侵害を認知するチャンスはそのような試みの先に初めて訪れる。

が、長年反アパルトヘイトに関わってきた活動家の多くは南アフリカ全土における和解と赦しを求める大主教の呼びかけに応じようとしない。アパルトヘイト体制下で殺害された反体制弁護士のグリフィス・ムシェンジェの兄弟であるチャーチル・ムシェンジェにとって、大主教のスタンスは、「正義が確実になされるようにする」というグリフィスの葬儀での大主教自身の約束を反故にするものに見えよう(134)。生き残った兄弟がティナ・ローゼンバーグに次のように語っている。「私はツツ大主教の立場に自分を置いてみようと試みた……。彼は聖職者であり、奇跡を信じている。しかし、傷つき血を流した人々に傷を忘れ正義を諦めさせるような奇跡を一夜にして彼にできるとは思えない……。正義がなされなければ、赦しを考えることすら困難である」(135)。

---

(133) Yael Tamir, in *Truth Commissions*, 34. 彼女は続ける。「そして、また、イスラエルの民は、ホロコーストを生き残ってきたことに関するトラウマと、そのトラウマがもつ、他者の苦しみを蓄積していく機能を承認せざるを得ないことに関するトラウマの双方を経験してきたのである」。

(134) Rosenberg, "Reporter at Large", 88.

(135) Ibid. Samantha Power, "The Stages of Justice", review of *Mass Atrocity, Collective Memory, and the Law*, by Mark Osiel, *New Republic*, 2 March 1998, 32, 34. この書評は、恩赦申請に際して、巷間流布されているスティーヴン・ビーコの様々な死因のうちの一つを提起した尋問者の扱いについて TRC に不適切な面があったことを指摘している。「ビーコの未亡人が手続の過程から全面的に排除したのは、頭部から血を噴出し、ベッドポストに手錠され、口から泡を吹いて死んでいった夫の像であった」。

第4章 真相解明委員会

　チャーチル・ムシェンジェは，何組かのアパルトヘイト犠牲者の遺族たちと出演したテレビ番組で，以上の見解を直接ツツ大主教に伝える機会を持った。ツツ大主教は，軍部の台頭を抑止するためにも恩赦は拡大されざるを得ないとその政治的必要性を説明した。後にティナ・ローゼンバーグが大主教に対し，「あなたは果たして正義にコミットしようとしたのか」と問うたところ，大主教は異なった種類の正義を示すことで応答した。「応報的正義(retributive justice)は主として西洋的な考えです。アフリカ的な理解ははるかにより修復的な(restorative)ものです。——つまり，処罰するのではなくむしろ，破られてしまった均衡を匡正し回復するものとして理解しています。我々が望む正義は，人の尊厳を取り戻そうとするものなんです」(136)，と。

　ツツ大主教は，このように語ることにおいて，南アフリカの全黒人を代弁しようとしているわけではないし，それはきっと南アフリカの全国民を代弁しようとしたものでもない。〔正義の観念に関する見解も含めた〕かかる見解の対立自体が，理想的には，真相解明委員会によって語られる物語の一部を構成し得るものである。複雑な過去に対する誠実さや委員会自体の熟慮的討議の透明さが「勝者の記録」に陥ることを防止することに役立つだろう。事実発見型の委員会は，ジェノサイドや拷問・テロの体制を生んだ複合的な原因や条件を暴露することを可能にし，社会のあらゆる部門に対し非難と責任を配分することを可能にする。

　南アフリカの人々の多くは，TRCを通じての「暴力に対する非暴力的対応」の模索に誇りを持って取り組んでいる(137)。彼らが主張するTRCの優

---

(136) Rosenberg, "Reporter at Large", 90. ツツは内的結合を意味する南アフリカの伝統的観念である「ウブントゥ (ubuntu)」に明確に言及している。この観念は，ローゼンバーグによれば，「共同体が病んでいれば，誰も健全ではあり得ないという理念」である。Id. 批判的論者によれば，このウブントゥという観念は過去の実践の再発見による最近の発明に過ぎないとされる。Richard A. Wilson, "The Sizwe Will Not Go Away: The Truth and Reconciliation Commission, Human Rights and Nation-Building in South Africa", *African Studies* 55, no. 2 (1996): 1, 11-13. いずれにしても，ツツ大主教は，彼の修復的正義の観念の淵源をキリスト教に求めている点は確かである。Id.

(137) Omar, written remarks, 23 :「被害者の大多数にとって，…愛する者の身に起きたことについての知識と完全な情報の開示は，とてつもない解放感と満足感を与えるものであった。実際，我々は，被害者が加害者と抱きあったり，和解のための作業に取り組む姿勢をはっきりと示す場面に遭遇してきた」。

位点は，それが，刑事処罰の実行を目的とするものではない抑止の営為であり，加害者を政治的経済的地位から追放することを目的とするものではない希望の営為である点にある。が，同時にそれは，刑事訴追が安定性や和解，そして国家再建に対してかけるであろう膨大な負担を回避しなければならないという，決断の営為でもある。政治的必要性の側面を認識することが勇気の側面を曖昧にするようなことがあってはならない。民主プロセスが一旦真相解明委員会を選択したなら，国民は次のことをお互いに誓い合う力強さとヴィジョンを明確にすべきであろう。被害者に焦点を当て，彼らの尊厳を回復することに努めよう。真相の解明に焦点を置き，それを社会全体に語ることに努めよう。修復的正義の視点を貫こう，おそらくはこの修復的正義こそがアフリカ的伝統である植民地的抑圧体系の最大の犠牲者である。犠牲を社会全体のものとして再定義し，正義を説明責任（accountability）として再定義しよう。復讐ではなく補償を，非難の応酬ではなく和解を追求しよう。記憶を喚起するプロセスを公然と讃え，出席しよう。ググレトゥの7人（Guguletu Seven）として知られる集団の一構成員の母であるシンシア・ヌゲヴは以上のようなヴィジョンを見事に表現して次のように言う。「これが和解というものである……私がそれを正しく理解しているすれば……。つまり，この男が，クリストファー・ピーエットを殺したこの男が，再び人間に戻るのなら，それは，この男が，したがって私が，そして我々全員が人間性を取り戻すことを意味するならば…，私は和解に同意し，全面的に支えるだろう」(138)。

　こういった剥き出しの大志はある種の運命を負っているかもしれない。このような高い期待を醸成することは失望を招くことにつながる。しかし，こういった目標を設定することが少なくともある程度，復讐や処罰という国民に分かり易い熱望を新たな方向に向け得る点にこそ〔TRCは〕賭けているのである。TRCの民主的淵源は，広範な参加の過程を通じてかかる再方向付けを聖化する（consecrate）手伝いをする点にある。国家の行政部や国際機関によって遂行される真相解明委員会では和解のメッセージを伝えるのに相対的に多くの困難を抱え込まざるを得ないだろう。それどころ

---

(138) Quoted in Krog, *Country of My Skull*, 109.

第4章　真相解明委員会

か，大量虐殺に対する対処を求める人々の目から見れば，それは不誠実で有効性に欠ける仕組みと映るであろう。TRCの目標をもっと穏当に表現すること——被害者の名前と被害状況の説明を拾い集め，殺害や拷問，その他の大量虐殺の規模を記録することといった風に——は，真相解明委員会を高い期待と苦い失望という悪循環から救い出すかもしれない。

さらに，最も被害を受けた人々の物質的状況に改善の兆しが見られなければ，TRCによる修復的正義の遂行は危殆に瀕するだろう。和解というプロセスの一段階に過ぎないものと性格付けられているTRCは，具体的な経済的賠償を提案するように設計されており，また，土地制度の改革を進め，医療や教育制度を再構築し，国全体での経済的不均衡を是正するその他の改革を遂行するに十分な安定性を確保した社会を作り上げていくことを側面から支援する機構としても設計されている。TRCは，被害者の要求に応じて大統領に対し賠償に関する特定の行動を勧告するであろう。例えば，被害者や生存者の名を冠した記念碑，公園，学校といった集団的償い(collective reparations)だけにとどまらず墓石を購入するための基金を創設したり，また，医学的・療法的措置を支援するための個人給付などがそれに当たる。また，委員会の設置法は，証言をしてくれる人々の緊急の必要を充たすための特別な基金を創設している。長い時間をかけて社会改革を行っていこうとするヴィジョンは，災厄を贖わせるという理念(the idea of redemption for suffering)を提示する。が，このヴィジョンへの歩みがなされないときは，癒しや和解という目標に対する懐疑が直ちに広がるだろう(139)。

---

(139) ケープタウン大学で開催された，TRCと同大学アフリカ研究学部の共催による和解問題に関するパネル・ディスカッションにおいて，ムゾリシ・ムバンバニ神父は，次のような物語が，南アフリカにおける和解と経済的変革の相互依存性を語る際の試金石になっていると語った。「その昔，トムとバーナードという二人の少年がいた。トムはバーナードのちょうど向かいに住んでいた。ある日，トムはバーナードの自転車を盗み，バーナードがそれに乗って学校に通うのを毎日目にしていた。1年後，トムがバーナードのところにやって来て，手を差し延べて言った。『さあ，過去のことは措いておいて，和解しようじゃないか』と。バーナードはトムの手を見つめて，『で，自転車はどうしたんだい？』と訊くと，『ないよ』とトム。『僕は自転車じゃなくて，和解について話してるんだよ』」。Quoted in Krog, *Country of My Skull*, 109.

警戒すべきこと

　真相解明委員会は私人・公権力双方の協力を必要とし，また，公的記録文書を入手する権限を与えられたときに最も良く機能し得る(140)。しかし，調査の対象となっている大量虐殺そのものが，かかる委員会の任務遂行過程における私人の信頼を破壊してしまっているだろうし，また，警察，閣僚，軍幹部たちの非協力的な抵抗が随所で見られるのも無理のないことである。平和的な体制移行を推進した功績でマンデラとともにノーベル平和賞を受賞したF. W. デ・クラークがTRCへの参加を控えた際，多くの論者は，彼の行動がプロセス全体を危殆に瀕せしめることになると確信した(141)。デ・クラークは，それが「中立的でない」という理由でTRCを訴えると迫った。つまり，ある日，彼がTRCに出頭してみると，ANCの職員は調査ときちんとした尋問を受けている一方で，〔国民党の〕デ・クラークは辱めを受けたと言うのである。アパルトヘイト崩壊後の最初の大統領であり精神的指導者であったマンデラの先妻であるウィニー・マンデラもまた，疑いが持たれている人権侵害事件への彼女自身の関与を認めることを拒絶し，替わりに公聴会の開催を要求して，ことを人気コンテストに摩り替えようとしたが，その際，彼女はTRCをけなし，世界の報道の耳目を集めた(142)。

　キイ・パーソンからの協力を確保するため，真相解明委員会の委員たち

---

(140) 従前の大方の委員会と違い，TRCは召喚権限(subpoena power)を有している。にもかかわらず，地方警察は，しばしば，資料は存在しないであるとか，倒壊した建物の中にあるとか言って要請に対応する。TRCは，P. W. ボタ前大統領が委員会への出頭を拒否した際に，委員会侮辱に関するヒアリングを開催させるためにその召喚権限を行使している。Suzanne Daley, "South African Trial Hears the Questions Botha Won't Answer", *New York Times*, 2 June 1998, sec. A, p. 3 , col. 1. See also Buergenthal, "The United Nations Truth Commission for El Salvador", 292.

(141) Gevisser, "The Witnesses", 38; Suzanne Daley, "Divisions Deepen on Apartheid Crimes Inquiry", *New York Times*, 8 June 1997, p. 6, col. 1.

(142) ウィニー・マンデラがTRCに出頭したことの波及効果を測定するのは今しばらく時間を要すだろう。短期的には，自らの行為について全面的な説明責任を果たすことを拒否すれば，彼女はその公選職を確保するのに必要な公衆の支持を失うことになるだろう。

は理想的な手続から逸脱することを考えざるを得なくなった。自らの正統性と民主過程との調和を確立するために，真相解明委員会は公に開かれた形で運営されなければならない。信頼を確立することなしには，純粋かつはっきりと身の危険に怯えている証人から情報を引き出すことは決してできないであろう[143]。また，真相解明委員会は，政党の忠誠要求や内紛とははっきりと一線を画さねばならないが，対立状況にある政党の指導者たちが参加する公聴会はかかる波乱にもろに便乗しようとするだろう。

　誰が証言をしたがるのか，誰が自分の受けた災厄を〔証言するに〕値するものだと考えるのか，誰が被害者として名乗りをあげ，誰が加害者としての責任を引き受けようとするのか，これらには制度的バイアスが加わり得る。TRCを研究しているある論者は，証言をしにやって来る者の相当数が女性に偏っていると指摘している[144]。さらに，顕著なことには，ほとんどの女性が，被害者である自身については語らず，夫や息子，あるいは生活を共にしたその他の男性の被害について証言をしている。女性たちは，残酷な仕打ちを受け，殺害され，失踪させられた男性のことを語っているのだ。近時，ジェンダー問題に関するTRCのある報告書が，女性たちが自分の直接被った被害について証言することがない点を，関心を払うべき問題点として指摘している[145]。これに対し，委員たちは，女性たち自身の体験に焦点を絞った特別の公聴会を開催することで対応した。ある女性は，警官による性的暴力についての証言を任意で行い，極度の屈辱を受けたと語った。彼女は書面での陳述ではこの件について言及していなかったのである[146]。女性たちは，自分たちの受けた身体的被害を取るに足らないものと考えているのだろうか？　女性に対するレイプや性的攻撃を語ること

---

(143) Buergenthal, "United Nations Truth Commission for El Salvador", 301. 委員会が，人権侵害に関する記録，専門家としての能力，そして民主社会において機能する力を発揮して，軍将校たちの解任，降格，残留に関する報告書を公表したとたん，沈黙の壁は崩壊し始めた，と彼は説明している。Id., 302-3.

(144) For example, Du Toit, in *Truth Commissions*, 28.

(145) Bronwen Manby, "South Africa Violence Against Women and the Medico-Legal System", *Human Rights Watch*（August 1997）: 9.

(146) Dr. Wendy Orr, "Trauma and Catharsis, The Psychology of Testimony"（prepared for World Peace Foundation South African Truth and Reconciliation Commission Meeting, 28-30 May 1998）, 5（イヴォンヌ・クートウェインの証言について議論している）.

を妨げる恥辱の観念がそこにはあるのだろうか？(147)　だとすると，残念ながら，それは背景に潜む巨大な問題をますます悪化させてしまうだろう。

　また，愛する者に関する証言を女性たちから真相解明委員会が引き摺り出しているとの理由で，委員会の価値が低く見られることがあるとすれば，それは大変不幸なことである。集団的暴力に対する社会的対応において，女性の声が聞き届けられることはめったにない。証言を行う女性は——もっとも証言を行う者は誰しもそうであるが——，災厄とそこからの生還という出来事に，活き活きと実感のこもった人間の顔を与える。生存者が，失われた人々について語るときに露わにされる力強さと悲惨さは，人間的絆の耐性と脆弱性に光を当てる。詩人のロバート・ロウェルは次のように記している。「我々は哀れな過ぎ去りし事実に過ぎない」のだからこそ，我々は「写真に残された人物ひとりひとりに，生きた名前を」与えなければならない，と(148)。

　皮肉なことに，抑圧的な体制を運営してきた人々もまた，人間の意味や尊厳に対して親密な関係が持つ重要性をよく理解している。TRCにおけるジェンダー問題に関する前述のリポートは，アパルトヘイト下での警察や行刑活動が愛する者への思いを利用して頻繁に女性を拷問にかけてきた実態を，丹念かつ痛々しく記録している。子供を殺すという脅しや，もう既に殺したという偽計がしばしば尋問中に使われた。ジェンダー報告書は委員会のメンバーに対して，このような類の計略そのものが拷問という形態に該当することを認めるよう強く求めている。委員会の最終報告書では，

---

(147) これはティナ・ローゼンバーグの観測である。Comments in *Truth Commissions*, 28-29. また，彼女は，愛する者の身に何が起きたかについての解答を求める人々は直接の被害者が自分に何が起きたのかを知りたがる場合よりも積極的な姿勢に出やすいと言う。Id., 29. アンティ・クロッグが指摘するところによると，TRCの面前でレイプについて証言する女性はほとんどいない。が，「明らかに地位の高い女性たち——その中には閣僚，議員，ビジネス・ウーマンがいるが——は，従前の体制によって，レイプは単に前政権のみならず町区や解放闘争のキャンプにいる同僚たちによって，レイプされ性的な乱暴を受けたのは確かなのである。しかし，誰も聞き取れる言葉にしてそれを語る者はいない」。Krog, *Country of My Skull*, 182. この沈黙を説明するには，恥辱の観念に正式に結び付くものではないが，文化的伝統，政治的不透明さ，欲望のようなものに言及せざるを得ないだろう。

(148) Robert Lowell, epilogue to *Day by Day by Robert Lowell* (New York: Farrar, Straus & Giroux: 1977).

憎しみと暴力の体制がなした個人の自律や尊厳に対する毀損行為への関心と，ケアや愛情の絆に対する破壊行為への関心とをどうにかバランスよく扱わなければならないだろう。

　さらに付加的なディレンマは，集団的暴力を自ら経験したり目撃した子供たちから証言を採ることの是否に関わる。子供たちから証言を採ることを断念することは，重要な物語を失い，また，話を聞くだけの信用に値する存在であり得る潜在的可能性を子供たちから奪うことをも意味する。逆に，証言を採るとなると，トラウマをさらに重症化させ，あるいは子供に特有の記憶の断片性や混濁性と付き合わねばならないことを意味する。TRC は 18 歳未満の人間からは証言を採取せずに，子供の代わりになって彼らの体験を報告し得る成人から聴取をすることに決めた。

　さて，おそらく最も大きな実践上の問題は次の点にある。つまり，もし，ジャーナリスト，歴史家，哲学者たちが，何が真実で，果たして事実を解釈から分離させ得るのかといった論点を永遠に議論し続けるならば，真相解明委員会の報告書起草者にはそのような論点を解決し得る可能性はほとんどないと言ってよい。とりわけ，集団的暴力から社会を再起させるという政治的に課された文脈からするとそうである。ただただ事実だけを報告せよ，チリの真相解明委員会での経験を基にホセ・サラケはそう強調する(149)。ある特定の証言の真実性をテストすることを恐れるな，社会がその証言をどのように理解しなければならないのかを知らせることに努めよ，とはアメリカの政治理論研究者，デニス・トンプソンの弁である(150)。委員会報告書を書き上げることの困難さに気がついたからといって，真実の存在や人間がそれへ接近することの可能性についての終わりのない議論に沈潜する必要はない。何が，どこで，誰の身に生起したかに関する医学的証拠や証言に基づく証拠に依拠した「法廷的真実(forensic truth)」を，対

---

(149) Quoted in *Truth Commissions*, 17 (「歴史の解釈について常に相違が存在するところでは，証明が可能である事実の問題に主として集中するべきである」。) サラケはさらに，秘匿された犯罪の真相を解明する努力とそのような犯罪を導いた政治過程を解釈する努力とを峻別している。Id. See also id., 21 (委員会は，「歴史の解釈についての最も論争的な側面を回避しながら，一貫した枠組みの中で証拠を分析し，事実を提示して，立証された結論に至らねばならない」。).

(150) Ibid., 23 (Dennis Thompson).

話から生まれ、説明を包み込み、過去・未来双方におけるより広範な社会的・経済的文脈との接合を可能にする「解釈的真実(explanatory truth)」から区別し特定することは可能であろう。が、解釈(interpretations)はおよそほとんどの特定化された事実と切り離すことはできないし、解釈は重要な事実の選別を誘導するものである。解釈は議論可能性をはらみ、潜在的に分裂する性格を内蔵している。ある歴史の専門家が告白しているように、以前のものとは対照的な新しい解釈の登場が彼らにめしの種を与え続けているとさえ言い得る。南アフリカの風刺作家、ピーター・ダーク・ユースはかつて次のように喝破した。「よく覚えておけ、未来は確定している。予測不能なのは過去の方だ」(151)、と。

　真実とその解釈に対する懐疑論の中には、心にとめておかなければならないようなものもある。人々のアイデンティティ、欲望、犯罪、理性といったものに関する歴史的記録の曖昧さについて活写し続けてきた歴史家、ナタリー・ズィーモン・デイヴィス(152)は1989年の「ヴィロード革命」以後、東欧の歴史家たちとの対話にいかに彼女がショックを受けてきたかを綴っている。彼らは事実として描写し得るもののみを知りたがった。曰く、共同墓地には何体の死体が埋まっているのか？　弾丸は前から来たのか後ろから来たのか？　この類の事実は、リアルなものとは何か、あるいは人間的理解に開かれているものとは何かをめぐる意味のある論争とは無縁のものなのである(153)。

　残虐な事実を完全に報告するというかなりの慎重さが要求される作業を引き受ける場合、事実と解釈の間の線引きを責任あるやり方で追求し、委員会構成員の対立状況や信頼性の度合いを率直に語ろうとすると、報告書

---

(151) Quoted in Glenn Frankel, "For Apartheid's Victims, a Denial of Justice?", *Washington Post*, Weekly Ed., 25 September-1 October 1995, p. 18, col. 1.

(152) Natalie Zemon Davis, *The Return of Martin Guerre* (Cambridge, Mass.: Harvard University Press, 1983); Natalie Zemon Davis, *Fiction in the Archives: Pardon Tales and Their Tellers in Sixteenth-Century France* (Stanford, Calif.: Stanford University Press, 1987).

(153) See Hannah Arendt, "Truth and Politics", in *Between Past and Future: Eight Exercises in Political Thought* (New York: Penguin Books, 1977), 227, (歴史学に困惑が内在するからといって、それは「事実問題の存在を否定する主張ではないし、事実・意見・解釈の区分線を鈍いものにすることを許す正当化事由にもなり得ない」)。

起草者は，何を報告すべきかのみならず，誰に対して報告するのかについてもディレンマに直面する。おそらく，このディレンマを最も良く活写するのは，加害者の名前を明らかにする (naming names) という論点であろう(154)。もし拷問，レイプ，殺人，テロを行った，あるいは命じた者の名前が被害者の証言やその他の調査でも明らかになったとすると，加害者の名前を明らかにすることはまさに，生起した事実を知りたいという必要を満たすために，そして十全な真相説明を提示するという公約を遂行するためにも，報告されなければならない事項に該当すると言える。エル・サルヴァドルの国連真相解明委員会は「加害者の名前を明らかにしないということは，諸政党が本委員会に終止符を打つように要求している，例の不処罰措置をさらに押し進めることになる」と結論した(155)。

他方，真相解明委員会は裁判所において機能しているような厳格なデュー・プロセスの要請に従わないし，また従うこともできないだろう。委員会は人を審理し，有罪無罪の判断を下すことを引き受けるものではない。このような点からすると，加害者の名前を明らかにすることは，これから樹立されんとする民主的社会が最も根源的に必要とするデュー・プロセスと基本的公正を破壊するように思われる。おそらく真相解明委員会はその調査によっては特定することのできなかった加害者については検察当局に報告するべきであろう。あるいは，正確性 (accuracy) の準拠枠としてジャーナリストや歴史研究者の間で確立しているものに相等するものを事実チェックの基準として援用すべきであろう。

諸目標のスペクトラム

集団的暴力に対する社会的対応を牽引する目標には，何人かの論者が指摘するように端的に言っておそらく次の2つがある。正義と真実であ

---

(154) Buergenthal, "United Nations Truth Commission for El Salvador", 306-7.
(155) Ibid. Quoted on page 308.

る(156)。そこで、問題は次のようになる。正義と真実のどちらに優位を与えるべきか？「正義を伴わない事実にどのような価値があるのか？ 正義や真実は責任追及を指導する目標になり得るのか？ 刑事司法手続を通じての処罰は知識を獲得するに至るにふさわしい手段と言えるのか？」(157)。ある解答は、「すべての真実とできる限りの正義」を要求する(158)。また、別の解答は、悪行とりわけ残虐な悪行には制裁をもって報いることを強調するだろう。ダイアン・オレントリッチャーが主張するように、刑事訴追を国際法上の義務にしたときにのみ、新体制が怖気づかず、直面する難題を誇張することなしに〔前体制の悪行を追及することができる〕環境を我々は確保することができるだろう(159)。他面、刑事訴追では時間がかかりすぎ、また部分的かつ狭い射程しか持たないし、さらに白か黒かという対審手続の単純図式に支配されて良いのかということになれば、独立した委員会の価値が再認識されることになる。この委員会では、暴虐行為のより広範な仕組みと、責任と共犯構造の複雑な関係が調査されるからである。

　本章で示したように、上に挙げた諸目標ですら、集団的暴力に対する社会的対応が目指すべき潜在的諸目標の一部しか捉えていない。正義は少なくとも特定の真相を要求する。真相の追求は、正義にかなった処罰を可能にする裁判という形式を伴わなければ実現されないかもしれない。いずれにしても、正義と真実は追求されるべき唯一の目標ではない。少なくとも、それらが最終的に包摂しなければならない様々な関心の広がりを十分に表わし得るものではない。

　そこで代わりに、相互に重なり合う 12 の目標を確認しておきたい。

1. 大量虐殺に対する共同体や公務員による否認を乗り越え、公的な認知を獲得すること。

---

(156) For example, Stanley Cohen, "State Crimes of Previous Regimes: Knowledge, Accountability, and the Policing of the Past", *Law and Social Inquiry* 20 (1995): 7.
(157) Ibid.
(158) Ibid. (この点はホセ・サラケに負っている). See Kate Millett, *The Politics of Cruelty: An Essay on the Literature of Political Imprisonment* (New York: W. W. Norton, 1994).
(159) Diane F. Orentlicher, "Settling Accounts: The Duty to Prosecute Human Rights Violations of a Prior Regime", *Yale Law Journal* 100 (1991): 2539.

2. 被害者の知る必要を満足させ，歴史的記録を作成し，加害者を可視化するとともに最低限の責任を負担させるために，考慮され得る限りの事実を収集すること。
3. 暴力に終止符を打ち，かつ予防すること：人間の営みを暴力――および暴力に対する暴力的対応――から，平等な配慮と尊厳をつむぐ言葉とそれらを可能にする制度へと変容せしめること。
4. 人権を尊重し，それを実施できる国内的民主秩序の基礎を醸成すること。
5. 大量殺戮の後に出現する新しい体制の正統性と安定性を支えること。
6. 分断された社会の各派を横断する和解を促進すること：暴力によって荒廃してしまった道徳的・社会的システムを再構築すること。
7. 個人，集団，被害者，目撃者，そして加害者に対する心理学的な癒しを促進すること。
8. 犠牲者の尊厳を回復すること。
9. 加害者を彼らの加害行為を理由として処罰し，排除し，辱め，抑制すること。
10. かかる集団的暴力が起こることが「決して二度と」ないようにその願いを表明し，その達成を模索すること。
11. 侵略，拷問，大量虐殺を予防し，またそれに対応することのできる国際秩序を打ち立てること。
12. 以上の目標それぞれを他の目標と相補性を持たせながら実現していくこと。

　このリストに照らせば，真相解明委員会は刑事訴追に代替する次善の策などではなく，多くの目標を充足するに適しているという点では刑事訴追よりも優れている。特に，個人に対する癒しと分断された社会の各派を横断する和解を成し遂げるという目標によりよく応えるためには，真相解明委員会は，通例そうである以上に，刑事訴追から距離を置かねばならないし，また，より広範な治療的支援を提供するために訴追の脅威からの解放を進めなければならない。
　社会の目標が，犠牲者の尊厳の回復，個人の癒しのための基盤提供，さ

らに分断された国家における和解の実現を含む場合，真相解明委員会は刑事訴追と同じくらい，いやそれ以上に強力なものになるだろう。委員会は恐怖に満ちた過去から集合的で建設的な未来への架け橋を構築する公的儀式を軌道に乗せ，成し遂げる手伝いをする。諸個人も大量殺戮に各人各様の対応をするし，またしなければならないが，社会が構築する制度的フレーム次第では，報復の念が煽られることもあるし，逆に寛容と平穏を求める力を強化することもできるのである。

　このことは上に挙げた諸目標のうち最も達成困難なのが最後に挙げた目標であることを意味する。刑事訴追が進行するのに並行して，真相解明委員会が治療的目標と和解の目標を遂行していけるかどうかは明らかではない。近時，南アフリカはTRCに恩赦を求めなかった者に対する刑事訴追を行っているが，刑事訴追の実務的諸局面は全て，癒し，和解，完全なる真相告白の諸目標に対し逆行する機能を果たしている。にもかかわらず，大量虐殺から回復し，癒されるという豊穣な見方(a rich understanding)は，加害者の訴追や処罰を含む刑事司法システムの運用を——それが新たな暴力や復讐の情動を解き放つプロセスにならない限りで——重視している。刑事訴追と真相解明委員会は，理解可能であるだけでなく正当ですらある被害者の復讐衝動を公的かつ法的な仕組みを通じて封じ込め，方向付けるための努力を根本では共有している。

　集団的暴力に対する社会的対応には刑事訴追も含まれねばならないが，それだけに限定されてはならない。南アフリカ真相解明・和解委員会において最も全面的に展開された，委員会形式による真相解明の試みは，刑事訴追こそが最善の対応措置であるという想定に対する挑戦であった。軍幹部で後の国防大臣であったマンガス・マラン将軍の例を考えてみよう。1987年に誤って13人の女性と子供を殺害した暗殺部隊にその実行を命じたかどで，マラン将軍はTRCの調査が完了する以前に，いくつかの訴追のうちのひとつを受けていた。マランへの訴追は，その捜査に9ヶ月を要し，審理にはさらに9ヵ月が費やされ，費用は1200万ランドにのぼった。審理終結後も多数の告発が継続してなされたにもかかわらず，1996年，マラン将軍に無罪判決が下った。そして，1997年に同将軍はTRCの面前で自発的に語る機会を持つに至った。彼は恩赦を求めることはきっぱり

と拒否したが，彼自身，自らの物語を語る機会をうかがっていたようである。彼は国境侵犯を行ったことを認めた。そして，ソヴィエト連邦に支援を受けた解放運動を壊滅させるために秘密部隊を組織した模様を詳しく語った。が，暗殺あるいは大量虐殺を行ったことを認めることは拒否した。また，彼は TRC の運営のあり方自体に異議を持っていることを明らかにし，TRC を魔女狩りと非難したが，同時に自分が下した命令に対して道徳的責任をとる用意があることを表明した(160)。

　TRC のような事実認定を行う委員会は，あり得る対処を多様なものにし，それらが実現を目指す様々な目的を複合的に追求する試みに途を開く。真相解明委員会は，被害者の体験と，詳細な歴史的記録の作成に力点を置き，集団的暴力によってもたらされた身体，記憶，家族，友情，政治の荒廃を経験した個人および社会全体に癒しを与えることを優先する。真相解明委員会は，刑事訴追を支えるための証拠を作り出すこともあるかもしれない。あるいは，深く歴史に根ざした分断を経験した国では十全な説明責任の遂行と参加がむしろ求められるのであるならば，真相解明委員会は刑事訴追に対する有力な代替手段になるだろう。それが正義を実施するものであろうが，補完するものであろうが，これらの試みは大量殺戮と不断に闘い抜く人間の努力にとって価値のあることである。

(*1)　ウブントゥ（ubuntu）：　ズールー語で「人間性」を意味する。そこから「人間愛（compassion）」，「他者の人間性の承認（recognition of the humanity of the other）」を含意するようになり，アフリカ独自の共生理念を表わす言葉になっている（Maryam Kamali, Accountability for Human Right Violations：A Comparison of Transitional Justice in East Germany and South Africa, 40 Colum.J. of Transnational

---

(160)　See Suzanne Daley, "Apartheid-Era Defense Chief Defends Role in Ordering Raids on Neighboring Countries", *New York Times*, 8 May 1997, p. 16, col. 1. マランは言った。「私は，あなたたちに私の物語を語って，あなたたちの審判を仰ぎにここにやってきた…。私がこれから語ろうとすることが，かつての敵対者たちに関する理解を少しでも喚起できれば，私は満足である。私の努力が和解へのささやかな前進に貢献し，全ての兵士が道徳的な恩赦を獲得できるようになれば，うれしい…。我々が真に求めているのは理解と赦しであって，法的な赦免ではない」。Id.

Law 89,128(2001))。
(*2)　政治的理由から行われた不法行為：南アフリカ真相解明・和解委員会は，条件付恩赦の対象を「政治的目的を伴った（associated with a political objective）」不法行為（犯罪などの人権侵害行為一般を含む）に限定している。この「政治的目的を伴った行為」について，「国家統合と和解を促進する法（Promotion of National Unity and Reconciliation Act）」は，その主体を，政府職員やその権限・指示で行動した者，政治活動組織や解放勢力のメンバーや支持者などに限定するとともに（20条(2)），「政治的目的」の有無の判定については，行為者の動機，行為の発生した文脈，行為の第一次的対象・目的が対立勢力に向けられたか否か，行為が政治組織や政府の命令・承認などの下に行われたか否か，行為と政治目的の関連性，などを斟酌するとしている（20条(3)）。これは条件付恩赦が不当に拡大されるのを防止するためのものであるが，実際は，アメリカから来た白人の交換留学生を殺害した事案も，反政府活動の一環と見なされ，恩赦の対象になるといった例も見られ，通常犯罪が恩赦小委員会によって赦免されるという事態が発生しているようである（Maryam Kamali, Accountability for Human Right Violations : A Comparison of Transitional Justice in East Germany and South Africa, 40 Colum.J of Transnational Law 89,122-23(2001))。
(*3)　試罪法（ordeal）：　過酷な試練を耐えた者を無罪とする中古チュートン民族が行っていた裁判のやり方。
(*4)　心的外傷後ストレス障害（post-traumatic stress disorder：PTSD）：　「自分自身や他人の死や重篤な障害に至る事件を経験するといった外傷体験によって発症し，激しい恐怖感や無力感などを症状に含む不安障害」のひとつ。戦争，自然災害，交通事故，レイプなどをきっかけに発症するとされる。日常生活が困難になり，対人恐怖症，性的困難，離婚，失職，アルコール依存，自殺などに至ることも珍しくないとされる。ヴェトナム戦争後，復員兵などに多くの発症者が出て，アメリカ精神医学会が臨床単位として整理して以来注目された。以上，中島義明他編『心理学辞典』（1999年，有斐閣）451頁による。

第 5 章

賠　　償

謝罪は，たとえどのような犯罪に対してであっても強く訴えかける力がある。そして，ある種の言葉によってその魔力を発揮する。しかし謝罪の魔力は，単に和解をもたらそうとする便宜のための表現や和解を期待する表現中に含まれることはなく，またそのような観点から理解されることもない。
　　　　　　　　　　　　　——ニコラス・タヴュキス
　　Nicholas Tavuchis, *Mea Culpa: A Sociology of Apology and Reconciliation* (Stanford, Calif.: Stanford University Press, 1991), 7.

賠償金で埋め合わせができるなどということは決してあり得ない
　　　　　　　　　　　　　——ジョセフ・シンガー
　　Joseph W. Singer, "Reparation", in *Entitlement: The Paradoxes of Property* (draft, 26, May 1998), 252.

南アフリカ真相解明・和解委員会(以下，TRC)は，何が起こったのか調査を開始するだけでなく，和解の促進を目的とした手続にも着手した。他方，南アフリカ以外に存在する真相解明委員会は，訴追を証拠づけるための情報を集めている。TRCが明らかにした情報によって，何らかの法的責任の追及が行われたり，裁判が行われることがあるかもしれない。しかし，加害者に恩赦を与える旨の権限を付与されたTRCが目指すのはこれと異なる。加害者がTRCに協力的であれば，訴追するのではなく修復的正義(*1)を追及しようという理念にその志向性を変えている。違反に対して制裁を科し危害を与える刑罰と異なり，修復的正義は不正を矯正し，不正の埋め合わせをし，記録を修正し，人間関係を変化させ，将来の行動に変化をもたらそうとする。加害者は，単に受動的に刑事訴追を受けるだけであったり，働いて犠牲者の立場を修復することもせず刑務所で時を過ごすのではなく，むしろ犠牲者が被った損害を修復するために行動しなければならない。否定されるべきは侵害行為であり，加害者ではない。加害者の良心の呵責，そして，それに対する赦しが奨励されるわけである(1)。

　TRCには，生存者および破壊された社会のために経済的・象徴的賠償行為を提案することに専念する委員会が予め組み込まれている。被害者に対する金銭支払，医療および社会福祉活動，記念碑や他の象徴的な記念行為等々は，政府の政策となって犠牲者並びに暴力および残虐行為で引き裂かれた社会関係を元通りに復元するであろう。修復的正義を追及する措置として挙げられるのは，金銭・サービスの提供，記念碑建立等である。

　修復的正義を学問的・政治的に提唱する人は多くの国に存在する。彼らは，様々な宗教的・哲学的伝統を纏っている(2)。キリスト教の文献は，人間の苦難が普遍的であること，そして赦しが内包する贖いとしての力を

---

(1) Howard Zehr, *Changing Lenses: A New Focus for Crime and Justice* (Scottsdale, Pa.: Herald Press, 1990), 211-14.

(2) 調停支持者の多くは修復的正義の諸特徴を強調する。批判的な人は，調停が利益共同体の存在を前提としているにもかかわらず，そのようなものが存在しないではないかという。例えば，See John Paul Lederach and Ron Kraybill, "The Paradox of Popular Justice: A Practitioner's View", in Sally Engle Merry and Neal Milner, eds., *The Possibilities of Popular Justice: A Case Study of Community Mediation in the United States* (Ann Arbor, Mich.: University of Michigan, 1993), 357, 376.

第5章 賠　償

強調する。ユダヤ教の文献は，原状回復と修復に関するタルムード的なアプローチに注目する[3]。ニュージーランドと豪州は，修復的正義を国家的規模で実験するにあたり，マオリの伝統を参考にした[4]。日本人は，非公式な方法による告白，悔悟，赦罪を正義の中に含めており，これらは加害者および犠牲者の新しい役割にとって有用である[5]。最近の南アフリカでの議論は，正義の目的として，社会修復という伝統的なアフリカ的観念に言及している[6]。治療の方法および理念に注意を向けて解説する者もいる[7]。

　修復的正義を理想とする人々の主たる主張は，通常，犯罪に対する対応策に焦点をあてる[8]。修復的正義は，違反者と犠牲者双方の人間性を強調する。修復的正義は，違反者に対する報復よりは，むしろ社会的結合と平和の修復を求めようとする[9]。すなわち，処罰または法の執行を優先させるのではなく，犯罪者と犠牲者の結びつき，両者間の意思疎通の高揚，社会全体の結びつきの構築を優先する[10]。

　以上のような修復的正義の目的は，人間心理に対する実践的な見方を反映している。応報的アプローチが怒りと犠牲者意識を増幅させるのに対して，修復的アプローチは，犠牲者が怒りと無力感を超越して行動するよう

---

(3)　例えば，See Baba Kamma 94b. 英訳として，E. W. Kirzner 訳，Baba Kamma 94b, 547-50, in the series *The Babylonian Talmud: Seder Nezikin*, trans. Rabbi Dr. Epstein (London: Soncino Press, 1935).

(4)　See Jim Consedine, *Restorative Justice: Healing the Effect of Crime* (Lyttelton, New Zealand: Ploughshares Publications, 1993).

(5)　John O. Haley, "Confession, Repentance and Absolution", in Martin Wright and Burt Galaway. Ewds., *Mediation and Criminal Justice* (London: Saga Publications, 1989)

(6)　*unubtu* に関する議論については，第4章の註136参照。

(7)　一般的には，See David B. Wexler and Bruce J. Winick, *Law in a Therapeutic Key: Developments in Therapeutic Jurisprudence* (Durham, N.C.: Carolina academic Press).

(8)　例えば，See Consedine, *Restorative Justice*; Burt Galaway and Joe Hudson, eds., *Criminal Justice, Restitution, and Reconciliation* (Monsey, N.Y.: Criminal Justice Press, 1990); Zehr, *Changing Lenses*.

(9)　See Consedine, *Restorative Justice*, 157-58. See also Albert English, "Beyond Restitution", in Joe Hudson and Burt Galaway, eds., *Restitution in Criminal Justice* (Lexington, Mass.: Lexington Books, 1977), 91; Daniel W. Van Ness, "New Wine in Old Wineskins: Four Challenges to Restorative Justice", *Criminal Law Forum* 4 (1993): 251.

(10)　See Mark S. Umbreit, "Holding Juvenile Offenders Accountable: A Restorative Justice Perspective", *Family Court Journal* 46 (1995): 31.

助長することを目的とする。さらにこのアプローチは，加害者を社会に再統合させるよう努める。TRC は，真実の証言，事実の社会的認知，現実の損害賠償が，正義と社会の復興にとって決定的な要素であると強調する。TRC は次のことを期待しつつ作業する。すなわち，生じたことについて可能な限り十分な説明が得られてそれを社会的に認知させることになれば，新たな復讐と軋轢を誘発するのではなく，むしろ新たに和解した国家の基礎を築くであろうという期待である。デズモンド・ツツ大主教は，TRC の目標を以下のように説明した。「我々の国家は癒しを必要としている。アパルトヘイト制度の矢面に立った犠牲者も生存者も癒しを必要としている。虐殺実行者自身，彼らなりにアパルトヘイト制度の犠牲者であり，彼らも癒しを必要としている」[11]。

　授権立法は，TRC の中にある賠償小委員会に，個人および地域社会からの具体的な要請および提案を収集するよう指示した。この指示に応じて TRC は，金銭支払，医療措置，カウンセリング，殺害された親族の情報，公園および学校の名称への配慮等々を規定する法の制定を勧告した。このような賠償の目的は，「自身の生き方を管理する権限を個人と地域社会に与えること」にある[12]。大虐殺後に見られるこの他の賠償努力として，奪われた個々人の財産を旧に服させること，賠償金を支払うこと，政府当局から公的な謝罪を確保することを強調するものもある。

　賠償を求めようとする如何なる行動であれ，それらに伴う一つの危険性は，ひとたび何らかの償いがなされたのであれば，それらの償いの根拠となっている出来事を改めて議論する必要はないという暗黙の前提である。多くの生存者にとって同じように厄介なのは，子供の死，腕の喪失，記憶に残っている拷問の苦痛，違法な抑留または収容によって生じた屈辱または恥辱といった非金銭的な損害が，金銭賠償によって救済し得るという主張である。とりわけ南アフリカのように経済的に落ち込んでいる社会の政治

---

(11) H. Russell Botman and Robin M. Peterson, eds., *To Remember and To Heal: Theological and Psychological Reflections on Truth and Reconciliation* (Cape Town: Human & Rousseau, 1996) の Archbishop Desmond Mpilo Tutu の序文。

(12) Truth and Reconciliation Commission, "Truth Commission Announces Reparation Plan", *African News*, 24 Oct. 1997.

過程で具体化される金額では，ほんのわずかな建前としての素振りしか示せず，額の少なさは償いとして不十分であることを際立たせる。こうした名ばかりの行為が現実の価値の計算結果とされると，被った危害を矮小化してしまう。より根本的に言わせてもらえば，失われたものを金銭で取り戻すことは決してできない。金銭で取り戻せるなどとそれとなく仄めかすだけで腹立たしく聞こえてくる。盗難にあった美術品，銀行口座，先祖の骨を返還することは，物理的に言えば，確かにこれらのものを返還したことになる。しかし，それらが奪われた社会を元に戻すことにはならない。謝罪によって威厳の幾許かを取り戻すことができるかもしれない。しかし，侵害行為以前に存在していた生命を旧に復することはできない。

　結局のところ，何らかの具体的な勝利または救済の提供よりもはるかに価値があるのは，①賠償を求める過程，および②支援体制の整った社会を構築する過程であり，同時に③侵害行為の存在についての知識を広め，侵害行為が人々の生活の中でどのような意味を持っているのかを広める過程であるといえよう。賠償金獲得闘争に関われば，生存者は自分たちの話をする機会を与えられる。話を聞いてもらい，認識してもらえば，彼らは新たな意味での尊厳を獲得するであろう。もとより，賠償金が得られたとしても，それ自体は，既に揮われた暴力をなかったことにすることはできない。とはいえ，金額が不十分であっても，または賠償金を伴わない謝罪であったとしても，それらは生存者，観察者そして違反者にとって再認[*2]と復活の感覚を獲得する機会をより多く与えられ得るのであり，この可能性は，謝罪，賠償金，土地または親族の骨の原状回復を求めた闘争が成功しなかった場合よりは高いのである。犠牲者と彼らの支持者が金銭賠償を要求し，違法に収用された工芸品または土地の原状回復を求め，または公式の謝罪を求めるとき，彼らは何らかの特定の救済を求めて闘っていると同時に，侵害行為の認知と違反者の責任受諾を求める作業にも関わっているのである。

日系米国人の抑留と賠償金

　カレン・コレマツがカリフォルニア州サン・リーンドロの高校生だった頃に，ある授業で聞いた話は彼女を驚嘆させた。第二次大戦中の日系米国人抑留に対して異議申立てを行うために裁判所に訴えた男の話であったが，その男は誰あろうカレンの父親だったのである。カレンは父からそんな話を聞いたことがなかった(13)。ニューヨーク・タイムズ記者のデビッド・マーゴリックは説明した。「父親の沈黙は，ある程度，屈辱に由来していた。戦時中，マンザナール，ツーリ湖または他の西部中に拡がっていた『再定住地』に存在したタール紙でできた掘っ立て小屋で過ごしていた他の多くの日本人と同様，彼もまたそのときの経験を忘れたかったに過ぎない」(14)。それにもかかわらず，フレッド・コレマツは，収容されていた日系アメリカ人生存者のために修復的正義を求めて闘う中心人物となった。戦後直後の最初の努力は，個々の日系米国人が奪われた土地を原状回復することに焦点があてられた(15)。しかし，この頃の救済活動は，強制立退きおよび抑留に伴ってもたらされていた，より大きな損害および侵害に取り組み始めてはいなかった(16)。

　1941年，コレマツは大統領命令9066号に従うことを拒否した。この命

---

(13) David Margolick, "Legal Legend Urges Victims to Speak Out", *New York Times*, 24 Nov. 1984, p.25, col.5.

(14) Ibid.

(15) 日系米国人排斥請求法(1948年),50 U.S.C. 1981-1987 (1994)（明示された財産的損失について補償を規定）。同様に，1946年に設立された米国インディアン請求委員会は，1940年以前に行なわれたインディアンの財産放棄に関する請求を審理した。See Robert N. Clinton, Nell Jessup Newton, and Monroe E. Price, *American Indian Law*, 3d ed. (Charlottesville, Va.: Michie, 1991), 721-24.

(16) 長期にわたる強制収容および抑留処置，および米国における先住アメリカ人の処遇との関連性については，Richard Drinnon, *Keeper of Concentration Camps: Dillon S. Myer and American Racism* (Berkeley, Calif.: University of California Press, 1987). See also Yasuko I. Takezawa, *Breaking the Silence: Redress and Japanese American Ethnicity* (Ithaca, N.Y.: Cornell University Press, 1995); Jeanne Wakatsuki Houston, *Farewell to Manzanar* (New York: Bantam Books, 1974); Jacobusten Broek, Jacob N. Barnhard, and Floyd W. Matson, *Prejudice, War and the Constitution: Causes and Consequences of the Evacuation of the Japanese Americans in World War II* (Berkeley, Calif.: University of California Press, 1954).

令は，ルーズベルト大統領が署名したもので，軍隊の指揮官が「軍事地域」を指定することを許可し，スパイ活動または破壊工作から米国を守るために，誰であろうと軍事地域から排除できるとしていた。デ・ウィット将軍は，太平洋沿岸全体をそのような地域と考え，そして日本人を祖先とし西海岸に居住する全ての人に，日系人の旧居住地から遥かに離れたアーカンソー等々の地域にある収容所に移転するよう要求した。移転命令を実施する際に生じた不幸な略奪の後，コレマツは逮捕されて収容所に入れられた(17)。1942年，彼は軍事排除命令違反で有罪判決を下された。

米国連邦議会は，この移転命令を承認し，軍事命令に従わずに禁止区域に入るかまたは留まる者は誰であれ軽罪(郡刑務所に1年未満収監される程度の罪)に処せられるとした。この権限に基づいて，第二次大戦中に，政府は12万人ほどの人々を軍事的必要性の名の下で故郷から迅速に移動させた。この中には約7万人の米国市民が含まれていた(18)。排除命令自体は，収容された人々が国家への忠誠を示したのであれば故郷に戻すことを規定していた。しかし，そのような証明を容認する迅速な，または定まった手続はなかった。それどころか，人々は粗末な仮設小屋または馬小屋に収容され，その後，遠隔の地にあって軍人が警備する地区の強制移転収容所に送り出された。1945年の春になっても約7万人がこの収容所に残っていた。収容所自体は，荒涼として埃にまみれた場所に存在し，有刺鉄線の塀に囲

---

(17) 明らかにコレマツは先例となる事例を作り出す意図はなかった。彼はイタリア系米国人であった女友達と一緒にいたかっただけであった。Margolick, "Legal Legend Urges Victims to Speak Out". 彼の妻は，彼の動機が彼の対社会規範非同調性によるものという。白人の女友達を持つときもそうだったという。Caitlin Rother, "Rebel with a Medal Talk to USCD Students", *San Diego Union-Tribune*, 5 Feb. 1998, sec.B, p.8. See also Peter Irons, *Justice at War* (New York: Oxford University Press, 1983), 93-99. コレマツは形成外科手術を受けた。手術した理由は，彼がイタリア人の女友達と中西部に旅した時に排斥されないようにとのことであった。Id., 95. コレマツの行動は，拘留中に弁護士に会う時までは，政治的抵抗というよりはむしろ個人的理由と恋愛事情によってのみ動機づけられていたとしばしば描かれる。しかし，その後の彼は，立退きプログラムと関連制定法の合憲性を争う先例としての本件に積極的に関与する意思を示した。Id., 97-98. 抵抗の中で進められた本件が，驚くべきほどの勇気と個人的確信を必要としたのは確かである。

(18) 白人がこのことを当然かつ不可欠であると見なしていた事を描いた小説として，See Ella Lefland, *Rumors of Peace* (New York: Harper & Row,1979).

まれていた。そして，見張り塔，探照燈，武装した軍の警備兵が監視していた。家族はプライバシーなど考えられないような小さな部屋に詰め込まれた。

フレッド・コレマツは，米国市民として生まれた。米国に対する忠誠心について問題が提起されたことなど一度もなかった。彼は，第二次大戦中，沿岸警備隊に加わろうとした。しかし，軍は彼に申込書を作成させてくれなかった(19)。先祖が日本人であるため，コレマツには連邦排除命令が適用された。自宅からの立退き命令に抵抗したことで有罪判決を受け，10ある強制収容所のうちの1つに移ってから，コレマツは上訴して異議申立てを行った。外出禁止令および排除命令を侵害したことで有罪判決を受けたコレマツらは，1943年と1944年に連邦最高裁判所で当該有罪判決を争ったが不首尾に終わった。

最高裁判所の多数意見は，公民権の法的制限が人種を特定した一定の集団に対するものであれば，如何なるものであれ「直ちに違憲の疑いがある」と解されるべきであると宣言した。それにもかかわらず，最高裁判所は，真の軍事的危険性に照らして，連邦議会と行政府の戦争権限に基づく排除命令が正当化されると推論した(20)。最高裁判所の見解によれば，たとえ軍が忠誠心の有無を基準として個人を区別しようとすまいと，排除命令自体の合憲性が損なわれることはなかったという。明らかに一定の集団全体を差別した集団的不忠誠の推定と無制約な軍事的対応については，激しい異議が唱えられた。多くの学者およびジャーナリストもまた直ちに決定を非難した。強制収容および外出禁止計画に対するその後の異議申立てにおいて，最高裁判所は，政府によって忠誠心が認められた個人の抑留についてのみ他と区別した(21)。

戦争が終わった。遠隔の地にある収容所は閉鎖された。徐々にではあるが，収容所の住人は自分たちの人生を建てなおし始めた。とはいえ，彼らは仕事と家庭をほとんど失っていた。彼らの経験全体が表面化することはなく，外部に対して発言する者もいなかった。事実は，主として日系米国

---

(19) Rother, "Rebel with a Medal", sec.B, p.8.
(20) 323 U.S.214 (1944).
(21) Ex parte Endo, 323 U.S. 283 (1944).

人が知るのみであった。しかし，彼らもまた沈黙を守ったのである(22)。
教科書はこの出来事について言及しなかった。戦争の思い出についても同様であった。収容所時代を生き残った人々は恐れ続けた。収容所の経験で打ちひしがれた人もいた。多くの日系人は恥じていた。「あれはいわば去勢だったのです。だから誰も収容所での経験について話そうとはしませんでした。レイプだったのです」。12歳のときから15歳までタパス収容所で暮らしていたドナルド・ナカハタは回想する(23)。

　日系米国人全体を排除し，強制収用した第二次大戦中のプログラムは，平等，移動の自由，私有財産の保護，個人は有罪が証明されない限り無罪が推定されるといった原則によって維持されるべき法的保障を侵害した。さらに，このプログラムは人種差別主義および生贄行為の表れであり，かつまた，それらを煽った。収容所での生活自体が，厳しくかつ非人道的な状況に日系人をさらした。さらに，国家的規模で戦死者を追悼し，勝利を記念する戦後の一定期間に日系米国人社会の構成員が沈黙していたことは，彼らに対する危害を増大させることにもなった。

　40有余年後，若き日系米国人を含む50人の弁護士が，無償で事件を引き受けて，戦時中に日系米国人に対して出された政府の命令に抵抗したコレマツおよび他の人々の有罪判決を無効とするよう再度裁判に訴えた(24)。1983年，フレッド・コレマツは，自己誤審令状の申立て〔coram nobis　同一裁判所に対する誤審審理の申立て〕

---

(22) See Takezawa, *Breaking the Silence*, 54（1986年のシアトルでの『回想の日(Day of Remembrance)』において行なわれた朗読を引用しつついう。「個人的に我々に何が起こったのかについて，他人あるいは我々自身の子供たちに語るべき言葉を，我々は我々自身のうちに見出し得なかった。そして，我々犠牲者自身も40年にわたり沈黙の世界で流浪していたのである」）。

(23) Donald Nakahata, in John Takeishi, ed., *And Justice for All: An Oral History of the Japanese American Detention Camps*（New York: Random House, 1984), 32, 37（以下，*And Justice for All* と引用）. See also Paul Shinoda, in *And Justice for All*, 51, 58.「私は約5年失った。私はまさに失ったのです。もっとも，もし私が陸軍に行っていたら，同じく5年失っていたでしょう。悲しむべきなのは，強制疎開には栄光がないことです。私は退役強制収容者だなどとはいえません」。さらに，Garrett Hongo, "HR:442:Redress", in Susan Richards Shreve and Porter Shreve, eds., *Outside the Law*（Boston: Beacon Press, 1997), 82「日系米国人自身，この当時から存続し続けている強い羞恥心と恐怖感を克服しなければならなかった」。

(24) 失敗に終わったが，もう一つの戦略は，損害賠償請求訴訟で275億ドル求めるというものであった。See William Minoru Hohri, *Repairing America: An Account of the Movement*

を行うことによって，自らの有罪判決を覆そうとした。自己誤審令状は，めったに使われることはないが，刑事上の有罪判決で生じた誤りを正すコモン・ロー上のテクニックである。有罪判決後の数十年間，法律家および歴史家は，収容所への移動を正当化するために利用された政府側の軍事的必要性の主張が根拠を欠くことを示す証拠を入手していた[25]。米国政府職員が，日本人を祖先に持つ人々はスパイではないかとか破壊活動を行っているといった誤った噂に意図的に依拠したことは明らかだった[26]。日本軍の脅威が太平洋岸に存在していたとしても，1942年のミッドウェイ海戦によって，事実上日本海軍は壊滅したのであるから，侵略の危険性もなくなっていたのである。それにもかかわらず，排除政策も強制移転政策もそのまま進められた。それどころか，ほとんどの日系米国人はミッドウェイ海戦後に収容所に移動させられていたのである[27]。

　これらの事実は，法廷戦略上，巧みに使われた。コレマツおよび他の抵抗者たちの有罪判決について審理を再開させた弁護士たちは，国家による認知および救済を求めるために，日系米国人社会の構成員が行っていた闘争を足場とした。弁護士たちがこの闘争に依存したために，当該闘争は強化促進された。

　マリリン・ペイテル判事は，自己誤審令状を求めたコレマツの申立てを認めた[28]。彼女は，記録からコレマツの有罪判決を除去し，個人の基本的人権尊重を政府が著しく侵害したことを公に知らしめるための機会を作った。政府自身，コレマツには救済を求める権利があることを認めた。しかし，移転手続の根拠であった命令と法が無効とされたことを理由として，政府は裁判所に対して，訴えを却下し訴えはもはや適切ではないと処理す

---

　　　for Japanese-American Redress（Pullman, Wash.: Washington State University Press, 1988）;
　　　William Hohri et al. v. United States, 586 F. Supp. 769（D.D.C. 1984）, aff'd in part, rev'd in part, 782 F. 2d 227（D.C.Cir. 1986）, vacated, 482 U.S.64（1987）.
（25）See Irons, Justice at War.
（26）Kenneth Karst, Justice at War, by Peter Irons, Texas Law Review 72（1984）：1147, 1150-51 の書評参照。
（27）John Tateishi, And Justice for All の序文 xx。
（28）Korematsu v. United States, 584 F. Supp. 1406（N.D.Cal. 1984）. 数年後，別の法廷が1942年の最高裁判決と類似した事件である United States v. Hirabayashi で自己誤審令状を認めた。Hirabayasi v. United States, 627 F. Supp. 1445（W.D. Wash. 1986）。

るよう促した。これに対してペイテル判事は次のように述べた。「明らかに，政府は，我が国の歴史におけるこの不幸な出来事を既に終わったものとするために，本法廷が記録を見ることなしに有罪判決を無効とするよう望んでいる」[29]。

判事は政府の提案に抵抗した。それどころか彼女は有罪判決に異議を唱えるために提出された特定の証拠を詳細に検討した。裁判所の意見は，「民間人の戦時移転および収容に関する連邦議会委員会」の1983年報告に一部依拠した。当該委員会の創設は，収容事実を承認させるとともに救済を要求する広範な政治運動の最初の勝利であった。当該委員会の結論によれば，問題となっている命令が出された時点で利用可能な証拠に照らしてみると，日系人の排除および抑留を正当化する軍事的必要性はなかった。最初のコレマツ事件のとき，証拠が故意に最高裁判所に知らされなかったのであるから，1983年に政府ですら認めたように，有罪判決を無効とする正当化事由は豊富に存在した。地方裁判所裁判官としてのペイテル判事は，最初の最高裁判決を破棄することはできなかった。しかし，当該判決の将来効を否定することはできた。それなので，最高裁判決は事実上継続的効果を有し得なくなった。

ペイテル判事の意見は，隠蔽の証拠について，並びに個人の自由および平等の侵害が正当化できないものであることについて詳細に述べている。戦時中の証拠を徹底的に検討し，その結果を公表することで，判事は自意識過剰気味ではあるが，当時の裁判手続記録を訂正するだけでなく，それ以上のことを行おうとした。彼女は日系人に加えられた損害を国民が認識できるように，および将来類似した損害が生じないよう国民に警告するため，この機会を利用したのである。かくして裁判所の意見の結論は以下の通りとなった。

> コレマツ事件は我々の法的・政治的歴史の一頁に残る。本件が判例として適用されることは，今ではほとんどないことが承認されている。歴史的先例として，本件は，戦時においてまたは軍事的必要性が

---

[29] 584 F. Supp. 1406, 1413.

宣言されたときにおいて，我々の国家機関が憲法的保障を保護するにあたって警戒を怠らないようしなければならないという意味で，常に我々に警告を与える。また，本件は国家的危難に際して，軍事的必要性と国家安全保障を理由として，政府の行動が綿密な精査と責任追求を回避するために利用されないようにしなければならないという点でも我々に対する警告となっている。さらにまた，国際的対立と敵愾心の中で極めて容易にもたらされるささいな恐怖や偏見から全ての市民を守るために，わが国の立法・執行・司法機関は，その権限を積極的に行使しなければならないという点でも，本件は警告としての機能を果たす。……(30)

フレッド・コレマツ自身，後になって以下のように回想している。「私は，この当時，ずっと最高裁判所の判決が誤っていると考えていました。40年後に私の事件を再審に付す機会が与えられたこと，そして地方裁判所判事に，私が犯罪者でないことを決定してもらえたことは，この国に依然として正義が存在することを証明しています」(31)。この判決は，報道機関の注目をかなり集めた。本判決は，その時すでに収容について公式な償いを行うよう連邦議会で活動を行っていた日系米国市民連合が行った政治運動について一般市民からの支持をもたらすのに役立った(32)。

サン・フランシスコ州立大学教員だったエディソン・ウノは，1970年代を通じて，損害賠償と公式の謝罪を要求するために日系米国市民連合に働きかけていた。しかし連合の構成員たちは抵抗した。多数の連合構成員は，フレッド・コレマツのように，収容所で送った歳月について語ることを好まなかった。何人かの構成員は恥さえ感じていた。心理的苦痛を改めて感ずることに恐怖を抱く者もいたし，依然として自分たちが二級市民なのではないかと恐れる者もいた(33)。それでも，10年近くにわたって行わ

---

(30) 584 F. Supp. 1406, 1420.
(31) Margolick, "Legal Legend Urges Victims to Speak Out", 25.
(32) See Hongo, "HR: 442: Redress", 82.
(33) Ibid., 82. 日系米国市民連合は，冷戦中の緊急拘留法の無効も主張して成功した。同法は，戦時または国内暴動中，スパイ行為または破壊活動に関わった人を大統領が拘留できる権限を与えるものであった。Takezawa, *Breaking the Silence*, 34.

第5章 賠償

れた議論の後の 1978 年に，連合は連邦議会に対して，政府としての謝罪および収容所で生活した経験のある日系人に対し1人当たり 25,000 ドルの金銭支払を求めることを決議した。

4名の日系連邦議会議員は，この要請を最優先事項とした。ハワイ選出上院議員であるダニエル・イノウエは委員会の創設を提案し，この委員会は最終的に 1983 年に報告書をまとめた。この報告書は1年後にフレッド・コレマツのためにペイテル判事が下した判決にとって極めて重要なものとなった。イノウエ上院議員は，賠償を成功裡に求めるにあたって委員会が不可欠な手段となると考えていた。「賠償請求を成功させるためには，請求が単に日本人を祖先に持つ米国人のみが努力を傾注するのではなく，国民的規模の努力がなければならなかった。そこで，私はこの委員会が日系米国人ではなく，著名な米国人の代表で構成されるべきであると提案した」(34)。かくして 1981 年に発足した委員会は，連邦議会，最高裁判所の前構成員，元閣僚，著名な市民を構成員とした。委員会は 20 日間にわたり公聴会を開き，750 人以上もの証人から証言を得た。1983 年の報告書は，『否定された個人の正義 (Personal Justice Denied)』と題したものであり，収容命令の原因を，人種偏見，戦時のヒステリー状況，政治的指導力の欠如に求めた。そして，収容所内での屈辱的かつ悲惨な状況を記述した。1983 年6月，委員会は生存者1人当たりにつき 20,000 ドルを立法によって賠償するように勧告した。この額は，日系米国人市民連合が要求した額よりも 5,000 ドル低いものであった。

議会でのロビー活動が5年間続いた。多くの参加者にとって，賠償金要求の闘争は，政府が行った違法行為を一般市民に知らしめようとするものであった。公の記録を訂正しようとした参加者もいたし，何が起こっていたのかを米国全体のみならず国際社会にも知らしめようとした参加者もいた。連邦議会での討議自体は，収容について率直に述べる機会を議員に提供するものとなったし，一般市民に知らしめる機会をも提供した。カリフォルニア選出の下院議員であるノーマン・ミネタは，彼の父が家族の強制的な移動を回想しながら収容所から出した手紙を涙ながらに読んだ。ミネ

---

(34) Hongo に引用。"HR: 442: Redress", 87-88.

夕下院議員は以下のように結論する。「我々は家庭を失った。我々は仕事を失った。我々は農場を失った。しかし，最悪なのは，我々が基本的人権を失ったことである」(35)。

提案された損害賠償請求に関するドラマと討論は，上院での議論を熱くさせた。上院議員ジェシー・ヘルムスは，日本国政府が1941年12月7日に真珠湾で亡くなった男女の家族に対して賠償するまで，如何なる財源も支出されるべきではないと規定する修正案を提案した。この修正案は，かつて立退きと強制収容を煽った米国に在住する日系人と日本国民とに同一の困惑を与えた。議場において，スパーク・マツナガ上院議員は応じた。「この修正案は何としても受け入れられない。修正案は，我々日系米国人が真珠湾攻撃と何等かの関係があることを前提としている。これは全くの誤りである。我々の法案は，日系米国人と日本人を区別しようとしているのである」(36)。かくして「真珠湾」修正を見送る動議が採択された。反対票はわずかに4票であった。採択された市民的自由法(1988)は，収容について政府が謝罪すること，そして生存者1人あたりに2万ドル，合計12億ドル支出することを規定した(37)。

多くの人は，この救済がほろ苦いものであり，総額は不十分だと考えた。哲学者ジェレミィ・ウォルドロンが評したように，「この支払の主眼点は，日系人が同胞市民の手にかかって受けた損害，すなわち，家，仕事，機会，社会的地位の喪失を埋め合わせるためのものではなかった。また，収容という艱難辛苦や侮辱に対する埋め合わせでもなかった。そうしたことが目的であったとすれば，より多くの金額が必要であろう」(38)。賠償法の明確な目的および実際の趣旨は，むしろ，違法行為を公的に認知させるという象徴的な意義を示すことであり，そのようにして生存者および記憶の共有に敬意を払うことである。賠償金獲得のための政治運動，そしてフレッド・コレマツのような個人に対する有罪判決を取り消すための法的闘争は，

---

(35) Hongoに引用。"HR: 442: Redress", 89.
(36) Hongoに引用。"HR: 442: Redress", 91.
(37) 38 U.S.C. section 4214 (1988). 本法は，法的に異議が唱えられたが是認された。 *Jacobs v. Barr*, 959 F. 2d 313 (D.C.cir. 1992).
(38) Jeremy Waldron, "Superseding Historic Injustice", *Ethics* 103 (October 1992): 2, 607.

第5章 賠償

国家的規模の議論と教育をもたらした。収容された人々の苦難を記念して，多くの美術館は展示会を開催し，記念日を提案した。1998年，クリントン大統領は，フレッド・コレマツに，民間人で最も高位の名誉である大統領自由勲章を授与した[39]。自己誤審令状事件，そしてこのメダルの授与は，かつて自分の身に何が起こったのかを家庭で全く語ることのなかったコレマツに，彼の経験を公に語る動機を与えた。彼は，話す機会が与えられると，学生たちに自身の人生を伝え，彼らが平等であり自由に意見を言う権利があることについて語った[40]。

コレマツ事件，そしてその後に行われた大規模な賠償請求運動は，米国内の他の人々が集団単位の不正について率直に意見を述べ，救済を求める運動を活発にした。アフリカ系米国人は，奴隷制度を理由としてアフリカ系米国人に賠償するよう，以前に行っていた要求を復活させた[41]。「賠償請求のための全米黒人連合」等の草の根集団は，金銭支払，奨学金給付の要求だけでなく，奴隷制度および米国の経済，社会，政治の中に残存する奴隷制度の遺物に対する適切な救済のための資金を提供するよう要求し，その論拠を示した。ジョン・コンヤーズ下院議員は，日系米国人の賠償請求闘争に倣って，アフリカ系米国人に対する賠償が適切であるか否かを決定するための委員会を設立する法案を提出した[42]。他方で，積極的差別解消措置政策に対する法的な異議申立てが司法によって承認を得たのは，皮肉なことに連邦議会がまさに日系米国人への賠償を認めたがためである

---

(39) Rother, "Rebel with a Medal", sec. B, p.8.

(40) Ibid.

(41) Alex M. Johnson, Jr., Symposium on Race Consciousness and Legal Scholarship, "Defending the Use of Quotas in Affirmative Action: Attacking Racism in the Nineties", *University of Illinois Law Review* 1992 (1992): 1043, 1073; Mari Matsuda, "Looking to the Bottom: Critical Legal Studies and Reparations", *Harvard Civil Rights-Civil Liberties Law Review* 22 (1987): 323; Vincene Verdun, "If the Shoe Fits, Wear It: An Analysis of Reparations to African Americans", *Tulane Law Review* 67 (1993): 597; Rhonda V. Magee, "The Master's Tools, from the Bottom Up: Responses to African-American Reparations Theory in Mainstream and Outsider Remedies Discourse", *Virginia Law Review* 79 (1993):863. See also Boris L. Bitker, *The Case for Black Reparations* (New York: Random House, 1973). 本書はアフリカ系米国人の賠償請求を法的に広範に扱った初期の業績である。

(42) Commission to Study Reparation Proposals for African American Act, H.R. 1684, 102d Cong., 1st Sess.(1991).

と強調した下院議員もいた(43)。今日までに行われたアフリカ系米国人の諸要求は，政治的にせよ法的にせよいずれも成功してはいない。賠償金を求め，しかも拒絶された過程が至る所で見られる。このことは，いずれかの犠牲者集団に属している個人に新たな痛手をもたらすであろう。

　日系米国人の賠償請求運動の例に倣って，より多くの成功を得ようとしたハワイ先住民は，ハワイ王朝転覆について賠償するよう1990年代に強く要求するようになった(44)。若干の日系米国人は，彼らの祖先がハワイ征服に関与したことについて，ハワイ先住民に謝罪と賠償金を支払うべきか否か議論した。日系人自身の賠償請求運動が，そうした承認を行うことの意義を教えたのであり，また，そうした承認が，緊張した集団間の関係を癒す可能性のあることも彼らに教えたのである。1993年にアジア系米国人グループは，ハワイ先住民に対してアジア系米国人が謝罪すること，およびハワイ王朝転覆に彼らが参加したことについて賠償するよう指示した(45)。エリック・ヤマモト教授が述べたように，この運動は激しくて厄介な議論を産み出したと同時に非白人集団が連合して従属に反対する人種間同盟を形成する機会も与えた(46)。彼は説明した。「過去に起源をもつ現在の痛みに取り組んだときにおいてのみ，そして，適切な範囲にわたって和らげられたときにのみ，正義が存在すると言えるであろう。そして，正義が存在するときにのみ，和解，真の希望，そして協力の基礎が存在し得るであろう」(47)。

　アジア系米国人グループの会合は感情的となり，議論は激しかった。しかし，その後で非ハワイ系住民は，ハワイ先住民がいまだに経験している

---

(43) See Reggie Oh and Frank Wu, "The Evolution of Race in the Law: The Supreme Court Moves from Approving Internment of Japanese Americans to Disapproving Affirmative Action for African-Americans", *Michigan Journal of Race Law* 1 (1996):165.

(44) See Jennifer M.L. Chock, "One Hundred Years of Illegitimacy: International Legal Analysis of the Illegal Overthrow of the Hawaiian Monarchy, Hawaii's Annexation, and Possible Reparations", *Hawaii Law Review* 17 (1995): 473.

(45) See Eric K. Yamamoto, "Rethinking Alliances: Agency, Responsibility and International Justice", *UCLA Asian Pacific American Law Journal* 3 (1995): 33, 39, 71-74(統一キリスト教会ハワイ会議の第171回年次総会における動議5について述べる).

(46) See ibid.

(47) Ibid., 73.

過去の痛みの深さを把握し始めた。1994年，統一キリスト教会のハワイ会議は，厳粛な謝罪の礼拝と式典を行い，賠償金に関して議論を継続することを支持した。同教会の全国評議会は，賠償金の一部として，ハワイ先住民に対する教育信託のために125万ドルを提供した[48]。ヤマモト教授の結論によれば，これらの出来事によって潜在的な人権侵害について決着がつけられたわけではない。むしろ，これらの出来事が新たな問題を惹起した。すなわち，個人的感情，集団間の関係，公衆の記憶，人種間での治癒に関して，謝罪と部分的賠償が如何なる効果を有するのかということである[49]。

　このように，閉包または大団円にではなく，新たな問題に注目するということは，公的な賠償行為を公けに示すことで問題を終わらせる通例の場合と対照的である。日系米国人賠償請求闘争について，および，とりわけフレッド・コレマツの長い道程についての私の説明は，未完の作業として終わる。私は，市民的自由法(1988)の下で賠償金を否定された人々の苦痛を議論しなかった。また，生存者のみが金銭の支払を求め得るという基本的事実について議論しなかった。収容された人々に対する損害は，彼らがこの世を去るまで消えることはない。大規模な非人道的行為を整然と後始末できるなどということはあり得ない。

修復不能な事態の修復

　日系米国人強制収容の生存者に対して連邦議会が提供した金銭賠償は，失われた時・自由・尊厳・私生活・平等を埋め合わせようとしたことを象徴的に示すものである。金銭または物品の提供は，せいぜい侵害行為後に存在した不作為と沈黙を終わらせるものでしかない。失ったものを金銭で換算することなど到底できはしない。理念上でさえ，そして確かなことに実行上も，賠償は侵害行為後の被害者救済に十分ではないし，社会関係の

---

(48) Ibid., 74.
(49) Ibid.

修復にも不十分である。

　犠牲者にとって最も明確に必要とされるものは補償(compensation)であるという前提は，それが救済や修復にとって不十分であることからすれば疑問である。修復的正義の理論家であるハワード・ゼァも，国内レヴェルの犯罪行為の脈絡ではあるが同様に主張する。「金銭的および物質的損害は，実質的な金銭的責任額を提示するであろう。それに加えて，実際の物的損害と同じくらい重要か，またはそれ以上に重要である可能性があるのは損害の象徴的な価値である——この場合の損害の意味は，しばしば語りによって，および公衆の記憶によって認知される——。いずれにせよ，返済が回復の助けとはなるだろう」(50)。ゼァは，原状回復の限界を認める。暴力で潰された眼を取り戻すことは誰にも出来ないからである。それでも，必要経費の支払いは苦痛を軽減できるかもしれないと主張して，「同時に，金銭支払いは象徴的レヴェルではあるが修復感を提供できよう」(51)ともいう。

　象徴の次元に戻ることは重要であると思われる。というのは，事実上，犯罪のほとんどの犠牲者は，何がどうして起こったのか知る必要性を，補償(compensation)または原状回復よりも高く評価するからである(52)。当初は金銭の獲得を目的とした人でさえ，自らの話をし，自らの精神的外傷の救済を得ることの方に，より多くの価値を見出すであろう。ホロコーストの生存者のある娘は次のように説明する。

　　　私の父は，ナチ強制収容所の生き残りです。父は，何年にもわたりドイツ政府から金銭的補償(compensation)を受け取ってきました。数年前，父は，自身の経験が重大な精神的外傷をもたらしたことを証明できれば賠償金を増額できる可能性があることを聞きました。父はその方法を捜し求めました。治癒ではなく，金銭に関心があったからです。しかし，賠償金の増額は得られませんでした。しかしながら，この過程で父は自身の精神的外傷を示すために心理カウンセリングを受

---

(50) Zehr, *Changing Lenses*, 26.
(51) Ibid.
(52) Ibid.

けなければなりませんでした。間接的ではありますが，この過程は，父自身にとってとても必要だったカウンセリングを受けるという効果をもたらしました。こういうことがなければカウンセリングを求めることなどなかったでしょう。父は50有余年後になってようやく自分が何らかの深刻な心理的問題を抱えており，抑圧するよりはむしろ直視する必要性のあったことを理解するに至りました。さらにこの過程は，母にとっても極めて重要でした。母は父の精神的外傷に対処しなければならなかったからだけでなく，彼女自身も戦争難民だったからです(53)。

自分自身の話や認識を語ることによってもたらされる実践的かつ治癒的な利益は，治療専門家に相談することなしに賠償を求める人々でも得られるといえよう。

賠償金の背後にある中心的考えは，補償的正義理論(compensatory theory of justice)に由来する。侵害行為は賠償され得るだけでなく賠償されなければならない。加害者は犠牲者の損害について金銭を支払うべきである。その後で，過去のことが帳消しとなることもあり得よう。あるいは，少なくともある種の正義が為されたことになる。このことは，破産あるいは契約に関する法分野では通常の正義観である。人格侵害に関する法の脈絡においてさえそうである。この考え方を大規模暴力の犠牲者に拡げることは，金銭および他の物質的給付——例えば，保険または奨学金——を，違法な監禁，拷問，殺人で苦しめられた惨状に代替させるということである。このことは，人生の価値評価をある側面から別の側面に変換することを意味する。例えば，目には目をではなく，目1つにつき1,000ドルということである。あるいはまた，奪われた貴重な絵や祖先の不動産，誘拐された子供等々について一定額の金銭を支払うということである。国内の民事裁判制度は，この問題を，損害による逸失利益，または子供や配偶者との日常的な接触の喪失に相当する一定額といった粗雑な尺度で処理する。奴隷制度または土地の強制収容によって得られた不当利得を現在の価値に換算

---

(53) Helena Silverstein から著者への電子メール(1997年6月6日付)。

して評価する企てに厳格さをもたらそうとしている人もいる(54)。

 とはいえ、悪夢も生存者の罪悪感も存在しない普通の日常生活を送ることにどれほどの価値があるのかを測る市場の尺度は存在しない。人命は市場で取引できないからである。したがって、我々はこうした日常生活を送れないことに対する損害賠償額を決定する確実な基準を持ち得ない。拷問および殺人によってもたらされる損害を金銭的に評価しようとすれば、道徳的想像力を最大限に働かせなければならない。また、ジェノサイドによって民族全体が破壊される場合に問われるべき、より根本的な難問は、誰に賠償すべきかということである。一民族のうちでほんの少数が生き残ったとしても、民族全体の損害について彼らに賠償することは、計算方法と理解力を無視するものである。このような場合、象徴的表現だけが唯一可能となる。ドイツが賠償する相手は、地球上に散在するユダヤ人亡命者社会というよりはむしろ新生イスラエル国家であろう(55)。

 大虐殺で生じた損害を評価するのは不適切であると感じた人々は、損害賠償の実施に抵抗を見せるであろう。橋本竜太郎首相が、2万人の「慰安婦」(56)——第二次大戦中、大日本帝国陸軍が拘束して利用した性的奴隷の婉曲語法——の生存者約500人に謝罪の手紙と金銭賠償を提供した時に何が起こったのか考察すればよい(57)。たった6人の女性しかこの申し出を受け入れなかったのである(58)。他のほとんどの女性は申し出を拒絶した。基金が私的財源に基づくものであり、政府自身の財源ではないとい

---

(54) 例えば、See Richard F. America, ed., *African Development and Reparations: Redistributive Justice and the Restitution Principle*(近刊).

(55) 当初、イスラエルに対する西ドイツの賠償の申し出に対してイスラエル国内では反対があった。しかし、申し出は、ドイツ人民の名において行われた人種・宗教・政治的迫害の罪の認識枠組を確立した。See Robert G. Moeller, "War Stories: The Search for a Usable Past in the Federal Republic of Germany", *American Historical Review* (Oct. 1996): 1008, 1016-18.

(56) 個人の賠償請求は国家間の条約または協定で処理されると政府が要求するとき、重要かつ困難な法的および道徳的問題が生じる。「従軍慰安婦」問題について日本政府は慰安婦本国との戦後の協定を指摘して処理済みであると主張した。請求者を代表させる公正な手続がないこの様な国家間による解決は極めて不十分であるように思われる。

(57) Seth Mydans, "WWII Victim Accepts Japanese Reparation", *Dallas Morning News*, 13 Dec. 1996, sec.A, p.61.

(58) Ibid.

第5章 賠償

うのが大方の理由である(59)。しかしながら，金銭を受領した女性でさえ，金銭の支払では彼女たちがレイプ，暴力，尊厳の破壊によって経験した恐怖と屈辱を救済することはできなかったということを強調した(60)。韓国，台湾，中国，フィリピン，インドネシア出身の女性の中には，セックスのために女性を奴隷化することに関与した16人の日本人の氏名を，米国への入国を禁止する戦争犯罪容疑者「監視リスト」に米国司法省が加えたとき，より多くの満足を見出した者もいた(61)。日本政府が悔恨の情を示し，虐待の埋め合わせをしたことになるのは，これらの日本人を訴追することでしかないだろうと主張する者もいた(62)。また，「慰安婦」を学校の教科書で扱うことを，記憶による賠償の1つとして支持した者もいた(63)。

何人かの女性は，〔相手からの〕金銭賠償の申し出を，個人的強靱さと尊厳の表明を行う機会が与えられたものととらえている。しかし，時として，犠牲者が心的外傷を負っているが故に，どれほど傷つけられたのか，今，何を必要としているのか十分に表明できないこともある。TRC監視員が南アフリカで強く印象づけられたのは，証言した犠牲者の大半が，賠償について極めて謙虚な要求しか表明しないということであった。親族の死亡証明書——アパルトヘイト体制の下では死亡が否定されていた——の発給申請や墓石の要求等々，賠償小委員会が収集した一般的な要求はこうしたことでしかない。洗濯物を干しているときに何度も繰り返し撃たれた女性は，陰部に残っている弾丸を取り除くことを要求した(64)。それ以上の要求でもなければ，それ以下でもない。証言した者の中には，子供たちの教育のための補助金を要求した人もいたし，公園または学校に拷問と殺人の犠牲者にちなんだ名称を付けるよう要求した人もいた。

---

(59) Ibid.
(60) Ibid. 対照的に，謝罪よりも賠償金の方が重要であろうと主張した人もいる。C. Suzuki, "Concentrate on Reparations", *South Morning Post*, 13 Sep. 1995.
(61) Sonni Efron, "Justice Delayed 50 Years", *Los Angeles Times*, 13 Dec. 1996, sec. A, p.1, col. 1.
(62) Ibid.(Kim Yoon Simを引用).
(63) Ibid.
(64) 1997年4月10日に行われた人権と正義学会第12回年次総会(『歴史と我々自身に向きあう』およびハーバード・ロー・スクール大学院プログラム後援)における人権侵害委員会メンバーであるプムラ・ゴボド-マディキゼーラの発言。

ささやかで控えめな要求が，抑圧の帰結でしかなく，抑圧され続けた人々の期待と希望を低下させたものでしかないのはどのような場合か。これとは逆に，被った損害の修復を政府関係者等の第三者が引き受けてくれるかもしれないという幻想を全く抱かない人が行うが故に，ささやかな要求が品位のある堂々たる主張となるのはどのような時か。ささやかな要求が誠実な申し出を意味し，しかも，拷問を行った人の加えた危害を修復できるなどと誤解されないのは如何なる場合か。集団内の誰もが未来は有限の財産であることを知っていることから，過去の出来事に苦しみ続けるよりは，自分たちの将来に目を向けて考えるべきだとして，損害についてはわずかばかりの要求でよいのだという発想を人々が一般的に持つようになるのはどのような時か(65)。

これらの問題は，世話の倫理（an ethic of care）（*3）が女性の従属を示すのか，あるいは活力に満ちた道徳的な考え方を示すものなのかに関するフェミニスト間の論争において繰り返された。この論争の一つの型は，心理学者のキャロル・ギリガンと法律家のキャサリン・マッキノンの対立であった。ギリガンは，個人の権利の倫理に対して，相互の世話および相互性の倫理を擁護した。他方，マッキノンは，世話の倫理が登場するのは，誰かが他者を従属させた時であると考え，この倫理を従属的であるとみなして評価しない(66)。この種の論争にとって，抽象的な解決が当てになるとは

(65) 註12の本文参照（個人および社会が自分自身の生活をコントロールする能力を高めるべしというTRCの主要原則に言及）。アパルトヘイトで歪められた社会を再建する方法を探し求める際に留意すべきは，補償（compensation）という単純な観念を拒否することであるように思われる。1977年に，時の体制によって自らの土地から強制的に切り離され，不毛のホームランドに送られたムフェング族の弁護士は，最近次のように尋ねた。「ホームランドでの困窮から逃れるために仕事を探しに町に行き，そして黒人通行制限法に違反したことで投獄された1800万人あまりの無辜の黒人に対して，あなたたちはどのように補償しようというのか。……白人の必要性を満たすために，アフリカ人の子供を劣らせることを目的としたバンツー教育の結果についてあなたたちはどのように補償しようというのか。地域紛争と地雷についてあなたたちはどのように補償しようというのか。強制的に移動させられて命を落とした350万人の人々に対してあなたたちはどのように補償しようというのか」。Dele Olojede, "Building a Better South Africa: Far to Go on Its Long Road", Newsday, 1 June 1997, sec.A,p.4 で引用。

(66) 例えば，See Ellen C. Dubois, Mary C. Dunlap, Carol J. Gilligan, Catharine A. MacKinnon, and Carrie J. Menkel‐Meadow, "Feminist Discourse, Moral Values, and Law‐A Conversation", Buffalo Law Review 34(1985): 11, 74-75. マッキノンは権力構造の変化を要求した。現在

第 5 章 賠　　償

思えない。個々の歴史的および個人的背景を対象とした注意深い判断のみが，道徳的な意図と力関係との関係を明らかにすることができる。

たとえできたとしても，自己抑制的要求が自己否定的な行為——卑屈な行為としての自己抑制——の現われなのか寛大さを示す行為——マッチョの態度——の現われなのか区別するのは，外部で見ている人には不可能であろう。したがって，心理的・政治的現実によって控え目な賠償請求を余儀なくされる場合，この区別不能の問題が特殊な難問を浮かび上がらせる。それでも，私は謙虚な賠償請求行為の力を過小評価したくはない。賠償は，認知，閉包，名誉の擁護（vindication），関係（connection）[*4]についての焦眉の要請を満たすことができる。賠償は，犠牲者および生存者が復讐と赦しの間を歩むための特殊かつ限定された誘引を提供する。この誘引がどのような性質を持つものとなるかは，犠牲者，傍観者，加害者間の関係を変容させる当該誘引の能力次第である。

南アフリカでは，個人および社会全体に与えられる賠償の明確な詳細は，新たに構成された政府によって決定されるであろう。新たな政府の指導者たちは，多くの事件で警察が行った残虐行為および拷問を生き延びてきた人々である。デズモンド・ツツ大主教は，犠牲者に対して 1 回限りの金銭支払の提案を発表した。この提案によると，例えば犠牲者には，5 点に及ぶ賠償提案の 1 つとして，医療等のサービスを利用できるというものである[67]。そのような支払が立法府で採択されるのであれば，どのような意味に解しても，加害者が賠償を行う事例と同じにはならないであろう。加害者個人が犠牲者または犠牲者の家族のために時間または金銭を提供するのとは異なるからである。実際に，集団的形式の賠償は，加害者個人が犠牲者との間に有するであろう直接的な関係を希薄化してしまう。第二次大戦後にドイツが発展途上のイスラエルに金融援助を行ったとき，ドイツは

の権力構造では，女性が権力の内容を決定することができない。「というのは，男が女を従属させているからである」。これに対してギリガンは，女性たちの社会的政治的地位とは無関係な価値を持つ世話と繋がりの価値を女性たちが明らかにすべきだと主張した。マッキノンは，これらの価値を女性のものと呼ぶことは「噴飯もの」であると答えた。「というのは，我々は我々の権力を実際にどのように発展させるべきかを決める権力を決して持つことはなかったからである」。

(67) 1998 年 3 月 31 日のツツ大主教からのメッセージ。TRC Web site, www.truth.org.za.

国家として有責であった旨，象徴的に表明した(68)。これと異なり，南アフリカの場合は，その置かれた状況から，こうした過程を賠償の提供としてではなく相互援助の過程としている。もっとも，被害者に対処するのに統治機関を利用するという事実は，明らかに南アフリカにおいて統治権力の意味と目的が従来と違って劇的に転換したことを示すものといえよう。

賠償に関する他の2つの形式，すなわち以下に述べる原状回復と謝罪は価値評価の問題を回避している点で注目に値する。前者は，横領された特定物の返還であり，後者は違法行為責任の口頭による認知である。これらは大量虐殺の脈絡で使用される機会が増大していることからも注目される。しかし，原状回復と謝罪には，それぞれ固有の問題点がある。

原状回復

いくつかの点から，犠牲者に属すべき現物の財産を返還するよう求めることは賠償行為の中で最も対処しやすい方法であるように思われる。〔別のもので代替しないから〕価値の問題は存在しない。原状回復は，所有者から違法に奪われた財産，銀行口座，工芸品，美術品それ自体を取り戻す。しかし，返還を確実なものにすることは，とりわけ何年も経過した後であれば極めて困難となるに違いない。また，原状回復は，最初の損害について有責でないと主張する現所有者を害するかもしれない。したがって現所有者による異議を必然的に伴うこともあり得る。

ジェレミー・ウォルドロンは，過去の違法行為の矯正を目的とした土地，財産，資産の実質的な移転を要求する賠償要求に反対して，強力な論拠を提示する。彼が挙げる事例には，タラナキ・マオリ族の構成員によるニュージーランド西岸に対する要求，および植民地主義者が収用した土地に対して先住民が行う類似の請求がある(69)。ウォルドロンは，歴史的権

---

(68) See Nicholas Balabkins, *West German Reparations to Israel* (New Brunswick, N.J.: Rutgers University Press, 1971).

(69) See also Paul Brodeur, *Restitution: The Land Claims of the Mashpee, Passamaquoddy, and Penobscot Indians of New England* (Boston: Northeastern University Press, 1985); Anthony

利 (historical entitlement) の視点から行われる請求にどれほどの利点があるのかどうかとは関係なく，以下のような2種類の現象が介在することで，財産の原状回復は賢明な解決方法とならないと主張する。第1の現象は事実に反する仮説に依存する必要があり，それ程説得力があるとは思えない。すなわち，仮に，1865年に違法に収用された土地所有者たる部族構成員が現実に土地を維持し続けていたとしたらどうなっていただろうかと仮定する。ウォルドロンは，これらの土地所有者が自由な選択権を有していたら，その後，彼らは土地を売却するか，子供たちに譲渡するか，ポーカーで失っていたかも知れないと推測する(70)。こうした系統の研究は，観念的公平性という性質を有するものではあるが，違法行為の有無という基本的視点を無視している。すなわち，ある集団が，本来の土地の居住者に対して損害を及ぼして不当に利得を得たという点である。ウォルドロン自身，仮に本来の所有者が土地を失っていなかったとしたら，そしてその結果として，土地について合理的な選択を行っていたとしたら，その時，彼らの子孫は植民地化を経験することもなく，彼らが実際にそうであったよりも裕福であったかもしれないことを認めているのである(71)。

それから，第2の現象が舞台中央に登場する。何人かの個人が，何も知らずにある土地の周囲で彼らの生活を営んでいるのだが，その土地は，そこに住んでいた本来の居住者から違法に奪い取られたものであった場合である。ウォルドロンは，善意の所有者全体を含めて，財産が所有権の移転を通じて譲渡された後から現実に財産を旧に復させることは，過去の不正を矯正するために現在において不正を犯すことを意味するという理由で反対する。それでも，私はこの問題が誇張されており，現実的な救済が可能なのではないかと考えている。先住民から収奪された後であるならば，その後の定住者のすべてが有責でないなどとは必ずしも述べられるべき

DePalma, "Canadian Court Ruling Broadens Indian Land Claims", *New York Times*, 12 Dec. 1997, sec.A,p.3,col.1 (伝統的儀式の供述証拠および口述歴史に基づいて，カナダ最高裁は，先住民がかつて占有していた土地および天然資源に対して広範な請求権を有していること，したがって，資源に対する権利または補償を受ける資格があると判断した).

(70) Waldron, "Superseding Historic Injustice", 9.
(71) Ibid., 11.

ではない。実は，土地収奪後に定住した者の全てが当初の収奪によって利益を受けたのである。それでも，1998年の時点でそれぞれの土地に居住する者に対して，本来の所有者の子孫にそれらの土地を返すよう命令することは，極めて不当で厄介なことであり災難でしかない。しかも，それまでの中間の所有者と売却人には課税されていないのである。むしろ，比較的大きな集団または社会全体に課税し，その金で本来の所有者に金銭補償（compensation）を行うか，または現在の所有者から買い上げるのを援助する方が，負担をより公正に拡散することになろう。

おそらくウォルドロンはまさに上記のような社会税を想起しつつ,「歴史的不正の賠償は，確かに再配分的である。ある人から別の人へ資産を移動させるからである」としている。そして，彼は，この社会税の考え方を好ましくないものと扱う。というのは，この考え方は，本来の権利者と今日のそれとの中間に介在した当事者の非有責性を無視しているからである(72)。ウォルドロンは主張する。仮に，今日の再配分が，かつての不正取得を根拠として原状回復させようとする実践的な様相を呈するのであれば，あらゆる人々の今日的必要性に照らして完全な再配分評価を行うべきであると。歴史的不正だけを根拠とした請求に基づいて行われる限定された再配分では，明らかに必要性のある人々を無視すると同時に，現状では必要性のない人々に新たな資産を提供することになろう(73)という。ウォル

---

(72) Ibid., 13.
(73) 皮肉なことではあるが，原状回復を請求する人のうち何人かは裕福となり，失われた財産をもはや自分たちの生活の中心に置いていない。Id.,18-19.「もちろん私は失った財産を欲しいし，取り戻したいと願って長い間過ごしてきた。財産の回復運動を中心に人生を組み立ててきたとさえ言える。しかし，請求の根拠は当初のそれと同じではなくなった。当初の主張は，失った財産を利用して私の人生を組み立てるという考え方に基づいていたのである」。Id.,19. ここでウォルドロンは自律性に基づいた財産受給理論に直接取り組み，そしてこれらの理論が，侵害されやすい権利を立証するのに不十分であることを示している。ウォルドロン自身のアプローチに対する別の批判が問題とするのは，受給請求と回復不能性との関係である。彼の分析では，新しい生活様式に移行できなかった人々は，おそらく間違いなく，横領された財産について実行可能な請求権を有していることになる。新しい生活に適応しやすい人は，請求権をあまり持てないことになろう。このことは，公正性に基づいた正義よりはむしろ必要性に基づいた正義に依拠すると同時に，屈折した刺激を創り出すように思われるので，ウォルドロンの一般的アプローチに反するものともなろう。

ドロンの主張は、犠牲者および傍観者にとって真に重要な問題、すなわち人々の現在の必要性とは無関係に、過去の悪行を矯正するという問題を積極的に述べようとしていない。

再配分の実施は、たとえそれが過去の不正取得を矯正する機能を有していたとしても、そして、たとえこれまでに介在してきた全ての中間所有者にも負担を拡げることができたとしても、依然としてジレンマをかかえている。このジレンマは、とりわけ今日の南アフリカおよび東欧ではっきりと見られる。これらの地域においては、大規模な貧困と不平等が、不正の問題として直接的かつ緊急に問題とされている。このような状況にある諸国は、生存のために国家経済および市民社会を再構築する任務を遂行しなければならず、したがって歴史的な志向性を持たざるを得ない原状回復を追求するのは、上記任務の遂行上、過度に不公平となるとともに不十分ともなる。それでも、こうした表現でさえ、このジレンマを控え目に述べるものでしかない。これら諸国は、個人的自由および財産の保護とともに過去の人権侵害に取り組む約束をも受け入れている。したがって、これらの諸国にとって、原状回復は潜在的に実施不可能な選択肢でしかない。しかも、新たに創設された東欧の個人取引市場は、これまでに行われた財産の違法収用（ユダヤ人、反政府勢力、政敵が有していた土地および財産等）を元に戻す以前から、既に極端な不平等を新たにもたらしているのである。

ジョゼフ・シンガーが説明するように、「新しい南アフリカの憲法は、一方で白人少数派の財産権を保護しつつ、他方で、失われた財産および過去の人権侵害について、原状回復または賠償金請求を許容するか、場合によっては要求している。……如何にして南アフリカは、白人少数派の財産権——その権利は途方もないほどの不正に基づいている——を尊重しながらアパルトヘイトの犠牲者に補償すると同時に前に進むなどということができるのだろうか」[74]。1960年代に至るまで、先住アフリカ人の土地を白人が収用してきた歴史に鑑みれば、財産権を保護しようとする憲法上の企ては、過去における理不尽な土地収用を保護する危険を冒す。

賠償の象徴的側面に戻ることが、再度重要となる。過去の犠牲者に補償

---

(74) Singer, "Reparations", 248.

する(compensate)とき，新たな犠牲者を創出することのないよう——祖先の違法行為について子孫に金銭を支払わせたり，請求者に財産を復活させるために一定の人々から違法に財産を奪うことなく——確保することが難問であることは，とりあえず考慮の対象外に置いておこう。人の法的権利がたとえ不正やごまかしに基づくものだったとしても，新しい体制が作られたときに保持している財産権を保障しないのであれば，新しい私有財産制を安定させることが困難であろうということもとりあえず考慮しないことにしよう。とにかくも，象徴的意味を認識して行われる原状回復があり得るのである。ウォルドロンが指摘するように，墓所または宗教的・象徴的重要性を有する土地を奪われた集団が，その土地の返還を要求する際には全く異なる問題が生ずる[75]。彼らは土地が自分たちのものだと主張するのではなく，彼らの祖先が埋葬されているのだとか，当該土地が宗教的伝統の故に重要なのだと主張する。または当該土地が自分たちのアイデンティティ，歴史観，人生の意味と目的にとって重要な何物かを表しているのだと主張する。アイデンティティ，歴史観，人生の意味と目的が争点となるとき，金銭的な費用対効果評価基準の問題，または誰が正しいかという問題は重要性を失うように思われる。アイデンティティ，歴史観，人生の意味と目的を表す性質は，宗教的重要性のない財産にも付着するであろう。そのような財産を返還すること，または返還の方針で象徴的行動を行うことは，不当な扱いを受けた集団の威厳を復活させるであろう。さらにまた，犠牲者以外の人々が，迫害を認識したいと思っていること，過去の不正とその帰結を終わらせたいと望んでいることを伝えることにもなろう。争われている財産自体が請求者に返還されないならば，金銭または何らかの有形財の授与を行うことで，犠牲者の被った侵害行為を認識する他者の行動——謝罪，宣言等々——が，より強調され忘れられないものとなるであろう。

　賠償の核心に存在するのは，経済的価値よりも社会的・宗教的意味である。墓所または宗教的遺跡を含む土地は，その際立った特徴ゆえに，特に原状回復の対象としての価値がある。これらの土地は独特のものであり，

---

[75] Waldron, "Superseding Historic Injustice", 19.

第5章 賠　償

他のもので代替することはできない。同様に，略奪された美術品，簒奪された工芸品，祖先の骨の代用品も存在しない。原状回復が適切な救済策となるのは，明確で価値のある請求の場合で，他に救済方法が存在しないときである。博物館に保管されているものの返還を請求されたときに，博物館の方が，保管する上でも広く一般公衆と共有する上でも有用であると博物館側が主張したとしても，本来の所有者が絵を返して欲しいと請求するのは，――そして先祖の遺骨を返して欲しいと子孫が請求するのも――法的問題としてではなく道徳的な問題として原状回復を求めているのである(76)。返還後にこれらの正当な請求者が対象物を博物館に貸し与えるよう取極めを作るのであれば，返還という象徴的側面がさらに明らかになるであろう(77)。

　家族および社会の一体性および継続性の象徴を返還しないと，報復感情を引き起こすかもしれない。トニ・ヒラーマンは，その小説である『語る神(Talking God)』において，アメリカ先住民部族に遺骨の返還を拒否した問題を検討している。返還拒否の理由は，博物館が研究および公の展示に専念するためというものである(78)。ある日，博物館側の弁護士は，大きな箱を受け取る。箱には手紙がついており，箱の中身は聖ルカ監督教会背後の墓地にあった「一対の真正な先祖の骨」であると記してあった。箱の中にあったのは，墓地から掘り出された弁護士自身の祖父母の遺骨である。この架空の話が表現するのは，残虐行為が引き起こす怒りおよび仕返しの繰り返しである。

---

(76) The Native American Graves Protection and Repatriation Act, 25 U.S.C.A. sections 3001-3013, 18 U. S. C. A. section 1170 (1990)（部族または連邦所有の土地で発見されたアメリカ・インディアンとハワイ先住民の人骨および埋葬品は，法的子孫または関連部族に属する); See also Jane Perlez, "Austria Is Set to Return Artworks That Nazis Plundered from Jews", *New York Times*, 7 March 1998, sec.A,p.1,col.1. ペルレスは，芸術作品をロスチャイルド家に返還する約束に関するオーストリア美術館館長の発言を引用する。「我々は道徳に反する取引で美術館に入れられた全ての作品の原状回復に応じる。原状回復は30-40年前に行われてしかるべきであった。我々は明確な道徳的負債をなくさなければならない」。Id.,sec.A,p.27,col.2.

(77) See Perlez, "Austria Is Set to Return Artworks", sec.A,p.27（ロスチャイルド男爵夫人が苦々しい感情を伝える。しかし同時に一族が何らかの貸付に合意するよう促すノブレス・オブリージュも伝える)。

(78) Tony Hillerman, *Talking God* (New York: Harper & Row, 1989), 1-6.

第二次大戦中にヨーロッパ・ユダヤ人から没収した金および銀行口座を隠したことで告発されたスイス銀行の最近の物語は，生存者およびその家族側の不信感の深さを明らかにすると同時に，象徴的かつ現実的な原状回復を軽視したことの代償を露わにした。スイスの指導者たちが当初質問に答えることを拒絶したことによって，隠蔽および違法行為があるのではないかと主張されるようになった。翻ってこれらの主張は，隠された銀行口座および資産の範囲と大きさについて，生存者の期待を煽るのに役立った。同時に，財産請求を行うことは，ユダヤ人を他者を欺く搾取的金貸しととらえる反ユダヤ主義的紋切り型と戦うために，ユダヤ人生存者にとって重要となったともいえる(79)。原状回復を求めることによって，ユダヤ人生存者たちは，他の誰もが請求するであろう財産権を要求するのであり，援助を求めている犠牲者としてではなく，中立的な当事者の前で請求している普通の請求者と同じだと主張する(80)。

　スイスはナチの恐ろしい行為について非難されることのない中立的アクターであるという自己イメージを持っている。スイスの指導者たちが本件で反応できなかったことの一因はこの点にあった。換言すれば，反応しなかったことそのものが，大虐殺に対して中立であることについて不信を拡大させる引き金となった。米国政府の予備調査は次のように述べている。「第二次大戦という特異な状況下で，中立は道徳に軋轢を生じさせた。中立であるという発言は，道徳的考慮を回避する口実を提供したのである」(81)。米国のこの報告は，未完であった正義を行う作業を完結させることを要求した。そして，正義を行うということは，部分的には財政的作業であるとも述べた。「しかし，この作業は道徳的・政治的作業でもあり，これらの悲劇的出来事に関わったすべての国家が，それ自身の歴史と責任にけじめをつけるよう強いられるべきである」(82)。

---

(79) Singer, "Reparations".
(80) Ibid.
(81) "U.S. and Allied Efforts to Recover and Restore Gold and Other Assets Stolen or Hidden by Germany During World War II: Preliminary Study"（William Slaney が準備して Stuart E. Eizenstat が調整, n.p., May 1997）,v.
(82) Ibid., x.

第5章 賠償　　　　　　　　　　　　　　　　　　　　　　171

　国際的圧力の下で，スイスは2つの委員会を創設した。1つは現在使用されていない銀行口座を検査するもので，もう1つはナチ・ドイツとスイスとの歴史的関係全体を調査するものである。より重要なのは，おそらく，私的なスイス資金がスイス政府と一緒になって，生存する犠牲者，相続人，他の人道的大義のために基金を提案したことである。以前存在していた権利の原状回復よりはむしろ象徴的賠償金と交渉による解決の方が，政治的・道徳的・法的にもつれた状況を解決するのに適した道を提供するのである。

謝　　罪

　賠償は，違法行為について，または残虐行為に抵抗しなかったことについて，黙示的にせよ明示的にせよ，謝罪することを象徴的に表している。賠償行為に内在する謝罪は，損害の事実を認知し，一定程度の責任を受諾し，心からの悔恨を率直に認め，同じ犯罪を繰り返さないことを約束する。しかしながら，子供に謝罪することを教えようとする親であれば誰でもが知っているように，謝罪には問題が伴う。謝罪が不誠実であったり，明確に変化を約束しなかったり，行われた行為の違法性を完全には認知しないこと等である。ジェノサイドおよび大規模暴力の脈絡で際立った問題が生じるのは，実際には責任を受諾することも負うこともできない人，または違法行為を行った人若しくは犠牲者との関係が希薄な人から謝罪の申し出があるときである。謝罪する立場にある人は誰か。誰に対して謝罪するのか。この上なく厄介なのは，おそらく謝罪ではあっても，それが純粋に象徴的な謝罪でしかなく，虐殺を生き延びた人々の現在および将来の生活を変えるための資金または現実の生活に具体的変更を伴わない場合である。

　強制疎開および強制収容のために日系米国人に対して支払われた米国の損害賠償には，謝罪声明文が含まれていた。ロナルド・レーガン大統領は，法案に署名して法としたが，そこには国家としての謝罪および正式に認められた金銭補償(compensation)が記されていた。レーガンは次のように述べた。「失われた年月を取り戻すことのできる金銭支払などあり得ません。

本法案で極めて重要なことは，財産に関わることよりはむしろ名誉に関わることです。ここにおいて，我々は非を認めます」(83)。2 年後，ブッシュ大統領は，生存者ひとりひとりへの謝罪文および小切手に署名した(84)。

　1997 年 5 月，クリントン大統領は，ある研究の生存者に謝罪した。その研究とは，米国公衆衛生総局が梅毒に感染したアフリカ系米国人男性グループに所定の内科治療を施さず，40 年にもわたり意図的に放置していたというものである(85)(*5)。研究は，治療されなかった病気の経過を記録しようとしたものであった。クリントン大統領は，政府の行動が「明らかに人種差別的」であったことを認めた(86)。公の前で悔恨の情を示すこうした行為によって，大統領は政府を代表して，生存者の信頼並びに政府および医学界内にいる他の関係者の信頼を回復することに努めた。奴隷制度について同様に政府が謝罪することを要求した者もいるし，数世紀間にわたり，諸州にわたって行われていた奴隷制度について謝罪するのは遅すぎるし重要なことではないと主張する者もいる(87)。そのような謝罪を要求し，提供し，受け入れるのに適切な立場にあるのは誰か。これらの問題は，奴隷制度，および米国における奴隷制度の遺物に関する継続的な論争の場合に特に顕著となった。奴隷制度は，大規模な悪行ではあるが，現政府の公務員は当時の出来事と関係ないからである。

　最近行われた公式謝罪にはトニー・ブレアの謝罪もある。1845 年から 51 年にかけてアイルランドで生じた馬鈴薯飢饉で英国が演じた役割について謝罪したものである。豪州首相のジョン・ハワードは，約 10 万人に上るアボリジニの子供たちを豪州政府が長期にわたって両親からこっそり

---

(83) Tavuchis, *Mea Culpa*（レーガンを引用).
(84) Ibid., 108.
(85) See Editorial, "Apology Now; Vigilance, Too", *Plain Dealer*, 26 May 1997, sec.B,p.8.
(86) Editorial, "The Tuskegee Apology", *St. Louis Post-Dispatch*, 21 May 1997, sec.C,p.6; Joan Beck, "Apology Can't Erase Tuskegee Horror", *St. Louis Post-Dispatch*, 30 May 1997, sec.B,p.7. 大統領の謝罪が行われたのは，*Miss Evers' Boys* という題名のテレビドキュメンタリーが広く賞賛された後であった。See John Carman, "The Emmy Nominees Are － What, You Again?" *San Francisco Chronicle*, 12 Sep. 1997, sec.C,p.1.
(87) De Wayne Wickham, "Why Clinton Must Stop Dodging Slavery Apology", *USA Today*, 16 Dec. 1997,sec.A,p.15 を，Bill Nichols, "Should the Nation Apologize? Critics Argue Substance is Need, Not Symbolism", *USA Today*, 18 June 1997, sec.A,p.1 と比較せよ。

第5章 賠　償　　　　　　　　　　　　　　　　　　　　　　　　*173*

奪い去って白人家庭または孤児院で育てるという政策について謝罪しなかった(*6)。しかし，今日の豪州は，5月26日を謝罪の日(Sorry Day)と制定している。この日は最もよく売れた人権報告書である『彼らを帰宅させる(Bring Them Home)』の発売記念日であった(88)。日本の首相である村山富市は，第二次大戦中に負わせた苦痛について謝罪した。東ドイツでは，ホロコーストについて政府が数十年にもわたって責任を否定し続けた後で，議会が謝罪した。ローマ法王ヨハネ・パウロ二世は，反宗教改革中に行使された暴力について謝罪し(89)，第二次大戦中に教会が演じた役割についても部分的に謝罪した(90)。カナダ政府はカナダに居住する先住民に対し，彼らの言語，文化，宗教上のならわしを抑圧した過去の政府の行動について謝罪した(91)。フランス大統領シラクは，アルフレッド・ドレフュスの子孫に謝罪した。ドレフュスはユダヤ人陸軍大尉であり，1890年代にスパイ容疑で誤って逮捕され，有罪判決を下され，降格されたのであった(92)。国際社会が正義を復活させる措置にますます関心を持ち始めていること，そしておそらくは，私的感情を公然と培養させているテレビのトーク番組の影響が増大することによって，このように悪行が公式に認められ，悔恨の声明が出されるに至ったのである。謝罪は，政治的暴力および対人的暴力について，和解と癒しを促進するために公務員が行うことのできる現実的な行為である。謝罪は，公務員が利用できる行動の中で，最も費用がかからず，そして行うに難くない行動ともいえよう。

　実際のところ，謝罪は矛盾を前提としている。謝罪は，それがどれ程誠実なものであっても，行われたことをなかったことにすることはできない。それでも，「神秘的な方法で，かつそれ自身の論理に従って，謝罪は過去

---

(88) "A World Apart", *Sydney Morning Herald*, 10 March 1998, 13.
(89) See Nichols, "Should the Nation Apologize?", sec. A., p.1.
(90) 1998年に行われたホロコーストに関するヴァチカンの声明。"New Catholic Line on the Holocaust", *Jerusarem Post*, 17 March 1998,3; "The Vatican and the Holocaust: the Overview; Vatican Repents Failure to Save Jews from Nazis", *New York Times*, 17 March 1998, sec. A, p.1, col.6; "Act of Repentance: Vatican Issues Statement on the Holocaust", *Newsday*, 17 March 1998, sec. A, p.1 で報道。
(91) Alexander Chancellor, "Pride and Prejudice: Easier Said Than Done", *The Guardian*, London, 17 Jan. 1998, 8. での序文
(92) Ibid.

に行われたことをまさしくなかったことにしようとする」(93)。からである。しかし，謝罪はどうしても十分なものとはなり得ない(94)。とはいうものの，赦しが得られるかどうかは謝罪次第である。もちろん，謝罪されたからといって，謝罪相手に赦しが強いられることはない。謝罪に内蔵される神秘の力は，謝罪が呼び起こし，かつ強化する社会関係次第で決まる。謝罪は単なる言葉ではない(95)。ここで決定的なのは，謝罪する過程の社会的(communal)性質である。謝罪は独白ではない(96)。そうではなく，謝罪は加害者と犠牲者の間の意思疎通を必要とする。各当事者の関与なくして謝罪は生じ得ない。さらに，謝罪の提供と受諾の方法は，道徳的な社会(a moral community)を構築するのに役立つ。謝罪は社会規範を侵害したことを認めるのであるから，加害者に社会規範を思い起こさせる(97)。邪悪な行為を再び語り，謝罪の受諾を求めることによって，謝罪する人は，犠牲者の前だけでなく，実際の目撃者または想像上の目撃者集団を前にしても生身の自分をさらけ出す。

　通常，ある個人から別の個人へ示された謝罪の中に後悔と良心の呵責の表現が含まれることは不可欠である。表面的な謝罪と心からの謝罪とを区別することは，謝罪を巧妙なごまかしと区別するために重要となる。持続的な謝罪の社会学(sustained sociology of apology)を発展させたニコラス・タヴュキスは，次のように主張する。「謝罪するということは，作為(または不作為)について，弁解も抗弁も正当化も説明もしないということを自発的に宣言することである」(98)。タヴュキスは，後悔の発言が謝罪となり得ない例を示すために，リチャード・ニクソンの辞任演説を詳細に紹介する。ニクソンは一般的にはほとんど認知されていない特定の責任について決し

---

(93) Tavuchis, *Mea Culpa*, 5.
(94) しかしながら，若干の損害は謝罪によってのみ修復され得る。例えば，「名誉毀損，侮辱，聖職位剥奪，地位の喪失，葛藤を伴う精神的苦痛および混乱」の場合がそれである。Hiroshi Wagatsuma and Arthur Rosett, "The Implication of Apology: Law and Culture in Japan and the United States", *Law and Society Review* 20 (1986): 461, 487-88.
(95) Tavuchis, *Mea Culpa*, 115.
(96) Ibid., 121.
(97) Ibid., 8.
(98) Ibid., 17.

て言及しなかった。むしろ，ニクソンは，彼の政策を議会が支持しなくなったこと，彼の誤った判断，より重要な国益を追及する際に犯された過誤等々の観点から彼の決定を説明しようとした(99)。責任を引き受けないということでは謝罪にはならない。この厳格な要件が必要であるが故に，謝罪は，裁判，真実の発言，金銭賠償または財産の原状回復ではもたらすことのできない何物かを犠牲者および傍観者に確実に与えることになるかもしれないからである。違反者が責任を十分に引き受けることが，謝罪の特質なのである。

同じように重要なことは，犠牲者に対して，謝罪を受け入れるか拒否するかまたは無視する権限を与える姿勢を示すことである。犠牲者は，謝罪に加えて処罰を求めるかもしれないし，赦しを申し出るかもしれない。あるいはまた問題の行為は赦すことのできる範疇にはないと結論づけるかもしれない(100)。犠牲者が謝罪を受諾するか受け入れるかの権限を与えられれば，または処罰を求めるか差し控えるかの権限を与えられれば，彼らは強さと敬意を得られるし，自分たちの見解や選択が重要な問題を決定するのだという意味で特別な地位を得られるのである。最近，若干のユダヤ人指導者が，第二次大戦中のローマ教会の責任に関して述べられたヴァチカンの声明を歓迎したが，他のユダヤ人指導者たちは，特にこの機会を利用してこの声明を不十分であると拒絶した。生存者とその家族こそ，自らが犠牲となったが故に，自己の経験に基づいて，暴力で危険に晒された価値の実践的意味を明確にできる権限を行使する立場にあるし，また行使すべきである。この権限は彼らだけが危害を被ったという事実，したがって，被った危害の範囲と影響について彼らだけに知識があるという事実を反映するのである。

謝罪として述べられた発言であったとしても，加害者が行ったわけでもなければ犠牲者に直接示されたわけでもない発言であれば問題となる。この点について，再びタヴュキスの指摘は説得力がある。「真の謝罪というものは，部外者は言うまでもなく，本人から委任されることはなく，任さ

---

(99) Ibid., 55.
(100) Ibid., 20.

れるわけでもなく、強要されるわけでもなく、負わされるものでもない。そうでないならば、謝罪は全くその意味を変え、謝罪の道徳的な力を変質させてしまう」(101)。誰も代理人によって謝罪することはできないし、赦すこともできない。選挙で選ばれた公務員が行う代表謝罪を扱いにくいものとするのはこのためである。当該公務員が虐殺行為のときに権力の地位になかったのであれば、その謝罪はせいぜい職責上なされるのであり、その人個人からではない。したがって、後悔の気持ちは、せいぜい形式的でお役所的な感覚で行われるにすぎない(102)。謝罪が役所の領分で同じように機能するのは、一般に認められた違反行為を記録するために公的な記録を修正する場合である。政府関係者から国内の一定集団への謝罪、またはある政府から他の政府への謝罪は、必然的に、個人から個人、または個人から集団になされる謝罪とは異なる社会関係を前提とする。

ある国家から他の国家に対して公式の謝罪が行われるとき、外交的雪解けまたは和解をもたらすような態度の変化を可能とする。タヴュキスは、第二次大戦後、ナチスの戦争犯罪人であるクラウス・バービーがボリビアに逃亡するのを助けたことで、米国がフランスに謝罪したことを例として挙げる。1983年、ユダヤ人を死の収容所に強制的に送り込んだこと、およびリヨンのゲシュタポの責任者として拷問と殺人を行った罪について裁判を行うために、ついにフランスはバービーを連れ戻した。バービーがフランスで訴追されるのを回避させようと助力した米国の行動について、米国が遺憾の意を表明する報告書を出したとき、米仏関係は改善された。

公的謝罪は、公的記録を修正し、侵害行為について一般人に広く知らしめ、責任を負わせ、根本規範の侵害を明確にするための道徳的基準をあらためて示すことができる。公的謝罪は、公務員が代わることからすれば、将来の約束を保証するのにそれ程望ましいものではない。侵害行為の責任を明示する直接的で迅速な行動(例えば補償金の支払)を伴わないのであれば、公的謝罪は表面的なものでしかなく、不誠実かつ無意味であるように思われる。実をいえば、目下のところ、「今や謝罪は世界中で大流行して

---

(101) Ibid., 49.
(102) Ibid., 104.

おり,とりわけ米国においてそうである。米国において,謝罪は,過ちに対して,真の代価を支払うことなしに好意を獲得する標準的な手段であったのである」(103)。さらに,謝罪しないと不安でならない個人は,むやみやたらと謝罪するかもしれない(104)。

個人的に行われたものであろうと公的に行われたものであろうと,謝罪は赦しを強要しない。赦しそれ自体が与えられるか否かは予測できないし,そもそも予測できないものでなければならない(105)。生存者は,赦しを与えるか,あるいは差し控えるかのいずれかの権限を獲得し,それを保持する。生存者および他の人々は,赦しがたい行為が存在することを知っている。ニュルンベルク裁判で有罪であることを認めた唯一のナチ指導者であるアルバート・シュピアは,「如何なる謝罪も不可能である」とも述べた(106)。もっとも,通常の場合,赦され得ることと赦され得ないことを社会に思い起こさせるのは生存者である。ある侵害行為を赦し難いものとみなすこの権限は,生存者が社会の道徳的感覚を醸成するのに一役買っている。

賠償金は,侵害行為に対する象徴的救済策として,金銭または資産を提供する。原状回復は違法に収用された不動産・美術品・人骨を返還する。原状回復は,盗まれた対象自体が独特で重要な意味を犠牲者にもたらすとき,最も正当な方法と解されるかもしれない。謝罪は,悪行を明示的に認

---

(103) Chancellor, "Pride and Prejudice", 8.
(104) Tavuchis, *Mea Culpa*, 40.
(105) See Hannah Arendt, *The Human Condition* (Chicago: University of Chicago Press, 1958), 241.「復讐は,侵害行為に対する自然かつ自動的な反応であるとともに,そのような行動過程は不可逆性を内蔵しているため,その後の推移を予期することも計算することさえも出来る。これとは対照的に,赦しは決して予測できない。赦しは予期できない方法で作用する反応である。したがって,一定の行動に対する反応としての行動ではあるものの,他の何らかの行動に対する反応としてではなく,最初の行動として,そこから様々な反応を引き出す性質も保持している唯一の反応である。換言すれば,赦すということは,単に侵害行為に反応するだけでなく,新たにかつ無条件に行動するきっかけとなる唯一の反応なのである。つまり,それは赦しを誘発した行動によって条件づけられずに行われる。それゆえ,赦す人も赦される人も最初の侵害行動の影響から解放されるのである。」
(106) Paul L. Montgomery, "Albert Speer, 76, Architect of Hitler's Nazism Is Dead", *International Herald Tribune*, 13 September 1981, 13.

め，犠牲者に赦しを与えるか否かの機会を与える。大虐殺後の公的謝罪は，個々の人間関係を含む社会的な修復過程を円滑に進めるのに有用な加害者と犠牲者の直接的つながりを欠いている。また，公的謝罪は金銭賠償のような直接的・即時的行動を伴わないならば，意味がないように思われてしまう危険性がある。

　賠償金，原状回復，謝罪は，大虐殺に対する対応策としてそれぞれ異なる可能性と問題点を示し，それぞれが検討に値する。これらは集団的暴力に対して考慮されるべき対応策といえる。それでも，ここでの議論の何物も，金銭支払，返還された不動産，回復した宗教上の史跡，謝罪が，傷口をふさぎ，犠牲者を元通りにし，白紙の状態にするなどということを意味するものと考えられるべきではない。これらの行為によって，将来，侵害行為が起こらなかったかのように扱われるという期待または可能性が暗示されるのであれば，今後のケースで修復を求めたいという願望は打ち砕かれてしまうであろう。というのは，まさにそのような期待や可能性の暗示こそが，起こったことの巨大さを認知する必要性を感じなくしてしまうからである。

(*1) 修復的正義（restorative justice）は修復的司法または回復的司法とも訳される。「犯罪によって影響を受けた全ての関係者（すなわち，犯罪者・被害者・それらの家族，地域・警察などの公的機関）を合意に至らせるための過程」と定義され，犯罪者と被害者の人間関係や，犯罪者と地域との関係の修復を目的とする。「刑罰に依拠せず，犯罪者と被害者の二者間で話し合い，解決する」という意味で理解される場合もある。

(*2) 再認（recognition）とは，かつて見たり聞いたりして経験したことのあるものとして確認することをいい，再生（recall）は経験したことをそのまま思い出すことを意味する。過去の経験をそのまま思い出すことは不可能であり，何らかの変容を受けていることから，一般的に再生することは困難である。他方，再認することは容易である。

(*3) 世話の倫理（an ethic of care）は，発達心理学者のキャロル・ギリガンが女性の道徳的発達の理論として提示した考え方である。道徳的ジレンマに直面した時，人はどのような規準で対処するのかを調査したギリガンは，男が「何が正義にかなうか」という「正義の倫理（ethic of justice）」（問題を権利や規則の

第 5 章 賠　　償

問題としてとらえる）によって対処し，女は「他者のニーズにどのように応答するべきか」という「世話の倫理（ethic of care）」によって，つまり，人間関係における思いやりと責任の問題として対処するという見方を示した。世話の倫理は，他者の必要性に対して如何に対処すべきかという問いかけを重視し，care を最も根本的な倫理的規範と考える。他人の必要に心を配り（care），複数の声に耳を傾け，自分の判断に他人の視点を含みこもうとするのである。ギリガンによれば，両者の統合（両立）によって，人間としての十全な成熟が果たされる。なお，care は，配慮・気遣い・思いやりなどとも訳される。世話の倫理に対しては，社会的コンテクストの要因が考慮されていないといった批判が寄せられている。

(*4)　「関係」についての焦眉の要請とは，人々が如何に深く傷ついているか，加えられた危害を他者も認識して欲しいとどれほど感じているかを身体的表現で伝えることを意味する。また，被害者に同情し苦痛を切り抜ける道を見出し，苦痛を理解できる他者との結びつきを感じて孤独感から脱却することも意味する。

(*5)　「タスキギー梅毒実験」は，米国公衆衛生局がアラバマ州タスキギー郡並びにその周辺に住む約 600 名の黒人を対象として 1932 年から 40 年間にわたって行った実験である。梅毒の治療をせずに放置した場合に生ずる症状の経過を研究することが目的であった。米国政府は，1974 年に，「タスキギー梅毒実験」の被害者および遺族に 1,000 万ドルほどの和解金を出した。しかし，1997 年 5 月 16 日にクリントン大統領が謝罪するまで，歴代の大統領が被害者や家族，国民に対して，国としての謝罪を述べることはなかった。

(*6)　豪州は白豪主義の下で，1960 年代の終わりまでの 1 世紀以上の間，政府の命令で白人の血の混じったアボリジニの子供を母親から強制的に引き離し，孤児院やホスト・ファミリーのもとへ送った。警察官や「保護官」はアボリジニ集落に襲撃をかけ，色白の肌の混血児をすべて連れ去ってよいという許可を与えられていた。同化政策を強行するためであった。この問題が大きく取り上げられるようになったのは 1990 年代前半のキーティング労働党内閣になってであった。政府は大規模な調査を行い，1997 年 4 月に報告書『彼らを帰宅させる』（Bringing Them Home）を発表した。同報告書によると，1885 年から 1967 年にかけて 7 万人から 10 万人ものアボリジニの子供たち，すなわち，全体の 30％ から 50％ のアボリジニの子供たちが，生みの母親から引き離されて施設に入れられたことが明らかにされた。国連人権委員会の度重なる批判にもかかわらず，豪州政府は責任を認めようとしていない。2000 年 4 月におけるハワード内閣の声明は，強制的に連れ去られた子供たちは 10％ に満たないし，引き取られて当然の子どもたちも多かったとするのみである。

第6章

歴史と向き合う

　　波打つ煙の向こうに見えつつあるものが何であるか、私にはわからない。が同時に、よくわかっているのかもしれない。が、それは、私の知っている如何なるものにも、絵としても言葉としても一向に結びつかない。ただ私が感じるのは、ここが単なる築堤と鉄路の終結部ではなく、あらゆるものが終わりを迎える場所であるということである。この場所で世界は世界であることを止めてしまう。
　　　　　　　　　　　　——ビンジャミン・ウィルコマスキー
　　Binjamin Wilkomirski, *Fragments: Memories of a Wartime Childhood*, trans. Carol Brown Janeway (New York: Schocken Books, 1996), 94.

焼け残りの炭をかき集めてはならない／新しい視点でものを見るのだ
　　　　　　　　　　　　——ニッキ・ノジマ・ルイス
　　Nikki Nojima Louis, "Breaking the Silence," reprinted in Yasuko I. Takezawa, *Breaking the Silence: Redress and Japanese American Ethnicity* (Ithaca, N.Y.: Cornell University Press, 1995), viii.

大量殺戮のあとで，我々は過去に関する何と向き合うことができるのか，また，向き合うべきなのか？　世界を否定されるような体験は，描写されることのみならず，おそらく記憶されることすらも拒むだろう。が，かかる体験を記憶にとどめることをすら拒むことは犠牲者を侮蔑し，怒りが化膿していくのを放置する危険を冒すことになる。復讐と赦しの間を行く途を模索することは，過剰な記憶と過度の忘却との間の途を模索することでもある。過剰な記憶はひとつの病であるとマイケル・ロスは言う(1)。チャールズ・マイアーによれば，特にアメリカ人は「記憶中毒になってきており」，近代のアメリカ政治を「嘆きを祀り上げて競い合う」営みにしてしまった(2)。一方，哲学者のハーマン・ラップは，恩赦と健忘症によってナチスの過去を封印してしまったことこそが1950年代の西ドイツに安定した民主制を建設することを可能にした，と主張する(3)。

　が，ジャン・ボードリヤールは「抹殺行為を忘れることはそれ自体が抹殺行為である」と言う(4)。ジャーナリストのティナ・ローゼンバーグは東欧とラテンアメリカにおける調査から，「個人のみならず，国家もトラウマ的な過去の出来事を乗り越えて通常の生活を回復する前に，それに向き合い，理解する必要がある」と結論付けている(5)。ミラン・クンデラのフレーズは全体主義に対する抵抗を次のように要約している。「権力との闘いは，忘却に対する記憶の闘いである」(6)，と。ティモシー・ガートン・アッシュは「犠牲者とその親類は，誰が彼らと彼らの愛する者に災厄をも

---

(1) Michael S. Roth, "Remembering Forgetting: Maladies de la Memoire in Nineteenth-Century France", *Representations* 26 (spring 1989): 49-86.

(2) Charles Maier, "A Surfeit of Memory? Reflections on History, Melancholy and Denial", *History and Memory* 5, no. 2 (fall/winter 1993): 136. 彼は続ける。「記憶の過剰は，歴史に対する信頼の証ではなく，体制移行のための政治からの退却の証である」。

(3) See Timothy Garton Ash, "The Truth about Dictatorship", *New York Review of Books*, 19 February 1998, 36.

(4) James E. Young, *The Texture of Memory: Holocaust Memorials and Meaning* (New Haven, Conn.: Yale University Press, 1993), 1 (quoting Baudrillard).

(5) Tina Rosenberg, *The Haunted Land: Facing Europe's Ghosts after Communism* (New York: Vintage, 1995), xviii. 彼女は，アルゼンチンに関する最近の書物の書評においても同様のコメントを行っている。Rosenberg, "The Land of the Disappeared", *New York Times*, Sunday 26 April 1998, sec. 7, p. 19, col. 1.

(6) Milan Kundera, The Book of Laughter and Forgetting (New York: Knopf, 1980), pt. i, sec. ii.

たらしたのかを知る権利がある」と主張している。さらにこれに付け加えて，記憶とは政治の一手段であって，「過去の汚れた断片は周期的に頭をもたげ，しばしば汚れたやり方で現在の政争に利用される」とも言う(7)。忘却と記憶の相互交換そのものが権力の行路を浮き彫りにする。ウィリアム・グラッドストーンは「アイルランド問題の原因は，アイルランド人は決して忘れないことをイギリス人が決して記憶しようとしない点にある」と言ったとされる(8)。歴史研究者のパトリス・イゴネによれば，19世紀のフランスの指導者たちは，フランス革命とその恐怖政治を，その贖罪の一形態として，記憶にとどめ嫌悪するよう国民に促したが，一方で今日のフランスの一般国民は，恐怖政治を忘却されるべき歴史上の不幸だと捉えている(9)。

　記憶の過剰と不在という二極化した危険は，現代の論者をして，過去を記憶することの逆説的な意義を抽出させている。南アフリカの司法相であるデュラ・オマーは「我々は過去を乗り越えて行きたいと欲しているが，決して忘れたいと思っているわけではない。記憶にとどめておきたいと思っているのだ」(10)と強調する。テロ後の復讐と正義を扱った寒気のするような劇作である『死と乙女(Death and the Maiden)』の巻末言でエイリエル・ドーフマンは「我々は如何にその虜にならずに過去を活かし続けることができるのか？　将来における繰り返しの危険を冒さずに如何に過去を忘れ去ることができるか？」と書いている(11)。昨今の子供の本でさえも，何を忘れたのかを思い出さなければならなくなった幼い象についての物語を語っている。とりわけ，この幼い小象は，根源的な仲間意識をこころの

---

(7) Ash, "Truth about Dictatorship", 36. 政治と記憶，歴史と伝統の間の複雑な関係についての洞察にあふれる議論に関しては，Aviam Soifer, *Law and the Company We Keep* (Cambridge, Mass.: Harvard University Press, 1995): 104-11 を参照せよ。

(8) Henry J. Steiner, introduction, in Harvard Law School Harvard Human Rights Program and World Peace Foundation, *Truth Commissions: A Comparative Assessment* (Cambridge, Mass.: Harvard Law School Human Rights Program, 1991), 7 (quoting Gladstone).

(9) Comments at Harvard Law School Human Rights Program, "Remembering and Forgetting Gross Human Rights Violations", 5 April 1997.

(10) Comments at Collective Violence and Memory: Judgment, Reconciliation, Education, Facing History and Ourselves, 12th Annual Human Rights and Justice Conference, 10 April 1997, Cambridge, Massachusetts.

(11) Ariel Dorfman, afterword to *Death and the Maiden* (New York: Penguin Books, 1992).

中につなぎとめておくために、他の象が行った悪気はないのだが危険な行為とルール違反の事実を忘れたことを思い出さなければならない立場に立たされるのであった(12)。

しかしながら、ジェノサイド、大量殺戮、全体主義的テロの後を生きることは、記憶と忘却の問題を単に過去をどのように扱うかという局面だけに限局しない。記憶するにせよ忘却するにせよ、過去に対応することが、個人および社会全体にとって現在と未来をどのように形作るかという点を問題にする。ナチの収容所を生き延びた両親を持つモーナ・ウィースマークと、父親がナチのSSの将校であったイヨナ・キュファルは、ナチス関係者の子供とホロコースト生存者の子供たちが自分たちの罪悪感、怒り、嘆きを吐露する最初の会合をオーガナイズした。彼らの目指したものは過去に焦点を当てることではなく、未来を変えることであった(13)。個人にとって、また共同体にとってさえも、トラウマの原因になるような暴力は、過去の抑圧によって醸成された現代の人間的プシケー (the current human psyche) の一部を構成している(14)。ティナ・ローゼンバーグは書いている。「私が学んだ最初の教訓は、多くの国は過去に始末をつけようとしているのではないということである。なぜなら、過去は依然として彼らと共にあるからだ」(15)、と。だとすれば、必要なのは、結果としての記憶 (memory) ではなく思い出し続けること (remembering) であり(16)、ある

---

(12) Faith McNulty, *The Elephant Who Couldn't Forget* (New York: Harper and Row, 1980). その58頁では、賢いおばあさん象が「大切なことを思い出すために、時には、大切じゃないことを忘れることが必要だよ」と論している。

(13) See Mona S. Weissmark, Daniel A. Giacomo, and Ilona Kuphal, "Psychosocial Themes in the Lives of Children of Survivors and Nazis", *Journal of Narrative and Life History* 3 (1983): 319; see also Daniel Bar-On, *Legacy of Silence: Encounters with Children of the Third Reich* (Cambridge, Mass.: Harvard University Press, 1989).

(14) Comments of Walter Robinson, Facing History and Ourselves conference planning session, January 1997.

(15) Rosenberg, introduction to *Haunted Land*.

(16) この定式は、精神医学者兼法学教授のアラン・ストーンによるものである。彼はまた、人権侵害を取り囲んでいる記憶と忘却に関するありふれた議論――特に、抑圧の観念が忘却に言及するために持ち出されるような場合――にも反対している。それは、意識の中からトラウマを排除しようとするという意味での抑圧では実はない、と彼は説明する。そうではなくて、思い出すことができないのは、解離 (disassociation) によるものなのである。記憶はそこにあるのだが、アクセスすることができないでいるので

第 6 章　歴史と向き合う

完璧な画像を取り戻すことではなくて過去と現在の断片を峻別しかつ統合するというダイナミックなプロセスである(17)。これを逆説的に表現すれば，必要なのは，意味をなし得ないことを再解釈するプロセスであり，ひとつになり得ないものを集めるプロセスであり，現在からも未来からも切り離し得ないものを分離させるプロセスなのである。

後に法学生となった療法士，アンドレア・バーンズは，トラウマを記憶することとそれを忘却することの関係について次のように考察している。

> 「考えられないこと」——あまりにも我々の世界観からかけ離れているのでとても想像できないこと——が発生したとき，それに意味を付与するために我々は想像可能な行動をとろうとする。あるいは，自分たちの勘違いないし誤った解釈が原因と見て，それを否定する。あるいは，自分たちの安堵感を助長するようなある種の説明を見つけるかもしれない——事件の責任は我々にあるということにすれば，少なくとも我々は事態をある程度コントロールすることができる——。あるいは，ある種の自主的忘却を図ることによって心の中からその事件を追い出そうとするだろう。問題なのは，事件を「論理的」なものにしようと努める中で，我々は被害者としての役割を演じ続けなければならない点にある（例えば，このような恐ろしい事件は起こるべくして起こったのだ〔というような理解の仕方〕）(18)。

ある。それは，自我からの離脱であり，意識下に潜行しているのでなく，分離されてしまっているのだ。Alan Stone, panel, Harvard Law School Human Rights Program, 5 April 1997.

(17)「過去の出来事の記憶は，脳の中の一箇所に蓄積されているものですらない。むしろ，ひとつの記憶の景色，音，臭い，そしてその思考や感情は異なった場に蓄積されている。記憶を取り戻すことは，（ダニエル・）シャクターがジグソウ・パズルの作成のアナロジーで語っているように，これらの断片を取り戻していこうとするプロセスなのである。このプロセスは，記憶を取り戻そうとするその時点でのその人の気分や周辺環境など，現在の状態に影響を受けざるを得ない。シャクターは，したがって，記憶とは『過去の正確な再現ではなく，過去と現在のダイナミックな相互作用なのである』と主張している」。Joseph Glenmuller, "Memory Lanes", review of *Searching for Memory*, by Daniel Schacter, *Boston Globe*, 23 June 1996, sec. B, pp. 35, 38.

(18) Andrea Barnes, reflection paper, 29 January 1998 (unpublished seminar paper, Boston College Law School).

心理療法は時間のかかる再解釈の過程なのである。

過去に起きてしまったことに対する自分の無力さと将来起こるであろうことに対する自分の責任を一緒に強調すると同時に，現在の自分を重視するような儀式的集会(ritualized meetings)は一定の人々には決定的に重要であろう。確かに矛盾するように見えるが，無力感と個人の責任をともに強烈に受容することと儀式的集会の組み合わせは，「名も無きアルコール依存症患者(Alcoholics Anonymous)」が採用している12段階共助グループ(twelve-step mutual aid groups)などで顕著な成功を示しているように思われる(19)。

個別的心理療法や共助グループとは対照的に，裁判，真相解明委員会，賠償というものはそれぞれ，公的活動によって再解釈のプロセスを考案し，可能ならしめることを要求する。そこでの焦点は個人のみならず，共同体や国民国家にも当てられる。その活動は主に犠牲者のためのなされるが，加害者に関してもなされなければならない。また，傍観者に対してもその活動は向けられるが，ただ向けられるだけではなく，傍観者を彼らの住む国の現在と未来における行動主体に変えて行かねばならない。

大量虐殺の後では，被害者も加害者も傍観者もそれぞれ，相互認知を求める(20)。が，これら3つの役割があたかも整然と峻別できるかのように

---

(19) Klause Mäkelä, Ilkka Arminen, Kim Bloomfield, Irmgard Eisenbach-Stangl, Karin Helmersson Bergmark, Noriko Kurube, Nicoletta Mariolini, Hildigunnur Ólafsdóttir, John H. Peterson, Mary Phillips, Jürgen Rehm, Robin Room, Pia Rosenqvist, Haydée Rosovsky, Kerstin Stenius, Grazyna Swiatkiewicz, Bohdan Woronowicz, and Antoni Zielinski, *Alcoholics Anonymous as Mutual-Help Movement: A Study in Eight Societies* (Madison, Wis.: University of Wisconsin Press, 1996), 118, 133-34. 重要な諸段階は，まず自己の無力さを認めることから始まり，個々の行動に責任を取らせながら，自分よりも偉大なパワーに対する確信を形成していくことを含む。12段階プログラムにおいて，会合は，半ば儀式化された講演会形式が取られており，そこでは現時点での個人の経験を報告することが許されている。

(20) Payam Akhavan, "Justice and Reconciliation in the Great Lakes Region of Africa: The Contribution of the International Criminal Tribunal for Rwanda", *Duke Journal of Comparative and International Law* 7 (1997): 325,348 .「正義と和解は，被害者と加害者の領分にのみに収斂されることはあり得ない。なぜならば，われわれが共有する人間性は，人間性を眼前にしている単なる傍観者も等しく扱われるべき存在の一部であることを要求するからである」。

第6章 歴史と向き合う

考えることは危険である。生き残った者たちは、これら3つの役割のいずれかに単純に区分けされることに違和を感じるだろう。南アフリカで手を汚していない白人はいない、とTRCのアレックス・ボレインは述べている。また、多くの被害者は、──自分が生き残ったことや、他者を助けるためにもっと多くのことができたのではと──罪の意識を感じている。さらに、そう、多くの場合、加害者もまた犠牲者でなのである。加害者たちも、彼らを原理に基づいて行動しているのだと確信させてしまうイデオロギーと欺瞞のシステムの犠牲者であり、その結果、他者の責任や自分の自己検証責任すらも緩めてしまう、空洞化した責任体系の犠牲者なのである。「ある集団を憎み、非難し、拒絶することは、集団を構成する個々の人間をより誠実に見つめる責任を我々が負わなくてすむようにさせてしまう。それは我々自身や自分の深い情感を誠実に見つめることも放棄させてしまう」(21)。

通常の刑事法制の文脈で言えば、刑事訴追や処罰は、加害者をもう一度まともな人格に組み直すというよりもむしろ、彼らに屈辱を味わわせ、孤立化させるものであって、必ずしも犯罪を減少させ、社会をより安全なものにする役割を果たせるとは言えない(22)。哲学者のジーン・ハンプトンは、成功する応報的処罰とは、暴力の中に表徴されている優越性を加害者から奪うに足る苦しみを同時に与えるものである、と説明する(23)。とは言っても、このような処罰が、今度は被害者に劣後する程度にまで加害者貶め

---

(21) Richard Lowell Nygaard, "On the Role of Forgiveness in Criminal Sentencing", *Seton Hall Law Review* 27 (1997): 980,996. ナイガードはアメリカの連邦控訴裁判所判事である。彼の論文は、ほとんどの刑事被告人に赦しを与えることを主張するものだが、次のような犯罪者に対しては例外だとする。それは「後にどれほど悔い改めたとしても、軽い措置ではその罪もその行為も決して減殺されることのないような、言語化不能な大規模暴力、戦争行為、卑劣なテロ行為を犯した者〔には赦しは与えられない〕。公衆は〔このような犯罪を〕不正義と不均衡の目で蔑み、また、〔このような犯罪は〕どのような正義の観念をも毀損するであろう」。See pages 995-96. 彼は、社会の大多数の構成員がテロや拷問に加わっていた場合にどうすべきであるかについては言及していない。

(22) Toni M. Massaro, "The Meanings of Shame: Implications for Legal Reform", *Psychology, Public Policy and Law* 1997 (1997): 645,648〔文学評〕.

(23) Hampton, "An Expressive Theory of Retribution", in Wesley Cragg, ed., *Retributivism and Its Critics* (International Association for Philosophy of Law and Social Philosophy, Nordic Conference held at the University of Toronto, 25-27 June 1990), 1, 14.

るものであってはならない(24)。

　大規模暴力の場合は違う。拷問，誘拐，殺人——つまり陵辱や恐怖の支配——には，それがひとりの人間を殺した場合であっても，通常の犯罪行為よりも厳しい対応が要求される。しかし，如何なる処罰と言えども，非道さのスケールを適切に表明できるものは存在しない。そして，復讐の連鎖を断ち切ることが長期的目標に含まれるのなら，少なくとも〔非道さの〕レヴェルにおいて低位にいる犯罪者についてはその人格を社会的に再適合させることが追求されるべきである。多くの場合，「向こう側」の人間を全て悪魔視してしまうことは，社会構成員のうちかなりの部分を，つまり，より大きな善のために小悪をはたらいたと信じている人々や，あるいは恐怖に駆られた行動であった等の理由で自分たちの過ちを合理化している人々を含む社会のかなりの部分を悪魔視してしまうことになるだろう。こういった思い込みなり信念を理解しようと努めることは，悪に屈服することではなく，またより深刻な集団間紛争の火種を与えることを避けようとするにすぎない安易な現実的対応でもない。それは，人々をして自らの行動と信念を正当化し得るものと観念させているところの意味と記憶のフィルターの存在をきちんと認識することなのである(25)。

　裁判，真相解明委員会，および賠償はそれぞれ，人々を被害者の役割に固定せずに，また冷めることのない憎悪の感情の罠に陥れることなく，公的認知を与え得る潜在的可能性を有している。が，本書で見てきたように，大量虐殺に対するこれらの対応措置は，理論上も実践上も，それぞれはっきりとした限界を抱えていることも確かである。そこで，これら3つの対応の限界をもう一度ここで振り返り，潜在的可能性を有する対応をさらに考えてみることにしたい。おそらく1人1人の個人および国民にとって最も重要なことは，大規模暴力に反対する潜在的可能性を持った対応を，討

---

(24) Ibid.
(25) これとは対照的に，戦争犯罪を刑事訴追することに反対するリアル・ポリティークの観点からの主張は，戦争犯罪人は同時に，平和をもたらすために必要であった作戦を実行した軍神(war lords)でもあると考えている。See "An End to Impunity", *Financial Times*, London, 8 April 1998, 20. この種の主張は，国際人権や刑事訴追への努力が徐々に高まりを見せるにつれて，まさに退却を余儀なくさせられてきた論調である。Id.

議し,解釈し,争い,受け容れ,拒絶し,再検討するそのプロセスであろう。生き残った被害者はこういったプロセスへの参加資格を奪われた単なる客体として扱われてはならない。何人かの加害者が処罰をすり抜けたからといって,その事実が上記のような対処のためのプロセスの要請を鈍らせる口実になってはならない。正式の謝罪を公的な舞台に乗せるからといって,かかる謝罪を受け容れない人々に沈黙を強いるようなことがあってはならない。個人に対する尊重は,大規模暴力に対する公的・私的対処の結果においても,また,そのような対処のプロセスにおいても貫かれなければならない。

裁判,真相解明委員会,そして賠償

1. 裁　　判

　戦争犯罪や大量殺戮の裁判は,復讐衝動を国家の運営による真相解明や処罰の方向に向けていくが,それはかなりの部分で,法の支配の実効化よりもむしろそのシンボリズムに依拠するものと言える。近時,ボスニア,ルワンダ,アルゼンチン,カンボジアといった地域で発生した事件の規模からすれば,裁判所は,集団的暴力に実際に加担した者のうち,わずか数パーセントを審理にかけるのがせいぜいである。起訴の決定はしばしばスケープゴートを作り出すように見える。また,不起訴を裁量的に決定することは,公的な議論も承認も経ないまま,ある種の恩赦を与えることを意味するかもしれない。とりわけ,国際裁判所という新たな分野では,こういった起訴の決定は,どれくらいの資源を持っているか,逮捕や捜査に対して権力を持っている主体との協力をどれだけ取り付けることができるかに大いに左右される。

　裁判を正当化するために用いられるレトリックと裁判を取り囲む政治環境に関する議論とが,並行的に展開しているのは驚くべきことである。イタリア出身のアントニオ・カッセーゼ判事は,旧ユーゴスラヴィア国際法廷の開廷時から1997年11月まで同法廷の控訴部の責任者を務めた。彼は,「国際法廷を立ち上げた人々はそこで繰り広げられるであろうことを予測

も想定もしていなかった」実情と,むしろ,任命された判事と献身的なスタッフが,法廷も,被告も,免責に対する法的対応の文化もないところで,一連の手続的規則を作り出して行った様子を描いている(26)。そのような作業を通じて,直接の参加者たちが法廷を創設者たちの想定をはるかに超えた現実的なものにしていったのである。こうして旧ユーゴスラヴィア国際法廷やその他の法廷が設置され,大量虐殺の争点について語り始めると,その支持者とジャーナリストたちは,正義を打ち立て,真実をかき集め,必要とされている公的認知を生み出すことを裁判に要求し出すのである。

　かかる要求および希望は,暴力の規模とそれへ加担した者の公式記録の作成や,有罪判決を通じての事件とその絶対的悪性に対する公的認知の付与を裁判所に求めるものである。ジャクソン判事はニュルンベルク裁判の判事たちに「もしこれらの被告たちに無罪を宣告するならば,それは戦争も殺人も,そして犯罪もなかったと言うのに等しい」と主張した(27)。公的認知の必要性は,犠牲者の遺族たちだけでなく,その名称の下で暴力が行使された集団の成員にとっても切実なものになるだろう。「ドイツ人がニュルンベルク裁判を必要としたのと同様に,セルビア人もクロアチア人も戦犯法廷を必要とする――彼らの民族の名の下に政界や軍の指導者たちが仕出かした,ありのままのグロテスクな現実に直面するために――」(28)。同時に,あるボスニアのセルビア人が語ったことであるが,「誰が戦犯で誰がそうでないかを知ることはセルビア人にとって重要なことである」,「さもなければ,世界の人々は私たちの全てが戦犯であると思ってしまう」と(29)。正義と責任への希望が近時,アルゼンチンにおいても沸き立った。1976年から1983年までの軍事政権期において「失踪者たちの」子供を誘拐

---

(26) Judge Antonio Cassesse, interview by author, The Hague, November 1996.
(27) John H. Phillips, "Practrical Advocacy", *The Australian Law Journal* 69 (August 1995): 596 (ニュルンベルグ裁判におけるロバート・ジャクソンを引用).
(28) Indira R. Lakshmanan, "To Forgive Thy Neighbor", *Boston Globe*, 18 February 1996, 83. かかる目標に向けて,ムスリムたちも,まさに同じく大規模暴力を強力な訴因として刑事訴追される必要がある。Id.
(29) Elizabeth Neuffer, "Elusrve Justice: It Will Take an International Court to Deter War Criminals", *Boston Globe*, 29 December 1996, sec. D, pp. 1-2.

したとされるある人物が逮捕されるに至ったからである。真相解明委員会の報告によれば，このような境遇にある子供たちが誘拐され軍人の家族に与えられていたケースが少なくとも172件あったと言う。アルゼンチンのある新聞は近時の逮捕のニュースに喜び，ヘッドラインで「神は存在した」と伝えていたほどである(30)。

　刑事訴追に対する希望と反発を最もよく示している最近の例として，1994年にルワンダで約80万人が殺害されたジェノサイド犯罪に伴って設立された国際および国内法廷が挙げられる(31)。当時，ルワンダ国内の司法制度は崩壊に瀕しており，国際社会の介入がなされないことがメディアにおける論争の対象に上っていた。国連安全保障理事会はジェノサイドに責任がある者を訴追するためにタンザニアのアルーシャに国際刑事法廷を設置した。旧ユーゴスラヴィアの国際刑事法廷の設置が先例となり，目標となったのだ。ルワンダ国内では，政府が自国の司法システムを再建しようと，警察の捜査官，検察官，裁判官の育成に努めていたところであった。約11万5千人が逮捕され，拘置所や拘禁施設に送られ，国の裁判を待っていた。1997年になると，アルーシャの国際法廷とルワンダの裁判所の双方が公判を開始した。ところが，ルワンダの裁判所で第1審の法廷に立った被告人には，弁護人がつかず，証人を出す機会も検察側証人を反対尋問する機会も与えられなかった(32)。なぜなら，1997年の段階のルワンダでは実務法曹は50名に満たず，しかもそのほとんどがジェノサイドの罪で訴追されている被告の代理人になることを拒絶したからである。弁護人の不在は公正な刑事裁判にとって深刻な障害になった(33)。

---

(30) Editorial, "An Enemy of Argentina's People", *Boston Globe*, Sunday, 14 June 1998, sec. F, p. 6, col. 1.

(31) See, generally, Payam Akhavan, "The International Criminal Tribunal for Rwanda: The Politics and Pragmatics of Punishment", *American Journal of International Law* 90 (1996): 501.

(32) Lawyers Committee for Human Rights, "Prosecuting Genocide in Rwanda: The ICTR and National Trials", July 1997, 59 (hereinafter cited as "Prosecuting Genocide in Rwanda").

(33) Ibid., 61 (ルワンダにはたった16人の法律家しか確認できない). 1997年8月に44人の法律家が法曹資格を認められたと伝える別の情報源もある。同時に，同国は，法律家協会を創設する法を採択し，また，同法は，法律学の学位は持たないが6ヵ月間の研修の修了認定を有する司法弁護士（judicial defenders）の団体の設置を促進している。See Stef Vandeginste, "Justice for Rwanda and International Cooperation" (Center for the Study of the Great Lakes Region of Africa, Universiteit Antwerpen, September 1997), 4.

1998年4月，何万というルワンダ人が，ジェノサイドを裁くルワンダ法廷によって有罪判決を受けた22名の被告の死刑執行を見物しに集まってきた(34)。これはツチ族殺害に対して命じられる初めての死刑である。死刑囚の一団の中には，1994年のツチ族大量虐殺への参加をフツ族に対して勧奨する放送をした憎しみのプロパガンダの元凶，フロデゥアルド・カラミラの姿もあった(35)。ルワンダ政府当局は，この裁判と判決を法の支配を再構築するものとして，また，1962年の独立以来繰り返されてきた民族的動機に基づく暴力の連鎖に終止符を打つものとして正当化した(36)。ところが，新聞報道によれば，執行を見物する群集は時として血に飢えていたように見えたと言う。国際人権の領域で指導的な立場にある人々は，前提となっている裁判自体が国際的な正義の基準を満たすものではないと非難した。ある被告人は法的な陳述が許されず，またある被告人には準備期間に余裕のない弁護人しかつかなかった。その結果，ローマ法王，EU，アメリカ合衆国，そして多くの国際人権組織が，成功はしなかったものの，執行の延期を求めた。復讐のサイクルに終止符を打つどころか，裁判自体が復讐になっていたのである(37)。ルワンダのジェノサイド犯に対する訴追のうち国連の主導によるものの方は――比較的高位に位置する政府職員に焦点を絞った訴追であったが――より慎重に進められ，3年間で有罪判決に至った者は1人もない状況であった(38)。が，22名の政府高官を拘束したという点では，本法廷は，容疑者のほとんどを拘束することができなかった旧ユーゴスラヴィア国際法廷よりも，訴追に成功する機会を実際には十二分に持っていたと言える(39)。

　1998年5月1日，この画期的な日に，ルワンダの前首相が国連の法廷においてジェノサイド罪の認否につき有罪を認め，他の関係者に関する証

---

(34) James C. McKinley, Jr., "As Crowds Vent Rage, Rwanda Executes 22 for '94 Massacres", *New York Times*, 25 April 1998, sec. A, p. 1.
(35) Ibid., sec. A, p. 6, col. 3.
(36) Ibid.
(37) Ibid., "'Revenge is not justice,' Marc Saghi of Amnesty International told The Associated Press".
(38) Ibid. また，諸条約の線に沿って，国際裁判所は死刑制度を有さない。
(39) "Prosecuting Genocide in Rwanda", 2.

言を行うと約束した(40)。この高官，ジャン・カンバンダは，ジェノサイドに対する責任体系の実態を描いて見せたのである。カンバンダは虐殺を画策する会議を自ら主宰し，ツチ族が逃走できないように道路封鎖を命令し，ツチ族の子供の助命嘆願を自ら却下したのであった（その子供たちはひとつの虐殺を生き延びても，別の虐殺で命を落とす運命にあったが）(41)。ここでの有罪訴答（guilty plea）は減刑との取引を伴うものではない。約束された証言は 1994 年の虐殺を仕切った暫定政府の行為をより詳細に解明する可能性を開いたのだ。

　裁判が行われるところに生まれるひとつの希望は，関係する傍聴者たちに真相を伝える透明性の高い訴訟記録が作成される点にある。訴訟の全般を通じて貫徹されるべき公正の観念がこの希望を支えているが，この点はルワンダの国内法廷においては危うかったようである。もっとも，それ自体が語る力を持った理解しやすい訴訟記録……という考え方は，〔ルワンダの国内裁判所と比べて〕より良好な訴訟条件の下で訴訟が行われたとしても，そもそも問題をはらんでいる。ローレンス・ダグラスの緻密な研究によれば，ナチの捕虜収容所における大量殺人の証拠としてドキュメンタリー・フィルムを使用することすら，政治的テロや戦時下の残虐行為の物語に対する偏見や，ユダヤ人へのジェノサイドを正しく理解することの障害を訴追過程に与えてしまった，とされる(42)。

　近時の国際法廷にとって，予想される傍聴者および実際の傍聴者とは正確には誰なのであろうか？　カッセーゼ判事は，国連の指導層と並んで，アメリカ合衆国とそのメディアが主要なターゲットであると示唆している。旧ユーゴスラヴィアにおいても，法廷の様子を放送で伝えさえすれば，集団的暴力に加担したプロパガンダ機関に対する対抗勢力が生まれ，法の支配に表徴される価値が普及・促進されただろう，とカッセーゼ判事は推測する。が，放送が技術的にも経済的にも利用可能であるとしても，解釈の

---

(40) James C. McKinley, Jr., "Ex-Premier Admits He Led Massacres in Rwanda in 1994", *New York Times*, 2 May 1998, sec. A. p. 1, col. 6.

(41) Ibid., sec. A, p. 7, cols. 5-6.

(42) Lawrence Douglas, "Film as Witness: Screening Nazi Concentration Camps Before the Nuremberg Tribunal", *Yale Law Journal* 105（1995）: 449, 451.

レンズは地域の有力者によって設定されてしまうだろう。地域に独立した新聞社がたったひとつしかない場合，そのプレゼンスが裁判の放映を歪める可能性は十二分にある。したがって，ボスニアにおいてなお指導層であり続けようとする人々によって部分的には作り上げられている歪曲や継続的な悪魔神話に対しては，真相を告白する試みこそが対抗できるという大いなる希望は，反対の情報や解釈から地域がどれだけ距離をおけるかについての現実的評価にさらされることになる。旧ユーゴスラヴィアとボスニアの法廷が何をして，何をしなかったかを詳細に公にしたとしても，これらの法廷が有する法の支配を実施する能力や多数の加害者の責任を追及する能力に対する大きな信頼を傷つけるようなことはないだろう。これらの法廷はそのような活動に着手したばかりだからである。が，新政府の訴追に対する意志が復讐の熱狂を培養してしまったルワンダでは，〔旧ユーゴやボスニアにおける裁判と比較して〕対照的な状況を生み出してしまった。政治的正統性をめぐり苦闘している社会において，人権侵害を犯した著名な人物を訴追しておきながら有罪判決を出さなかったり，あるいは不公正なやり方で有罪判決を出したりすることほど，正義の制度を危殆に瀕せしめるものはない。

この点，情報を伝達する文脈で，あるいは情報に対する欲求そのものを作り出す文脈で，非政府組織の役割が決定的に重要になってくる(43)。大量虐殺に法的に対応しようという理念に対する需要と理解を創出する役目は，逆説的であるが，草の根団体，あるいは弁護士や作家が組織する国際組織が負っている。国際的正義を求める動向によって醸成されるべきものとして伝えられなければならないのは，現実の実践ではなく，かかる法の支配の理念なのである。

常設の国際刑事裁判所を設置しようという計画は，このような動向に新たな活動局面と達成目標を与えるだろう。既に世界のほとんどの国がこのような裁判所の設計に関与してきた。国際的な刑事裁判所は，戦争犯罪，

---

(43) Payam Akhavan, "Justice in the Hague, Peace in the Former Yugoslavia? A Commentary on the United Nations War Crimes Tribunal", *Human Rights Quarterly* 20 (November 1998): 66-69.

ジェノサイド,人道に対する罪に管轄権を持ち,国内裁判所が利用不可能ないし非効率的である場合に,活動を開始するものとして計画されている。このような国際裁判所を創設しようとする勢力,およびアメリカ合衆国上院やペンタゴンをはじめとする反対勢力は,他の特定管轄権を有する国際裁判所が直面してきたのと同じような,理想主義とシニシズムの相克をさらに増幅させた形で産み出すだろう(44)。

2. 真相解明委員会

夥しい被害者と加害者から事実に関する資料を実際に収集し,それを広範に宣布するには,非政府組織や近時隆盛を見せつつある真相解明委員会的な組織による報告によった方が裁判よりも有効かもしれない(45)。もっとも,非政府組織ではなく公的機関によって運営されるなら,この真相解明や調査のプロセスを通じて知られるに至った真相を公にし,その結果,事実に公的認知を与えることも可能になる。ドイツ連邦議会に設けられた「東ドイツ社会主義統一党独裁の過去とその帰結の取扱いに関する調査委員会 (The Inquiry Commission in the German Bundestag for the Treatment of the Past and Consequences of the SED-Dictatorship in Germany)」は専門家に報告書の作成を委託し,何百と言う証人から証言を得,さらに共産主義下の東ドイツにおける秘密警察,教会,裁判所,野党の役割を詳細に記録した膨大な文書を作り出した。ティモシー・ガートン・アッシュが言うには,「東ドイツの独裁制を研究する学生とってのこの記録と,第3帝国を研究する

---

(44) See Eric Schmitt, "Pentagon Battles Plans for International War Crimes Tribunal", *New York Times*, 14 April 1998, sec. A, p. 11, col. 1. ペンタゴンの指導層は,国際刑事裁判所の設置案は,有効に機能する司法制度を有する国から来た兵士は対象外にするとはしているが〔国際刑事裁判所は各国の司法制度を補完する管轄権を有するにすぎない〕,平和維持活動に従事した兵士でさえも政治的な動機に基づく捜査に従属させてしまう可能性がある,と警鐘を鳴らす。ジェシー・ヘルムズ上院議員もまた,かかる裁判所の設置はアメリカ合衆国の主権を危殆に陥れるとの理由から露骨に反対している人物である。Id. 裁判所の設置を支持する人たちも,犯された犯罪に対する国家の責務という考えを維持する一方で,裁判所の独立を確保する方法を確実に遂行するのには困難が伴うことを認めている。

(45) See Ford Foundation Report, winter 1998, 22 (南アフリカにおける諸事実を広範な利用に供する点での TRC の重要性を強調している).

学生にとってのニュルンベルク裁判の記録とは同じ意味を持っている」(46)。15,378 頁という長大さでは読破する人はそう多くないだろう。が、かかる記録の存在自体が、権力の濫用、複雑な相関関係、および個人に対する加害実態に関する劇的な公的認知を生み出しているのである。

　南アフリカ真相解明・和解委員会の主要な参加者は、同委員会の作業と公訴提起の関係についての評価を異にしている。TRC の創設に加わった司法相、デュラ・オマーは、同委員会の作業は国内における刑事訴追と矛盾するどころか、訴追の事実的基礎の形成を可能にするものであることを強調する。対照的に、同委員会の長を務めたデズモンド・ツツ大主教は、「真相の解明は訴追を目指してのものではない。我々が自らの国家を癒すプロセスの一部として真相を用いるのだ」と記している(47)。

　訴追と切り離された真相解明委員会は、復讐、さらに応報的措置さえ回避しようとする。それは刑事裁判が提供してくれるような処罰をもって終結とするような幕引きをしない。南アフリカの委員会では完全なる証言と引き換えに恩赦の申請を認めていたが、真相解明委員会は被害者に加害者を赦すことを強いはしない(48)。加害者と被害者から証言を集める

---

(46) Ash, "Truth about Dictatorship", 38-39.
(47) Ford Foundation Report, winter 1998 (New York Times, October 1997 を引用)、22. 南アフリカにおける裁判と真相解明委員会の潜在的な建設的関係が近時、徐々に現れつつある。ヴラクプラース警察部隊の長であったユージン・デ・コック大佐は、殺人と詐欺の疑いで順調に訴追を受けた。その後、彼は、TRC が命じた召喚に応ずることを拒絶した P.W. ボタ前大統領の侮辱ヒアリングにおいて証言を行った。デ・コック氏は、1981 年にロンドンの ANC 所有のビルを爆破に加わることの承認をボタに求め、〔その証として〕彼からメダルを授与されたことを証言した。また、彼は暴力的な秘密作戦がボタとその側近たちによって承認されていたこと、そして彼らはデ・コックのような下級役人を「外に干して乾かす〔責任をなすりつけること〕」ようにしていたことを証言した。Suzanne Daley, "Killer Tells of Rewards for Defending Apartheid", New York Times, 4 June 1998, p. 11, col. 1.
(48) 多くの人が、真相解明は赦しの不可欠の条件であると主張する。「赦しを可能にするためには、われわれの身になされた行為の悪性、忌まわしさ、全くの邪悪さをしっかりと見つめる腹を持たなければならない。我々はカモフラージュをすることも、言い訳をすることも、無視を決め込むこともできない。我々は、悪と面と向かって対峙しなければならず、悪を悪として呼びつけるのだ。唯一、現実主義者だけが赦しを与えることができる」。Lewis B. Smedes, Forgive and Forget: Healing the Hurts We Don't Deserve (San Francisco: Harper & Row, 1984), 141. See also Nygaard, "On the Role of Forgiveness", 980,984. 赦しは赦免(pardon)でも慈悲(mercy)でもない。「赦しは悪を視野に捉えているし、それを非難し

公聴会は，情報収集のソースとしてだけでなく，共同体意識を獲得する経験(communal experiences)としても重要になりつつある。「最終報告書そのものと同様に，委員会の諸報告をまとめ上げるそのプ・ロ・セ・ス・が重要である…。つまり，情報を提供したり，受領することにおいて社会のさまざまなセクターが巻き込まれてくることが決定的に重要なのである」とラテンアメリカの真相解明委員会を観察してきた論者は言う(49)。注目すべきは，南アの委員会では，広範な大衆を委員会の作業に従事させただけではなく，和解の促進と新たな国家的アイデンティティの建設に関して有する同委員会の意義と限界を反省的に考察するに当たっても大衆を広く動員した点である(50)。このような文脈では，刑事訴追は和解と国家建設の障害と見られるかもしれない。訴追は，このようなプロジェクトに対する社会の特定セクターの抵抗を――彼らの被害感情や誤判への不安をかき立てつつ――ますます強めるだけかもしれないからである。

しかし一方で，拷問・殺人・テロが広範に行われた後の国民的和解や癒しにとって真相解明委員会こそが有用であると野心的に断言してしまうことは，同時に失望を招いてしまう確率も高くなる。南アの指導的新聞に掲載された最近の漫画には，ツツ大主教が「真実」とラベルされた土地と，「和解」とラベルされた隣の土地との間の亀裂部分に立ち，地図と亀裂に目

もするが，赦しを与える側の基準を満たすものに対してはなお再出発の機会を認めるのである」。

(49) Margaret Popkin and Naomi Roht-Arriaza, "Truth as Justice: Investigatory Commissions in Latin America", *Law and Social Inquiry* 20 (1995): 99.

(50) See, for example, Statement from the Truth and Reconciliation Commission, 9 March 1998. そこでは，和解のプロセスを議論する会合について告知がなされており，その会合では「被害者や加害者から任意で TRC が入手した膨大なデータが果たして，ひとつの国家として共有されたアイデンティティという見方を実現するのに役に立つか否か」が議論される。かかる問いかけは，ルターの作品中に見られる反ユダヤ主義の流れについて言及するに際して，ジョン・ステンダール師によってなされた変化への祈り(the invocation to transformation)とパラレルである。「我々は，変化をもたらす真実を，すなわち，このような現実をより深刻な暴力の源泉ではなく，より真正な和解の源泉となし得る真実を，喜んで直視することができるか？」John Stendahl, "With Luther, Against Luther", in Howard Clark Kee and Irvin J. Borosky, eds., *Removing the Anti-Judaism from the New Testament* (Philadelphia: American Interfaith Institute, 1998), 165-70 (ルター主義の中に存在する反ユダヤ主義の遺産について言及している)。

をやりながら「おおっと」と言っている姿が描かれている(51)。本来，トラウマや精神的荒廃の私的な物語を単に語るのではなく繰り返させながら，密度の濃い個人的な関係を通じて療法士が時間をかけてじっくり達成すべきところを劇場的に開陳させてしまおうとするのが委員会の作業である(52)。また，トラウマの昂進を避けるために委員会は，参加者が安心できる環境を確保しなければならないが，大概の場合，このことは公的な事実認定に通常随伴すべき反対尋問や真実検証のテクニックを放棄してしまうことにつながる。療法士のアンドレア・バーンズは，委員会で証言する個々の被害者は少なくとも自身の証言の記録を一部頒布してもらうべきであると指摘する。彼は，「自分たちが体験したことは，現実であり，真剣な配慮に値するものであり，歴史的記録の一部をなすべきものであることのさらなる認知の証として」頒布を受けるべきだと言うのである(53)。物語を語るフォーラムの設置だけではなく，無料で利用しやすい療法サーヴィスを提供することは，個々の証言者がそれぞれの癒しの過程でそれらの援助を実際に受けることができるのであれば，重要なことである。

　真相解明委員会は頻繁に反対尋問を行うことを拒絶し，むしろ目撃し経験した恐怖を証言しようとする者たちを認知することに努める。したがって，そこで現出する「真実」は，歴史的真実ではなく心理学的真実として理解できよう。ドリ・ローブはホロコーストの生存者から収集した証言を参照して，この対照について論じている。1944年10月にアウシュヴィッツで起きた反乱脱走計画の一場面として，逃走する人々とともに，炎に包まれた4本の煙突を強烈な視覚的記憶として，ある女性が語ったことがある。この証言をヴィデオで観た歴史家の一団はこの証言は虚偽であると批判した。歴史家たちは，この一件に際して破壊された煙突は4本ではなく1本であり，反乱自体も実際には成功しなかったと言うのである。が，ローブの分析によれば，証言の重要性ひいてはその真実性は，煙突の数や反乱の成否に関する見方にあるのではなく，想像しがたい出来事，つまりアウシュヴィッツで反乱が企てられたということのリアリティに関する一報告と

---

(51) Cartoon by Zapiro, *Mail and Guardian*, 27 May 1997.
(52) Barnes, reflection paper.
(53) Ibid.

第6章 歴史と向き合う

しての価値に関わるものなのである(54)。もちろん，このような見方をとるにしても，〔証言する女性の語りを聞く〕聴衆たちは，証言と対立し得る事実についての判断を放棄すべきではないが，やはりそれぞれの証言者自身の過去の把握の仕方に注意深く耳を傾けるべきではあろう。が一方で，このような示唆は，訴追や有罪判決よりも真相追究を優先させることをその存在意義と任じている真相解明委員会を，いくぶん動揺させる響きを持つだろう。

真相解明委員会への失望は，報告された事実の信頼性や完全性，〔その事実に対する〕解釈，そして真相と処罰のあからさまな交換に対して向けられるであろう。委員会のプロセスを詳細に伝え，その基礎となった証言を他者の解釈に供する報告書は，開かれた調査の精神を支える役割を果たしている(55)。しかし，報告書そのものが，堅固な判断が備えるべき道徳的明晰性を傷つけることがあってはならない。政治的・経済的な制約が委員会の調査に限界を付してしまうと，幻滅のみが拡大する。グァテマラでの36年間にわたるテロと数々の失踪事件を調査する国際委員会も，そのあまりの弱体さ故に，すなわち，軍事衝突とその周辺の事件に限定された狭い射程しか認められず，さらに，召喚権もなければ，最終報告において犯行の責任者の氏名を公表することすらできないという権限上の脆弱さ故に，酷評に曝されてきたのである(56)。逆に，南アフリカの委員会は人権

---

(54) Dori Laub and Shoshana Felman, *Testimony: Crises of Witnessing in Literature. Psychoanalysis, and History* (New York: Routledge. 1992), 59-60.

(55) TRCリポートの書き方は見事な謙遜と透明性へのコミットメントを伴っている。TRC調査部門の長であるチャールズ・ヴィラ-ヴィチェンチオは，報告書の位置を次のように描写した。「私は報告書を道路地図として見ている。それは，調査に携わるジャーナリストや学者，政治家や批評家，そして——願わくば——詩人や音楽家，その他全ての人たちを資料の中身に誘導し，その結果，報告書の批判と，委員会に身を置く我々にはまさしく扱う時間的余裕のない多くの争点についての論及を彼らに順次行っていくことが可能になるだろう」。Leon Muller, "Moment of Truth Ahead for the TRC: Final Report Proves Nightmare for Staff", (Cape Town) Argus, 4 February 1998, 7 (チャールズ・ヴィラ-ヴィチェンチオ).

(56) Richard Wilson, "Violent Truths: The Politics of Memory in Guatemala", *Accord: An International Review of Peace Initiatives* 2 (1997): 18. 同じ論者は，カソリック大司教人権局による，後続の「歴史的記憶の再発見プロジェクト」の方がより有効であったと見ており，特に，このプロジェクトが地域共同体と協同作業を行った点を評価している。Id., 21.

侵害全般を調査する任務を負っていたが、ヒアリングで収集された証拠は、〔人権侵害事犯を超えて〕前体制による屈辱的行為や、アパルトヘイト下での黒人その他の有色人種の抑圧された生活環境や労働条件などにも及び、その数は山のように膨大なものになった。

　おそらく以下に示すストーリーに対する反応は、真相解明委員会の評価をより一般的に捉えるものと言えよう。南アフリカ真相解明・和解委員会の恩赦小委員会は、1980年代に公安警察官だったジェフリー・ベンツィーンから在任中に関与した行為について恩赦申請が出ていたため、同人から証言を採取した。当初、彼は自己の犯罪行為に関して曖昧な描写しかなかった。委員会は、被害者に対し、恩赦申請者に対する尋問の機会を与えることにし、かかる小さな試みは以前の両者の役割を逆転させることとなった(57)。アシュリー・フォーブスの緻密な尋問に、ベンツィーンも委員会の面前で静かに証言を開始し、拘束した人間を拷問にかける特殊なやり方を彼が開発し、ボランティアを使ってヒアリングの場でそれをシミュレーションして見せた(58)。「濡れ袋(wet-bag)」と呼ばれるそのテクニックは、後手に手錠をかけられた被疑者を床にうつ伏せにし、背中にベンツィーンが馬乗りになって、頭部を濡れた袋で被い、首の部分で縛って窒息させるという拷問方法である。被疑者の身体が動かなくなると、ベンツィーンは濡れ袋をはずし、殺害の一歩手前で拷問をやめて尋問を続けるというものであった(59)。

---

(57) ある論者によれば、TRCのヒアリングにおいてかつての被害者が行った質問に答える時にも、ベンツィーンは、かつて彼が担っていた拷問者としての役割を再演して見せたそうである。「はじめの5分間、彼は被害者たちのほとんどをかつての関係における役割——力の独占者としての彼と全くの無力の被害者たち——に逆戻りさせるかのように扱った」。Antji Krog, *Country of My Skull* (Johannesburg: Random House, 1998), 74 (ベンツィーンの恩赦ヒアリングについて描写している)。かかるやり取りは質問者の声を震わしめたかのようであったが、しかし、彼らの質問は、当初ごまかしていたベンツィーンに詳細な情報を提供させることに成功したのであった。ベンツィーン自身は1994年に神経衰弱に陥った。Id., 76.

(58) "Burying South Africa's Past: Of Memory and Forgiveness", *Economist*, 1 November 1997, 21．

(59) 奇妙なことにベンツィーンはかつての被害者であるアシュリー・フォーブスと会食して親密な関係を築くことを提案しようとしたが、それは不首尾に終った。Krog, *Country of My Skull*, 74; Dr. Wendy Orr, "Trauma and Catharsis: The Psychology of Testimony"

第6章　歴史と向き合う　　　　　　　　　　　　　　　　　　　　　　　*201*

　ヒアリングの時点でベンツィーンは依然として警察官として勤務していた。恩赦が認められれば，拷問行為について処罰されることはなくなり，彼はその職にとどまることになる(60)。ヒアリングの際に，ベンツィーンは，聴衆の中にいたかつての被害者のひとりであるトニ・イェンジェニを「議員殿（Sir）」と敬称で呼んだ。今やアフリカ民族会議所属の国会議員であるイェンジェニは「濡れ袋なる方法を人間に用い，うめき声と泣き声を何度も聞きながらも，1人1人を死の一歩手前まで連れて行くなんて，一体それでも人間か？」と質した(61)。ベンツィーンは答えて言った，「後になって考えてみますと，議員殿，間違いを犯していたことに気づきました」と。しかし，一方で，その当時は，共産主義運動から南アフリカを救い，自分と自分の家族が今まで生活してきたこの祖国で生きていく権利を守るために職務を遂行しているのだと思っていたとも述べた(62)。謝罪の後，ベンツィーンは「新体制には隔世の感を抱きますとともに，新生南アフリカに今なお私が存在できて大変幸せに思います。──そして今でも私は愛国者の1人です」と締めくくった(63)。

　さて，以上をどう理解すべきだろうか？　悔悟と謝罪は，詳細な事実の認定と同様，被害者にとっては歓迎すべきものではあろう。が，恩赦申請を条件とするヒアリングという環境設定の下では，ベンツィーンの動機の誠実さあるいは深さに対して疑念がわく。さらに，かかる人物が新体制の警察機構の中で依然として活動していることは言語道断のように思えるだ

　　（prepared for the World Peace Foundation South African Truth and Reconciliation Commission meeting, 28-30 May 1998), 12. ベンツィーンは愛国心から行動したと主張した。政治上のかつての上司がベンツィーンのことを命令を無視して行動する過激分子であると言っているのを知ったとき，ベンツィーンは明白に心理的苦悩を味わった。
（60）「暴力と和解研究センター」の執行理事であるグレーム・シンプソンは，ベンツィーンのような人物は警察機構の中に残留するか，特に若者たちをコントロールすることを目的とする民間警備機構に加わるであろうと観測している。シンプソンはまた，近時南アフリカで犯罪活動に手を染めている若者の多くはアパルトヘイト下の非合法活動家や英雄たちを見て成長し，未だに新社会秩序の中に居場所を見つけられずにいる，と指摘している。Comments, World Peace Foundation South African Truth and Reconciliation Commission meeting, 28-30 May 1998.
（61）"Burying South Africa's Past", 21（トニ・イェンジェニを引用）.
（62）Ibid., 23.
（63）Ibid.

ろう。また、そのような事実は、アパルトヘイト体制のエージェントが如何に広範なネットワークを形成しているか、また、あまりにも広く浸透していて平和裏に体制を移行させる過程においてはそのようなネットワークを排除することが如何に困難か、に思いを致させるだろう。しかし、南アフリカの状況を報告する者たちが繰り返し強調するところによれば、被害者の多くは復讐動機をたぎらせる様子もなく、むしろベンツィーン自身の思いと同じく、共有された国家(a shared nation)を再建することを望んでいると言う。共有された国家の再建は、人権という新しい、生まれたての文化に依拠するもので、旧体制の小物に対して復讐を図ったところで何ら促進されることはないのである。

復讐に代えてかかる文化を樹立するためには、ベンツィーンとイェンジェニのような関係にある人物たちの幾千という出会いに関して収集された情報を今度は声なき白人少数派に向け直すとともに、将来に向けてのもうひとつ別の取り組みが全ての南アフリカ国民によってなされる必要が出てくる。真相解明委員会が追究する真相とは、単に誰が何をやったのかに限らず、我々の名の下に、我々の民族性の下で何が行われたのかという国民に向けた問いかけをも含むものである[64]。過去を同定しその含意を探るという複雑なプロセスは市民と国家の新たな関係を建設する試みの一要素として避けることのできないものであるが、問いかけと語りは、複雑さ以上の何かを解きほぐしてゆく。だが、このようなとてつもない試みは、実践上の困難——証言に際し、加害者と比べると被害者の側に与えられる法的支援の方が適切さに欠け、かつかなり高額になってしまうという現実——に対する刹那的な幻滅やフラストレーションに直面していとも容易に崩壊するかもしれない[65]。

3. 賠　償

それとは対照的に、具体的な賠償の方が——金銭賠償の形を取るか、

---

[64] これは、「歴史と我々自身に向き合う」会議の企画委員会で表明されたクウェイン・アンソニー・アッピアの定式である。

[65] Lizeka Mda, "Victims Get the Short Straw at Hearings", *Mail and Guardian*, 17-23 October 1997, 12.

略奪された財産の回復の形を取るか，はたまた謝罪という方法によるのかは別にして——より魅力的に思えるだろう。が，ここで危険なことは，賠償は人よりも物質に，生活よりも生活用品に，尊厳よりも金銭に重きを置いてしまう点である。「おろし金やヤカンや椅子の救済・回復は，そのようなことがあったとしたらの話だが，我々人間もまたモノと化した場合にのみ，我々の営みにとって意義のあるものになる」(66)。子供たちのために平和公園を建設したり，大量虐殺によって殺害された個人の名前を冠した学校を設置したりすることは，人と物を等価に扱うこのような傾向に挑戦するものであり，犠牲となった者たちの別個性と尊厳性に語りかける力を持っている。大量殺戮を物質的損害に還元してしまう矮小化を避けようとするこのような試みがなされたとしても，賠償が明白に不十分な場合には，復讐の炎はさらに燃え上がるであろうし，また，加害事実の矮小化や，あるいは目をつぶってくれれば報酬を払うことをちらつかせることは，犠牲者をさらに傷つけてしまうことになろう(67)。デュラ・オマーは，賠償を受け容れるか否かを被害者の手にゆだねるのが最良の途であると主張する。現在，南アフリカ憲法裁判所判事であり，旧体制派が暗殺目的で送りつけた爆弾によって腕を失ったことを一日たりとも忘れたことがないと言うアルビー・サックスは，「我々の求める真の賠償とは憲法や投票権とともにあり，尊厳，土地，職業，教育とともにあるのだ」と宣明している(68)。が，同時にサックスは，「謝罪すること，恥じること，加害者と犠牲者の関係を人間的なものにすることの役割」を過小評価してはならないと戒めてもいる(69)。

　法学教授にして，第2次大戦中に収容措置を受けた日系アメリカ人の，そしてハワイ原住民の弁護者でもあるエリック・ヤマモトは，集団的暴力に対する賠償の適切な用法について参考になる指針を示している。①賠償

---

(66) David G. Roskies, *Against the Apocalypse: Response to Catastrophe in Modern Jewish Culture* (Cambridge, Mass.: Harvard University Press, 1984), 310.

(67) Alex Boraine, Janet Levy, and Ronel Scheffer, eds., *Dealing with the Past: Truth and Reconciliation in South Africa* (Cape Town: IDASA, 1994) (ホセ・サラケのコメント).

(68) Judge Albie Sachs, "Human Rights: Good or Bad for South Africa", Harvard Law School Human Rights Program, 21 January 1998.

(69) Albie Sachs, letter to author, 17 July 1997.

が個別的状況に対して持つ有効性を我々が知り得ていると想定してはならない，②賠償が和解を促進するものになるか，それとも社会的分裂を永続化ないし深化させるものなのかを検討しなければならない，③賠償が生き残った者たちの物質的状況を本当に改善するものなのか否かを問わなければならない，④賠償とそれを確保するプロセスが限界状況にいる人々に対する態度を事実上変えていくものになるか否かを問わなければならない(70)。賠償を勝ち取る過程においてなされる真相の告白は，賠償そのもの以上に，そのような〔限界状況にいる人々に対する社会の〕態度を変える力を持つ。が，それでも実際の賠償が持つ明白なシンボリズムは，語りや事実収集では決してなし得ないやり方でこのような闘いに報いるであろう。

4. 文脈的関心

さて，同様の文脈的関心(contextual concerns)〔個別状況への配慮〕は刑事訴追や真相解明委員会の実施に当たっても考慮されるべきだろう。連邦職員に命じてシュタージ〔東独秘密警察〕の保管ファイルへのアクセスに途を開いたハンス‐イェルク・ガイガーは文脈的考察の正当性を次のように語っている(71)。「どのシステム，どの時代もそれぞれの特殊状況というものを抱えている——それは人権侵害という理念が問題になる場合でさえもである……。理論的体系を構築することよりも，それぞれの過去に別個に対処する適切な方法を模索することの方がはるかに重要なのだ」(72)。文脈的関心ということに付会して，私は，〔刑事訴追や真相解明委員会や賠償の実施に当たって〕それぞれ固有の歴史的・政治的状況に対応するための問題設定として以下の6つを掲げておきたい。

1．国家の建設あるいは新しい国家共同体の再建のプロジェクトは本当に有望なものなのか？ 真に有望な何かをそのプロジェクトが約束しよ

---

(70) Comments at Harvard Facing History and Ourselves conference, 10 April 1997.

(71) See Hans-Jörg Geiger, "Consequences of Past Human Rights Violations: The Significance of the Stasi Files for Dealing with the East German Past", in Menard R. Rwelamira and Gerhard Werle, eds., *Confronting Past Injustices: Approaches to Amnesty, Punishment, Reparation and Restitution in South Africa and Germany* (Durban, South Africa: Butterworth, 1996), 41.

(72) Ibid.

うとするならば，和解への努力——多くの場合，訴追よりも真相解明委員会によるが——が払われなければならない。過去を棚上げにし事実発見的探求さえも放棄することこそが国家建設に資すると主張する者もいるかもしれない(73)。しかし，「抑圧されていた人々の逆襲」，あるいは公認されていない弾圧の事実が劇薬的な危険をはらんで再浮上する可能性を考えれば，このような回避戦略は賢明ではない。

2. 少数派と多数派の割合はどのようになっているか？　加害者や傍観者と比較して，弾圧を受けた側は何人くらい生存しているのか？　民族主義を標榜する異なった集団がいくつくらいあるのか，あるいはいくつくらいの集団が政治的境界を超えて拡散しているのか？　TRCに具現された南アフリカのアプローチのユニークさは，今や多数派の黒人たちが民主主義のコントロールに乗り出そうとしている事実に見て取れる。抑圧されていた側が今や統治の主導権を掌握しつつあるが，それは，天然資源，国債格付け，その他新国家建設に必須の要素を依然として支配している他派との協同の上に行われているのである。一方，ヨーロッパに住むユダヤ人に対する第2次大戦時の徹底した破壊行為は，国の中に被害者集団がほとんど残されてないという，上記とは全く正反対の状況をもたらした。そのような点で，イスラエルの建国はある種の国際的賠償努力と評価し得る。ニュルンベルクでの訴追，そして後のイスラエル自身によるアイヒマン裁判は死者への追悼であると同時に新国家建設という賠償の正当化行為でもあった。そして，ティモシー・ガートン・アッシュが言うように，「ポーランド人とハンガリー人がいわば，それぞれの過去を抱えたまま孤立した一方で，東独と西独は協同してその理解に努めなければならなかった」のである(74)。また，ラテンアメリカでは，明確に同定可能な犠牲者がこれもまた同定可能な加害者の手によって拷問にかけられ，殺害され，失踪させられたが，他方，東ヨーロッパの全

---

(73) 「忘れやすいこと(forgetfulness)，そしてあえて言うが誤った歴史すらも，国家を作り上げるための一要素を構成している」。Ernest Renan, "What Is a Nation?" in *The Poetry of the Celtic Races, and Other Studies*, trans. William G. Hutchison (1896; reprint, Port Washington/London: Kennikat Press, 1970), 66, quoted in Gary Smith, "Work on Forgetting" (April 1996, draft).

(74) Ash, "Truth about Dictatorship", 36.

体主義政権では，暴力こそ用いないものの，圧倒的多数の人間が監視体制の一翼を担っており，そこでは「我々」と「彼ら」の間に明確な線引きをすることは不可能である(75)。

3. 国際機関や非政府組織がどのくらい関与（あるいは潜在的に関与）するか？　かかる機関の関与は刑事訴追や真相解明委員会を支援する資源を提供してくれるかもしれないが，同時に，国家建設の努力と対立したり，あるいはそれを曖昧にする可能性もある。逆に，紛争の影響を受けた当該社会の内部に存在する様々な諸集団から参加を募った方が，〔大量虐殺等への〕対応措置の正当性を真に認識可能な形で促進することが可能である。

4. 大量虐殺からどのくらい時が経っているか？　そして，もし被害が世代を超えて存在する場合，何世代にわたって被害があったのか？　あまりに時が経っているとある種の真相は把握することができなくなるが，少ない時間では解明できない真相というものもある。第2，第3世代がある程度の歳になり，忘却ではなく知ることを欲するようになり，事実発見や賠償そして時には刑事訴追への新たな関心を喚起するための好機が訪れることもある。

5. 大量虐殺は戦争行為の一部としてなされたものか？　そこでの人権侵害には諸派の全てが関与したものなのか？　その場合は，国際的な人権尊重の動きにとって中立的な措置をとることが重要になろう。平和の実現あるいは体制の刷新は，全面的勝利ではなく政治的妥協を模索することによってもたらされるか？　もしそうならば，大量虐殺への対応措置には例えば恩赦の約束のような一定の制約が課せられるだろう。が，かかる妥協が真の民主制を生み出すのならば，そのような制約は十分に正当化されるであろう。「民主的選挙で勝った側が前体制の圧制者を処罰しない選択をした国々では，選挙の勝利は時として終局的正義の要求をかき消してしまう」(76)。

6. ジェノサイドや集団的暴力に対する対応措置が後継体制によってなされるのか，それともかかる加害行為を差配してきたまさにその体制の

---

(75) Ibid.
(76) Lakshmanan, "To Forgive Thy Neighbor", 83.

メンバーによってなされるのか？　虐殺が行われた時点で軍隊や警察にいた人間が同じ職に何人くらい留まっているか？　裁判所には何人残存しているのか？　この問いかけへの答えは単に提案された措置の実効性にとって重要なだけでなく，真相解明委員会や賠償と比較した場合に刑事訴追が持ち得る救済能力を査定する際にも重要になってくる。劇作家のエイリエル・ドーフマンは『死と乙女(Death and the Maiden)』のあとがきの中で次のように問うている。「語ることに対する恐怖が依然として随所に蔓延している場合，圧制によってトラウマを受けた国を癒すにはどういう方法があるのか？　そして，嘘が習慣化しているところで如何に真相に到達するか？」(77)。このような状況が所与ならば，刑事訴追，真相解明委員会，賠償よりもドラスティックでかつ精妙な戦略が要請される。

　私的団体，国家機関および国際機関には，かかる文脈的問題に照らして対応措置を講ずる責任がある。確かに，1人1人の被害者に最も望ましい対応措置を構築する権限があるわけではないが，賠償や謝罪に関して示される個々の提案について，個人として，受容したり拒絶する権限は彼らのものだ。

　一口に被害者と言っても，それぞれ，どのような対応を望むかについて顕著な相違を見せるものである。復讐するか，赦しを与えるか，記憶にとどめるか，さっさと先に進むか。アメリカにおいても身内を殺害された家族同士の間ですら死刑制度について見解が分かれている。娘を殺害された母親であるアン・コールマンは，死刑に反対する団体である「殺人被害家族の会(Murder Victims Families)」に参加し，次のように回顧している。「多くの人々が私によくこう言ったものです。『あなたは普通の殺人被害家族の一員ではない』と。私が復讐を望まなかったからです。でも，今では一人きりではないことを知りました」(78)。また，別の殺人被害家族の一員は

---

(77) Dorfman, afterword to Death and the Maiden, 73.
(78) Don Terry, "Victims' Families' Fight for Mercy", *New York Times*, 1 February 1996 , sec. A, p. 10, col. 1 (アン・コールマンを引用)．コールマンの成人した息子は次のように語ったとされる。「彼〔この息子〕は，フェンスの向こう側で〔処刑を待っている〕人々が血に飢えていることを理解できた。彼も自分の妹が殺された直後は復讐を望んでいたからであ

次のように説明する。「愛する者を暴力的犯罪で失ったという経験から生まれた感情は私の一族全員を駆けめぐった。叔母と叔父は，自分たちで加害者を襲い，復讐を果たしたいと言っていた。が，他の一族の憤怒に対する祖母の反応は，人の生死を決定する権利は人間にはないというものであった」(79)。大量殺戮の後に犠牲者の尊厳を回復することには，被害者たちの殺戮への対応措置そのものを尊重することも最低限含まれなければならない。が，同時に，被害者が取り得る対応措置のレパートリーは，社会全体が使いやすいレトリックや制度によって強力に限定されざるを得ないだろう。復讐と赦しの間にあるスペクトラムを広げていくことは被害者を助けることになる。復讐の念は，処罰機構を国家が統御することによって手懐(てなず)けられなければならない。刑事訴追に対して被害者がどのような態度を取るかは重要な要素ではあるが決定的な要素ではない。なぜなら，社会全体が加害者と同じく悪事に加担してきたからである。しかし，赦しを与えるか否か，謝罪や賠償を受け容れるか否かには被害者側に選択の余地を残しておかなければならない。かかる対応措置を受け容れたり拒絶する役割こそは被害者固有のものなのである。

その他の可能性

政府が大量虐殺を黙認したり，それに関与した場合，上に見てきた対応措置に代わり得る救済措置としては，加害行為に直接加担した者を政府の公職から追放したり，年金を剥奪したりすることが挙げられるだろう。虐殺の体制に加わった人々が依然として存在感を持ち，権力を行使し続けることは，起きてしまった虐殺をコンスタントに何度も想起させてしまうと同時に，皮肉にも，ダラダラと惰性に任せて忘却させてしまうことに繋が

る。『あれではまずいということが分かって喜んでいますよ』と彼は言う。『時が経つうちに，やり過ごすことを学びました』」。Id. コールマンのもうひとりの子供も妹の死をめぐり怒りと絶望と戦って来たが，彼は復讐を希望することを明確にした。その彼は，抗鬱剤を服用した後，心臓麻痺のため25歳の若さで死亡した。See "Murder Victims Families for Reconciliation, Not In Our Name" (1997 pamphlet).

(79) "Not in Our Name"（パット・クラークを引用）。

第6章 歴史と向き合う

る。一定のカテゴリーの人々を公職や便益から遠ざけてしまうことは、時にパージと呼ばれ、時に禊ぎ(lustration)と呼ばれる。こういった公職追放は確かに清浄化作用を持つが、同時に、必要以上に多くの人々を不公正に追放してしまう可能性がある[80]。

南アフリカの秘密警察幹部で、とてつもなく残酷で痛々しい拷問手法を編み出したジェフリー・ベンツィーンのケースは特に問題が大きいように思われる。彼は依然として警察幹部として任務についており、恩赦を手に入れればその地位を保持し続けることができるからである。権限と特権を、まさにそれらを用いて拷問を生み出してきた加害者たちから奪うプロセスは、政府や市民社会に新たな出発の契機を与えることになろう。

この種の対応措置に傾きつつある東ヨーロッパの諸国は、誰を公職から追放し、あるいは公職に就任することを阻むべきか、どのようなレヴェルの関与、不関与、共謀を許容し得ないものとしてカウントするか、を正確に確定することの困難さに直面している。ティナ・ローゼンバーグはルドルフ・ズカルの苦々しいストーリーを伝えている。彼は、チェコスロヴァキア社会主義共和国下の著名な反体制活動家で、1968年のソ連のプラハ侵攻を支持する声明文への署名を拒絶したため、大学での地位を解かれ、以後20年間に渡り、湖の浚渫(しゅんせつ)を行うブルドーザー運転手として強制労働に就かされた人物である[81]。いわゆる「ヴィロード革命」の勝利はズカルを国家的英雄として、また議会指導者として復権させた。折りしも、旧体制の協力者を公職から一掃しようという議会決議が提案され、ズカルはその決議案に対し賛成票を投じた。ところが、何と彼自身の名前が追放者リストに掲載されたのであった。彼の名前と彼が内通者であったという主張が秘密警察のファイルに記載されていた。ズカルがウィーンでの国際学会に出席した際に、彼の学歴のうち9ヵ月間の付き合いでしかなかったが、友人を装ったチェコの工作員と会話を持ったというのがファイル記載の根拠である[82]。結局、彼は議会から退くことを余儀なくされたが、このズカルのケースは地下工作員や覆面協力者などが暗躍する体制において公職

---

[80] See Rosenberg, *Haunted Land*, 67-121.
[81] Ibid., 3.
[82] Ibid., 35-39.

追放の実践が如何に困難なものなのかを例証している。

　政府のアクターのみならず，反体制側の人間も含めて一律全面的に恩赦を与えるというのも，集団的暴力に対する有力なもうひとつの対応措置である。恩赦は，時に「未来に向かって進もう」という掛け声の下に正当化されるように，過去に対する一定の建設的な認知になり得るものである。が，加害者が引き続き権力を保持していることに対する恐怖，あるいは加害者を名指しすることにすら伴う恐怖故に恩赦が選択されるならば，それは単なる臆病風に堕してしまう。ある論者が言うように，「恩赦は，忘却の法制化としてではなく，記憶のための人間的手段としてのみ，信任を得る」のだ[83]。

　政府によって支援された全体主義から立ち直ろうとする社会にとって，個々の市民に自分自身に関する諜報ファイルを閲覧する権利を付与することは，コントロールの感覚を取り戻すことに繋がるであろうし，少なくとも，旧体制下での生活侵襲がどのような範囲に及んでいたかを知ることの手助けになろう[84]。友人や家族の中に内通者がいた事実を発見するのはつらいことではあろうが，それを知ることは，秘密工作によって可能になる権力行使のパターンを被害者が断ち切ることに通ずるのである。秘密工作の内部諜報記録を，刑事・民事の調査のような公的な利用や歴史家による研究などの私人の利用に開くことは，秘密工作の規模や方法の解明だけではなく，特定の隠蔽情報に対するより一般的な公的開示を行うことを意味する。旧東ドイツの秘密警察シュタージ(Stasi)のファイルを公開する決断は，被害者を助け，過去との直面に途を開くものだった。が，この公表過程において情報機関当局者に告白や悔恨を要求したり，それらに誘(いざな)うようなことはなかった。羅列されたイニシャル表示は，「ベルリンの壁崩壊直後よりも現在の方が加害者と被害者との間にある溝はより一層深まった」ことを物語っている[85]。

　以上とは全く異なる種類の対応措置であるが，同様に未来志向的なも

---

(83) Smith, "Work on Forgetting", 10.
(84) See Geiger, "Consequences of Past Human Rights Violations", 46（シュタージ記録法とその目的について書かれている）.
(85) Ibid., 52.

第6章 歴史と向き合う

のとして,「新たな制度の樹立」が挙げられる。国内的なレヴェルでは,民主的な制度の建設や人権志向的な文化の育成が重要な課題になろう。例えば,南北戦争後に合衆国憲法に付加された修正第14条・15条の採択(*1)は,ある種の記念事業(a project of commemoration)と見ることが可能である。これらの修正条項は「戦争の意義と目的を永続的な形で確定しようとする努力でもあるのだ。国を2分して戦った国家は,法という手段を通じて,戦争がその破滅的暴力を正当化し得るほどの道徳的変革を成し遂げたことを明らかにする目に見える証を作り上げようとしたのである」(86)。また,〔このような国内的努力の〕一方で,個人,非政府組織,および複数の国家からなる組織は,個々の独立国家の枠を超えて,国際的な制度の形成——国際連合から常設の国際刑事裁判所に至るまで——を試みことがある(87)。

より具体的で文字通りの記念事業・記念施設建設は,彫刻,絵画,美術館,演劇,詩という形態を取る。公共芸術によって可能になる空間と体験の共有は,単一のあるいは一貫した記憶を生み出すものではなく,むしろ諸記憶が競合していることを明らかにし,それを受け止める方法を可能にするだろう(88)。記念施設は,殺された人々の名前を刻印し,抵抗や救出を行った人物を顕彰することができる。記念施設は,英雄的地位を与え,

---

(86) Kirk Savage, "The Politics of Memory: Black Emancipation and the Civil War Monument", in John R. Gillis, ed., *Commemorations: The Politics of National Identity* (Princeton, N.J.: Princeton University Press, 1994): 127.

(87) 国際的領域における国内の政治家とグローバルな指導者の複雑な立場がよく現れているのが,国際刑事裁判所をめぐる論争である。See John R. Bolton, "Why an International Criminal Court Won't Work", *Wall Street Journal*, 30 March 1998, sec. A, p. 19, col. 3(クリントン政権の与えた支持と,合衆国内外の他の勢力が示した反対について描写している); Barbara Crossette, "Helms Vows to Make War on U.N. Court", *New York Times*, 27 March 1998, sec. A, p. 9, col. 1.; Farhan Haq, "Rights: Progress Slow on Formation of Intl. Criminal Court", *Inter Press Service*, 2 April 1998(合衆国のある論者は,国際刑事裁判所に対してそれが合衆国の主権を侵食させるという理由で抵抗を示すであろう).

(88) See James E. Young, *Texture of Memory*, 6. 公共芸術は「本来ならばバラバラの経験や理解に対して共通の空間的枠を提供する共有スペースを創り上げる」ことができ,「公的記念施設は,競合する記憶の具象化を可能にする構造的理念を創り出すことを企図している」。公的記念施設の性格とそれが触発する政治的論争に対する示唆にあふれる考察については, Sanford Levinson, *Written in Stone: Public Monuments in Changing Societies* (Durham, N. C.: Duke University Press, 1998)を参照せよ。

讃えることができるし、恥辱、良心の呵責、警告、衝撃を表現することが可能である。大量虐殺の記憶に公共空間を提供することは、どのような種類の記憶、イメージ、メッセージを抱き、批判し、阻止するかを決定することに時間とエネルギーを投入すること意味する。

ここでも、南北戦争後のアメリカ合衆国が実例を提供してくれる。北部においても南部においても何百という町や市が活発な議論の末、兵士を顕彰する記念碑の建設を計画した(89)。このような公共芸術を擁護する者は「人々は忘れやすいから、強力な記憶喚起力を持った補助材によって社会的記憶を支える必要がある」と主張した。他方、「現在においては記憶は安泰ではあるが、それを世代を超えて伝達するためには記念碑が必要になる」と主張する者がいたり、また、「英雄的行為の記憶は決して衰えることはなく、記念碑などより長持ちするので、そう考えると記念碑などは単に記憶されるべき行為のリアリティと力強さを証明するために建設されるにすぎないとの豪胆な反論」を展開する者もいた(90)。それが不安から出たものか祝意から出たものかは別にして、この種の記念碑について議論を重ねた人々は、公共空間に設置される有形物によって保たれる共有された記憶こそが人民の力と独立にとって極めて重要であると考えるようになった。実際、一旦記念碑が設置されてしまえば、記憶する義務から解放されると考えてしまうような自己満足の方が、記憶のあり方をめぐって対立することよりも危険であろう(91)。

特定の記念碑のデザインによって、誰の物語が、また誰の利益が促進されるのだろうか？ 歴史学者のカーク・サヴィッジによれば、南北戦争の記念碑は、一方で解放された奴隷を排除したり、従属せしめようとしていた白人たちに和解のチャンスを与えた。が、公共芸術は、それが一旦提案されると、あるいは建造されてしまった後でさえも、記憶のあり方をめぐる論争を誘発し、また基礎となっている事件に関して潜在的な対立の可能

---

(89) Savage, "Politics of Memory", 129.

(90) Ibid., 130.

(91) 「一度、記憶にモニュメンタルな形式を与えると、我々は、ある程度、思い出す責務から我々自身を解放したことになる」。"Introduction, Darkness Visible", in Geoffrey H. Hartman, ed., *Holocaust Remembrance: The Shapes of Memory* (Oxford: Blackwell, 1994), ジェームズ・ヤングを引用。

第6章 歴史と向き合う

性を秘めた複合的な意味や視点をめぐる議論を喚起する。例えば、ボストンに建立されたロバート・グールド・ショウの記念碑は、黒人兵士を率いた白人指導者ショウを英雄として顕彰するものであったが、彼自身もまた1863年のサウス・キャロライナ州フォート・ワグナーでの絶望的なほど優劣のはっきりした戦闘で戦死した幾百の兵士のひとりに過ぎなかった。近年、アフリカ系アメリカ人の活動家たちが、〔記念碑にデザインされた〕黒人兵士たちの顔に個人的特性が欠如していることを非難するとともに、北軍最初のアフリカ系アメリカ人連隊である第54連隊の兵士たちの名前すらも顕彰せずに、ショウを奴隷解放戦争の英雄に祭り上げるのは不当であると抗議した(92)。こうして、何が記憶されるべきか——また南北戦争は人種関係にとってどのような意味を持つのか——をめぐる論争が、この第54連隊に関する議論をきっかけに口火をきったのである。

歩兵たちの中にひとり馬にまたがったショウの彫像を際立たせる提案についてはショウの家族が反対した(93)。結局、最終デザインは、ショウをレリーフの中心にすえるが部隊の指導者として扱うものではなかった。また、部隊の面々自身も、見学者の目には、勇敢にも困惑したようにも映り、連帯感で結ばれたようにも隷属の鎖で繋がれたようにも映るようなデザインであった(94)。そして、人種的力関係は依然として存続していた。献呈式で数名のアフリカ系アメリカ人がスピーチを行ったにもかかわらず、白人が語った言葉のみが記念碑に刻まれたのである(95)。1863年の闘いで死んだアフリカ系アメリカ人兵士たちの名前は、抗議の声が十分に大きくなった1982年に碑に刻まれたのであった。が、まさにこの時、人種別学政策をめぐる苦い対立に陥っていたボストン市民を一体化させる役割を果た

---

(92) Michael Kenney, "Historic Mistakes Carved in Stone", review of *Standing Soldiers, Kneeling Slaves: Race, War, and Monument in Nineteenth-Century America*, by Kirk Savage, *Boston Globe*, 5 December 1997, sec. E, p. 12; Christine Temin, "Boston's Conscience Turns 100", *Boston Globe*, 25 May 1997, sec. N, p. 1.

(93) Savage, "Politics of Memory", 136; Facing History and Ourselves, "The New England Holocaust Memorial Study Guide" (Brookline, Mass.: Facing History and Ourselves, 1996), 10-13.

(94) Savage, "Politics of Memory", 136-39.

(95) "New England Holocaust Memorial Study Guide", 11. 献呈式において演説した者の中のひとりにブッカー・T・ワシントンがいた。

したのはこの記念碑の存在であったのである(96)。記念碑の100周年に当たり、市は、戦役の歴史とそれが記念される意義を再訪するために、公開シンポジウムや連続イヴェントを開催した。記念碑についての情報を掲載した最近のパンフレットの表紙を見ると、アフリカ系アメリカ人兵士たちの中のひとりの人物の顔が接写されたものが一面に使用されており、ショウの姿は小さい写真となって挿入されていた。

　記念施設の提案、および既存の記念施設に対する公的論争は、賠償をめぐる闘争と同じように、時として痛みを伴うかもしれないが、生産的な「記憶をめぐる戦い」のきっかけにもなるであろう。2度、例をアメリカ南北戦争にとってみる。南部の人々は120余年にわたり、南軍のリーダーの追悼式を求めてきたが、そのたびにアフリカ系アメリカ人や白人の反対派がそのような提案の撤回を要求した。あたかも、フランス革命やロシア革命の推進派が王室の記念施設を撤去し、ソビエト崩壊後のロシア人が共産主義デマゴーグの示威的彫像を打ち倒したようにである。記憶を活き活きと捉え直し、通りに設置された記念施設や計画中の施設について論争を闘わせることは、記憶の凍結を防ぐのに有効であり、過去と新しく生み出される現在とを連結する重要な役割を果たす。歴史学者のエリック・フォナーは、かかる闘争は旧い記念施設を破壊するよりもむしろ、新しい記念施設あるいは対抗的意味を持つ施設の建設に途を開くものになるべきだと主張してきた。そして、フォナーは次のように言う。「南軍司令官の立像を引き倒したり、ヴァージニア州リッチモンドのモニュメント・アヴェニューを破壊するのではなく、例えば、1800年にヴァージニア州の奴隷解放を画策したガブリエル(Gabriel)の大理石像や」、北軍に参加し戦ったアフリカ系アメリカ人を顕彰する記念施設、あるいは〔南北戦争後の〕再建期に連邦議会議員に選出された17人のアフリカ系アメリカ人を顕彰する記念施設を「新たに対置してはどうか」(97)と。

　マヤ・リンのヴェトナム戦没者記念碑も活発な、怒号さえも飛び交う、議論を誘発し、合衆国のヴェトナム介入に関する様々な記念施設や芸術表

---

(96) Ibid., 12.
(97) Eric Foner, "The South's Hidden Heritage", *New York Times*, 22 February 1997, sec. 1, p. 21, col. 3.

現を対置するきっかけを作った。当初大学での授業プロジェクトに提出するために設計されたリンの計画は至ってシンプルなもので,ヴェトナム戦争で死んだ5万8196人のアメリカ人の氏名を磨かれた壁に刻み込むというものであった。リンはまた,その壁が設置される地面にも工夫を凝らすことを考え,壁に沿って下っていくスロープに見学者を誘い込み,下るにつれて壁が徐々に高さを増していくという空間に記念碑を設置することにした。壁に沿って歩く体験は,だんだんと下降していくに従って,徐々に空中にそびえたつように山積していく死者の名前と遭遇する驚きに見学者を包み込む。

地面に刻み込まれた傷のような記念碑のイメージは,国論を2分した戦争に参戦した人々に対するより英雄的かつ伝統的な追悼を期待していた多くの人々にとって衝撃を与えた。退役軍人団体は,戦闘に従事する複数の男性を表現した彫像のために基金を組織した。そして,女性の退役軍人団体も,同様のリアルな彫像を作成するための基金を募った。こうして,ワシントン D.C. のモールに3つの異なった記念碑が隣接して置かれることになり,首都の観光名所の中でも見学者が最も頻繁に来場する場所となった。この壁は,映画,テレビ,ポピュラーカルチャーなどで頻繁に用いられるお馴染みのイメージになったのである。おそらく,氏名を刻み込んだ壁に表現された文字だけによる比喩的な追想が,戦死者と国論を分けた国家に対してこれほどの尊厳と感動を呼び起こす追悼施設になり得たことは,ある人たちにとっては驚きであろう。記念行為の競合は,上記の彫像の対置だけではなく,独特の個人的オブジェクトの奉納も含む。個人的オブジェクトについては,時として,戦死者と戦争に対する付加的な芸術的追悼としてそれら自体の展覧会が催されたりもしている(98)。さらに,戦争で死亡したヴェトナム市民に対する認識に欠けるところがあるとして,記念碑をめぐる新たな論争が開始されており,付加的な記念施設あるいは代替

---

(98) See Freida Lee Mock, *Maya Lin: Strong Clear Vision* (マヤ・リンについてのドキュメンタリー作品で,1995年度にオスカーを受賞した); Robert Atkins, "When the Art Is Public, the Making Is, Too", *New York Times*, 23 July 1995, p. 1, col. 1; Edward Guthman, "Freida Lee Mock's Strong Clear Vision Director Says Lin Stands on Its Own", *San Francisco Chronicle*, 8 November 1995, sec. D, p. 1; Jay Pridmore, "Revealing Displays Make Vietnam Museum Noteworthy", *Chicago Tribune*, 9 September 1994, p. 14.

的な記念施設の要求も出てきている(99)。

　痛みを伴う広範な議論が，第2次大戦，ホロコースト，原子爆弾などを記憶するための記念施設をめぐり，ヨーロッパ，日本，アメリカで惹き起こされている(100)。こういった記念施設は文字表現によるべきか，抽象表現によるべきか？　大量虐殺の死者を讃えるべきなのか，大量虐殺を賞賛しようとする可能性を阻むべきなのか？　こういった施設は記念碑的なものにすべきなのか，あるいは記念行為自体がナチズムに繋がるとして拒絶すべきなのか？　記憶を保存するのか，記憶はそれを作り上げるプロセスとは無関係に存在するという考えを表層的なものとして退けるのか？　歴史研究者でホロコースト・メモリアルの批評家でもあるジェームズ・ヤングは，ドイツのミュンスターにある巨大な黒い石の立方体を，「ミュンスターの消えたユダヤ人」に捧げられた「黒い棺のようなものだ」と評した(101)。この記念施設に関して，ある者は美学的観点から批判し，またある者はリムジンからお客を下ろすのを妨げるとして非難した。結局，この施設は1988年に廃止された。「消えてしまった人々は，記念施設が消えてしまっては記憶に残ることができないだろう」とヤングはコメントしている。より多くの議論と反論がこれに続いた。芸術家が新しいヴァージョンの記念施設をドイツの他の都市の新たな場所に建設した(102)。

　上記の例は建設前の計画段階での取捨選択に関わるものではないが，近時の他の追悼施設では施設案そのものが問題になり，芸術家や地域社会が

---

(99) See Todd Gitlin, "The Fabric of Memory", review of *Tangled Memories: The Vietnam War, the AIDS Epidemic, and the Politics of Remembering*, by Marita Sturken, *New York Times*, 2 March 1997, sec. 7, p. 16.「国家的な神話の形成は選別された記憶にあふれており，記憶は忘却ためのひとつの手段になり得るものである。したがって，スターケン女史が指摘するように，ワシントンにある，あの素晴らしいマヤ・リンのヴェトナム戦没者記念碑も，死亡した5万8196名のアメリカ人の名前を刻するものの，少なくとも200万人のヴェトナム人死者については書き漏らしており，この戦争を単なるアメリカの悲劇に矮小化させてしまっている」。

(100) See Young, *Texture of Memory*, 8-15, 17-25（ホロコースト記念施設をめぐる論争をドキュメントしている）; Alan Cowell, "A Memorial to Gay Pain of Nazi Era Stirs Debate", *New York Times*, 29 December 1996, p. 11; Alan Cowell, "In Berlin, Wartime Ghosts Hinder Projects Memorializing Past", *New York Times*, 15 January 1997, 11．

(101) Young, *Texture of Memory*, 17.

(102) Ibid., 18-19.

如何なる形態で記念行為を行うかについて激しく論争することがある。そこでの論争は，従来の記念行為のひとりよがりや確立された記念類型を動揺させている。芸術は，表現し得ないもの(inexpressibility)を自ら表現できるのか？　芸術は，記憶というものを固定された物理的空間に閉じ込めることを止め，記憶をめぐって苦悩しつつ今を生きる人々に対する責任を果たし得るのか？　ヨヘン・ガーツとエステル・ガーツは，「ファシズム，戦争，暴力に反対する——同時に平和と人権のための——記念碑」を作成してほしいとのドイツのハルブルク市の招待を受けて，彼らが対抗的記念施設(countermonument)と呼ぶものをデザインした。「ハルブルク市反ファシズム記念碑(the Harburug Monument Against Facism)」と呼ばれ，歩道沿いのショッピングモールに設置された12メートルの高さを持つこの記念柱は，市民や見学者に彼らの名前を記念柱に付け加えてもらい，もって「警戒を怠らないように自戒する」ことを要求する[103]。この記念柱は，徐々に地中に下降してゆき，最終的には完全に埋没するように設計されている。記念柱に刻まれた碑文はこの記念碑の将来をこう予言している。「やがてこの記念柱は完全に消えてなくなり，ハルブルク市反ファシズム記念碑のあった場所は空地と化す日が来る。とどのつまり，不正義に反抗して立ち上がることができるのは我々自身だけなのだ」[104]。実際，この記念柱は5年間下降を続けると，この決して美しいとも安らぎを与えるとも言い難い記念碑は完全に姿を消してしまう。が，その時，記憶し続ける責務は見学者の方に向けられる。このような対抗的記念施設の目指すところは慰撫ではなく挑発なのである[105]。

　大量虐殺に対する，記念施設の建設以外の芸術的対応には，人の心を挑発したり，不安にさせたりする可能性を追求する表現が見られる。歴史研究者のローレンス・ランガーは，被害者の手になる芸術表現それ自体が，「絶望の破片の中からどうにかして希望を再構築しようとする我々の渇望を，

---

(103) Ibid., 30（ハルブルクの記念施設を引用）.
(104) Ibid.
(105) Ibid., 30-31. See also Sara R. Horowitz, *Voicing the Void: Muteness and Memory in Holocaust Fiction* (Albany; N.Y.: SUNY Press, 1997). 彼女は，大規模暴力の原因であると同時にその帰結でもある「強いられた沈黙(enforced muteness)」を描写・表現する物語やフィクションを考察している。

記録されるだけで決して贖(あがな)われることのない苦悩の視点をもたらすことによって」動揺させずにはおかないことを強調している(106)。想像を超えた出来事を芸術的に表現することは，記憶を共有することであると同時にそれを不安定化することでもなければならない(107)。〔記憶の共有という点で言えば，〕同様のことを批評家のデイヴィッド・ロスキーズは，ホロコーストの文学的表現が如何に読者を「固有名を持った人物の詩的な意味での復活に協力者として関与させるものであるか」(108)，そして，他面，他の作品が如何に特定の事件や人物から距離をおいて，旧来の型を再演するものに過ぎないか，を説明している(109)。〔また，記憶の不安定化という点で言えば，〕多くの場合，ホロコースト芸術は，人間の姿かたちの描写を避け，不協和音を奏でたり，方向感覚の喪失によって人々に衝撃を与えるような表現を採用する。「過去，多くの悪は具体的形象をもって表現されてきたが，これらの芸術家たちは，大量虐殺という新しい秩序——人間をモノに変質させ，全くの無名の死をもたらし，選択の余地を完全に否定してしまう秩序——では，通常認識されている人間的な風景など一掃されてしまっていると主張しているように思われる」(110)。

　記念行為(commemoration)は空間よりもむしろ時間との共同作業である。だから，ある者は，例えば「偲ぶ日」のような新しい儀式を創出しようとする。確立された宗教が持つテクニックをコピーして，国家や私的団体は，追悼，服喪，集団的再建のための礼拝儀礼を創り出している(111)。オーストラリアは，先住民族の子供たちを〔白人家庭による養育のためにその親た

---

(106) Lawrence L. Langer, *Admitting the Holocaust* (New York: Oxford University Press, 1995), 52.
(107) Ibid., 107. See also Hartman, *Holocaust Remembrance*, 17-19.
(108) Roskies, *Against the Apocalypse*, 257.
(109) Ibid., 289.
(110) Ibid., 303.
(111) ラビのJ. B. スロヴェイチッチは，ユダヤ教の伝統的な服喪期間，つまりヘブライ月のタンムズ〔西暦月の6～7月に相当〕17日からアーヴ〔同じく7～8月に相当〕9日までの期間，には物悲しい聖句からなる哀歌が詠唱されるべきであると主張する。服喪のプロセスは，ふたつの神殿に対する歴史的破壊行為〔紀元前586年のバビロニアによる第1神殿の破壊と紀元66年のローマによる第2神殿の破壊を指す〕に対する集団的記憶を個々人に喚起させるとともに，人々を癒して日常のルーティーンにまた立ち戻らせることを企図したものになっている。Roskies, *Against the Apocalypse*, 36-39.

第6章 歴史と向き合う

ちから〕奪ったことに対して謝罪する Sorry Day を創設した(112)。ヨム・ハショア (Yom Hashoah) は今やホロコーストを追悼する日になり，毎年4月に世界中で公式行事が開催されるに至っている。

ジェノサイドや集団的暴力に対するさらに別の対応措置は，一定の道徳的スタンスを保った上で，過去と現在を架橋し，「勝者の正義」の誘惑に抗して行く新しい歴史的物語や新しい歴史的な理由説明を生み出していくことである。が，「実際，破滅的な悲劇は，常に，過去を再考するプロセスの途上で発生してきた」(113)のである。歴史とは決して単一の物語ではなく，しかも歴史を語る場合，そこに一定の評価を定着させることが含まれざるを得ない(114)。語りという行為は，その時代の支配的思潮や話者の政治的関心から完全に切り離すことができないのである。歴史に関するプロジェクトを企画しても，それは大量虐殺の後生まれ来る新たな世代にとって，過去をフィクションや伝説と区別することの困難さを味わわせることになろう(115)。さらに，内向きの国威発揚的な物語はほとんど確実にジェノサイドや拷問の事実を捻じ曲げるであろう(116)。が，かかる状況に対しては，政治家や官僚ではなくむしろ，ジャーナリストや歴史研究者の作業によって，暴力やその原因ならびにその帰結に関する様々な見解が集約され，結合されれば克服可能である。歴史研究者は，真実を希求し続けるために加害者も含めた全当事者に対する距離と共感の双方を自らの中に両立させることができるし，またそうしなければならない(117)。

さらに，大量虐殺に対する対応措置の変遷を検証する特別の歴史学的作業も，異なった時代の異なった環境で行われた決断の数々を浮き彫りにするのに役立つであろう。国際法学者のセオドア・メロンは，中世ヨーロッ

---

(112) "A Day to Honour the Stolen Generations", *Canberra Times*, 7 April 1998, sec. A, p. 12.
(113) Roskies, *Against the Apocalypse*, 310.
(114) Boraine, Levy, and Schefer, *Dealing with the Past*.
(115) Hartman, *Holocaust Remembrance*, 10.
(116) Ibid., 5.
(117) Ash, "Truth about Dictatorship", 40. See also Hannah Arendt, *The Human Condition* (Chicago: University of Chicago Press, 1958), 279:「たとえ真実がなくとも，人は真実を求めるものであるし，また，たとえ信頼し得る確実なものがなくとも，人を信頼することはできる」。

パの軍法と19世紀における戦時法についての斬新な考察を通じて、大量虐殺に対する現代よりもはるか以前の対応方法の復権を試みている(118)。メロンは次のように示唆する。例えば人道に対する罪の承認に見られるように、現代国際人権法は、かつての騎士道の制限的諸ルールを拡張し、単にそれぞれの部族、宗教、民族の内部にだけでなく、部族間、宗教間、民族間にも適用されるものとして理解されるべきである、と(119)。大量虐殺そのものだけでなく、それに対する対応措置の歴史に焦点を当てることによって、研究者たちは集団的反人道行為を対処――ならびに抑止――しようとする持続的な人間的営為の重要性を強調することができる。

大人だけでなく子供も対象とした、熟慮を誘う(いざな)教育プログラム、教材、教科書、展覧会、および催し物、全てこれらのものは大量殺戮に対する極めて重要な対応措置になり得る。マーゴット・スターン・ストロムは教育団体「歴史と我々自身に向き合う(Facing History and Ourselves)」を創設し、ホロコーストをもたらした諸条件や、集団内の暴力や権力濫用の初期兆候に対処する人間の能力に関する教育を行うためのカリキュラムや教授法の開発を行っている。ジェノサイドや集団的暴力に先行して生起する特定集団の人々に対する非人間的扱いが持つ決定的な役割を解明することによって、ある集団を排除したり、ある集団が自分たちだけの世界に退行してしまうことが如何に危険であるかを若い世代に対して警告している(120)。ス

---

(118) See Theodor Meron, *Henry's Wars and Shakespeare's Laws: Perspectives on the Law of War in the Later Middle Ages* (Oxford: Clarendon Press, 1993). メロンは、中世の武力衝突を支配していた騎士道ルールを説明するのに、シェイクスピアの歴史劇、特に『ヘンリー5世』に注目している。See also Lawrence Weschler, "Take No Prisoners", *New Yorker*, 17 June 1996, 50, 55 (メロンの業績について報告している).

(119) Meron, *Henry's Wars and Shakespeare's Laws*. また、非戦闘員と民間人の保護に、より重きを置く今日の人権法との対比において中世騎士道を議論するものとして、Allan A. Ryan, Jr., "Battle Cries: Why War Trials Matter," *Boston College Magazine*, summer 1996, 46, 47, も参照せよ。

(120) アフリカ人の研究者であるアリ・A・マズルイは、「人権侵害に先立って、精神的類人猿扱い(psychic subhumanization)の過程が生じる」と主張する。Ali A. Mazrui, "Human Rights and the Moving Frontier of World Culture", in Diemer Alwin, *Philosophical Foundations of Human Rights* (Paris: UNESCO, 1986), 243. See also chapter 2, "Holocaust and Human Behavior (We and They)", in *Facing History and Ourselves Resource Book* (Brookline, Mass.: Facing History and Ourselves National Foun-dation. Inc., 1994), 58-109, hereinafter cited as *Facing History and Ourselves*.

トロムは次のように強調している。このような教育の効果は、事件を凍結させ博物館に収められた過去の遺物にしてしまうことを回避し、加害者の問題のみが取り上げられる傾向に抗する役割を果たす。そして、「そのような歴史は大筋において、人間の決断がもたらしたものであり、それを回避することは決して不可能ではない」ことを教育は教えるべきであって、また「教育は、それによって何か違いをもたらそうとするのであれば、道徳的な要素を持たなければならない」、と[121]。ジェノサイドや大量虐殺に関する教育は、あるプロパガンダを別のプロパガンダに置き換えるのではなく、若い世代が批判的にかつ自律して思考することができるように手助けをするべきである。あるいは、ある学校経営者はこのことを次のように表現している。「我々皆に、より良き未来を希求させるようなやり方で、事実としての過去を知り、その含意に向き合うこと。すると、たとえ過去における、あるいは現在進行形の憎しみや暴力に対する明解な答えが見つからなくとも、そこには知的廉直性、統合性、正義、共感などの対抗的諸力が生まれる」[122]。

自らも「歴史と我々自身と向き合う」に関与しているキャロル・ギリガンは次のように警告している。「教育がほとんど常に関わっているのは教えることであって、知ることではない。教えるということは事実だけを伝えていればそれで済むというものではない。教えるということは、共感すること、参加すること、共通の人間性を発見すること、憎しみはどこから来るのかと子供たちに問い掛けること、重要性をどこに置くかということ、に関わらざるを得ない」[123]。効果的な教育は、大量殺戮の歴史をそれぞれの生徒の生活や個人的な体験に結び付けることができなければならない。が、一方でこのような教育プログラムは、特定の歴史や記憶の重要性、さらに暴力に対して対応する義務のあり方について学校や保護者や地域が伝えようとする外部のメッセージとしばしば衝突することがあろう。これについてマーゴット・スターン・ストロムは次のように応答する。「歴史に

---

(121) Margot Strom, preface to *Facing History and Ourselves*, xvi.
(122) *Facing History and Ourselves*, xxv に引用されている、ボストン・ラテン学校の校長補佐であるロン・グゥイアズダの言葉。
(123) Planning meeting, Harvard Facing History Conference, January 1997.

接近する途を生徒から奪うことは、彼らの立ち向かおうとする力、取り組もうとする力、今日および未来において変わっていこうとする力、そういった潜在能力を尊重しないことに繋がる」(124)。

ホロコーストに対する興味深い対応のひとつに、「ありがとうスカンジナヴィア」奨学基金が挙げられる。これは「第二次大戦中と大戦後を通じてユダヤ教信者を擁護したスカンジナヴィア全土の人々の人間性と勇気に感謝するために」創設されたものである(125)。この基金は、スカンジナヴィアの民主制、文化、ナチへの抵抗運動、人権の現代的課題をともに検討しようとするアメリカ人とスカンジナヴィア人の共同研究に奨学金を付与することを通じて、ユダヤ人を救済してくれた人々に対する謝意を表する活動を展開している。

振り返って

大量殺戮に関する発言や著作の多くが、人間の尊厳と権利に対する破壊行為を将来において抑止することを要請、あるいは希望、している。過去の集団的暴力への対応措置の要として新世代の未来と教育に私自身祈るような思いでいるが、にもかかわらず、抑止の問題は本書を執筆する際の動機ではなかった。抑止を問題にするならば、もっと別の行動が必要になってくるものと思われる。ある論者は、プロパガンダに用いられているマスメディアに対して、大量殺戮を誘発させるのに使用された半民半官のラジオに対してルワンダにおいて採られた送信妨害のような現実的制限措置が必要になってくると主張する(126)。が、このような制限措置は、人々が大規模暴力を予防するための最良の保障と考えている、自由で開かれた社会へのコミットメントそのものを破壊してしまいかねない。もちろん、ジェノサイドや集団的暴力を抑止する術を知る人はいない。残念ながら、圧制、

---

(124) Strom in *Facing History and Ourselves*, xix.
(125) See Thanks to Scandinavia, Inc., "Human Rights Study in Denmark", June 1997.
(126) Jamie Frederic Metzl, "Rwandan Genocide and the International Law of Radio Jamming", *American Journal of International Law* 91 (1997): 628.

第6章 歴史と向き合う

憎悪，虐殺，拷問は人類史の中で絶えたことはないのだ。南アフリカの真相解明・和解委員会に関する彼女の作品を論ずる会議に出席したプームラ・ゴボド - マディキゼーラは，自由民主の国となった南アでの最初の選挙とルワンダでの虐殺――二つの事態は同時に発生した――とが同時期に並存した状況は驚くべきことであると発言している(127)。

独裁者や大量破壊の指導者になり得る潜在的可能性を持った個人の出現を如何に抑止するか，この問題に対しては実に多くの研究がなされてきたにもかかわらず，その方法を本当に知る者はいない(128)。昨今流行の刑事訴追の試みが第2のヒトラーやポル・ポトやラドヴァン・カラジッチ(*2)の出現を阻止するであろうと希望的観測を語る者もいるが，それを証明することはできない。悪は常に我々とともにあると言う者は正しい。彼らが引き合いに出す主要な例証は，後を絶たないジェノサイドや集団的暴力である。が，このような見解が正しいとしても，そして，如何なる抑止策も確実ではないとしても，社会――国際社会も含めて――は大量殺戮に対処して行かなければならないのだ。被害者は，彼らが人間であることの認知を要求し，被害の原因となった加害行為の不当性を再確認することを求めるだろう。また，傍観者たちが対応措置を見届け，関与・不関与に関する自分たち自身の選択を正面から見据えることも重要になろう。採られる対応措置は，大量殺戮を発生させるのに力を貸した諸集団を〔関与の程度によって〕仕分けすることだけでなく，むしろ共同体意識や構成員意識を広げるようなものでなければならない。対応措置は，加害者を陵辱したくなる誘惑に抗し，むしろ全ての人々の人間性の承認を求めるものでなければならない。その承認の方法が，人権という根本規範の下に全ての人を置くことによるのか，真相を告白し癒しを進めるプロセスに全ての人を巻き

---

(127) Comments at Collective Violence and Memory: Judgment, Reconciliation, Education, Facing History and Ourselves, 12th Annual Human Rights and Justice Conference, 10 April 1997, Cambridge, Massachusetts.

(128) 面白いことに，これに関する研究は，国際政治に関心を示す者たちと国家に内在する国内的暴力に着目する者たちとの間で別れて行われているのが普通である。共同研究に値する重要な共通点がおそらくはあるであろう。See Robert Harrison Wagner, "The Causes of Peace", in Roy Licklider, ed., *Stopping the Killing: How Civil Wars End* (New York: New York University Press, 1993), 235.

込むことによるのか，記念の儀式やモニュメント，資源の共有，あるいは謝罪と赦しの申し出などを通じての連帯感の醸成によるのか，は別として，全ての人々の人間性を承認することが追求されるべきである。共通の人間性を認めることは，もう片方の頬を差し出し人権侵害を甘受することや，起きた出来事を忘れてしまうことを意味するものではない。

おそらく，問題は，均衡や全体性(balance and wholeness)に対する基本的必要を充足することであろう(129)。人類以外の霊長類が群れの中で関係修復を図る際によく見られるプロセスは，進化に着目して人類の能力を測定している人々にとっては興味深いに違いない(130)。この点，この分野の指導的立場にいるある研究者は，人類の和解行動についての研究がまだまだ不十分であるについて注意を喚起している(131)。が，チンパンジーも仲間のネガティヴな行動を明らかに記憶する能力を持つけれども，復讐のシステムは人類以外のいかなる動物にも観察されたことはない(132)。もちろん，ジェノサイドのような残虐行為についても観察例は存在しない。

ジェノサイド，大量殺人，拷問，およびレイプは相手に対する理解など微塵もなく，生に意味を求めようとする人間的伝統など一顧だにしない行為である。ヴィルナ・ゲットーやホロコーストの生き残りであるヴィジュアル・アーティストのサミュエル・バクは，こう説明する。「私の周辺で

---

(129) See Nygaard, "On the Role of Forgiveness", 1019:「赦しも復讐もともに，均衡や全体性，そして癒しといった同じ人間的必要に対応することを目的としている」。彼は，赦しを擁護して次のように続ける。「復讐は離反させるが，赦しは癒す」。

(130) 「人類以外の霊長類にあっては，対立後の平和へのシグナルはかつての敵対勢力との接近，接触，提携を促進する」。Joan B. Silk, "Making Amends: Adaptive Perspectives on Conflict Remediation in Monkeys, Apes, and Humans", *Human Nature* (draft, 5 December 1997): 25 ; Frans de Waal, *Peacemaking among Primates* (Cambridge, Mass.: Harvard University Press, 1989)(ボノボザル，ベンガルザル，ベニガオザルに関する研究では，和解を達成するためにかつての敵対勢力との接触を求める際に，儀式化された方法をとることが示されている). See also id., 270:「赦しとは，ある人々が信じているような，数千年に及ぶユダヤ・キリスト教の歴史に負っている神秘的で荘厳な理念ではない。それは人間の心の中に起源を持っているものではなく，したがって，イデオロギーや宗教によって専有され得るものでもないのである。サルも類人猿も人間も皆，和解行動に出るという事実は，赦しがおそらく3千万年以上前から存在し，これらの霊長類が進化的分岐を果たしたことに先立って生じたものであろうことを意味する」。

(131) De Waal, *Peacemaking among Primates*, 233.
(132) Ibid., 262.

第6章 歴史と向き合う

起きたあの恐ろしい出来事に何らかの道徳的ロジックを求めようとする馬鹿げた行為」を何度も試みたが，そのような馬鹿げたことの中でも最たるものは「私が今なお生きているという事実」である，と(133)。集団的暴力への対応措置は，真実という歴史のレトリック，赦しという神学のレトリック，処罰・賠償・抑止という正義のレトリック，癒しという療法上のレトリック，記念・不安化といった芸術のレトリックの群れにすがろうとするが，どれも不十分である。しかし，刑事訴追，真相解明委員会，記念施設建立，そして教育などの集団的措置の推進を通じて上記のレトリックのどれかを援用することにより，社会的対応措置は大量殺戮の後を生きる個人や社会の感情的経験を変えることができるのだという賭けに出るしかない。そうすれば，おそらく，人々は復讐を模索するよりも，再建を望むようになるだろう。それは，社会的・政治的枠組みのあり方によっては，惨憺たる大量殺戮から個人が如何にして立ち上がるかに影響を与えることができるはずだという賭けである。

この賭けは，過去に採られてきた対応措置のうちのいくつかは，結局，別の惨劇の遠因になったのではないかとの認識に少なくとも部分的には依拠している。ティナ・ローゼンバーグは，「過去の不正義への対処がそれを断ち切ることに繋がらず，むしろ不正義の再発の第一歩になってしまったことを，あまりにも多くの政府が経験している」と述べている(134)。暴力の事実を封印してしまうことは，かえって後の世代にその再発を招いてしまうだろう。が，犠牲の物語に耽溺することもまた同じ結果を生む可能性がある。戦争犯罪の訴追，真相解明委員会，賠償——これらのいずれも熱い期待とシニカルな絶望の循環を映し出し，それらをより激しくする可能性がある。

集団的暴力への対応措置は，最終的に証言を生み出すであろう。それは，暴力についての証言と暴力によって破壊された人間存在についての証言を生み出す(135)。証言をする義務は「再記憶(re-memory)」という実践を可能

---

(133) Roskies, *Against the Apocalypse*, 303（バクを引用）．バクの絵画作品にひとつでは，破壊された律法の石板が，墓石にも新たな石板の部分にも見えるものがある。Id.

(134) Rosenberg, *Haunted Land*, xxiv.

(135) See Roskies, *Against the Apocalypse*, 135（証言をすることに関する文献と証言をする

にさせる義務を含んでいる。「再記憶」とはトニ・モリソンの造語で,死に直面して人生を肯定すること,「結合感と断絶感の双方の感情にすがること,そして,正しき記憶の条件と未来を変革する作業に関心を抱けるよう意識を研ぎ澄ませておくこと」を人々になさしめるよう励ます営みを指すものである(136)。復讐と赦しの間には,記憶と肯定の道,そして,我々は何者であって,何者になり得るのかに向き合う道が敷かれている。

ことを陶冶する必要について論じている). See also page 133:「近代派の標題詩(program poem)が十分に明らかにしたように,ユダヤ教の歴史の中で神もまたその代理人たちも何も語ることを持たないとしたならば,そして,様々なシュテットル小説〔シュテットル(shtetl)とはポーランドに点在する小共同体のことを指すが,第2次大戦中,多くのポーランド人・ポーランド系ユダヤ人が虐殺されたため,ホロコーストの思想的風景を象徴する言葉としてあるいはゲットーの代名詞としてこの言葉が用いられることがある〕が示しているように,戦争や革命のときに共同体がもはや避難所を提供しないならば,最後のそして唯一のとりでは,神と共同体から解放された個人しかない」。

(136) Roger I. Simon and Claudi Eppert, "Remembering Obligation: Pedagogy and the Witnessing of Testimony in History Trauma", *Canadian Journal of Education*, 23(citing Toni Morrison, *Beloved: A Novel* [New York: Knopf, 1987]).「再記憶」のプロセスは,様々な政治的コンテクストの中で,長い時間をかけて進行し,また,新たな世代の参入につれて変化してゆくものである。ロバート・モーラーは,そのような洞察を,第2次世界大戦の記憶をめぐるドイツにおける50年以上にわたる闘争に付会して提起している。「1950年代,ほとんどの西ドイツ国民は,ある絶対的な道徳的カテゴリー,つまり,一握りの加害者に対峙する犠牲者としての国民,という図式だけで彼らの経験を解釈することができた。1980年代,1990年代にこの戦後史が再び強烈に争点に上ったが,そこでも,上記のような過去のイメージが実に生々しく残存していることが示されている」。Robert G. Moeller, "War Stories: The Search for a Usable Past in the Federal Republic of Germany", *American Historical Review* (October 1996):1047. モーラーは,「ナチスが全てのドイツ人に加えた災厄とナチスが他民族に与えた災厄とを同類のものとして説明する分析を拒絶するのと同じく,ドイツ人によって被害者となった人たちとドイツ人の被害者を道徳的な等価物として扱おうとするあらゆる傾向を回避しようとする」過去の理解に賛成する論調に立っている。そのような歴史理解はまた「犠牲者と加害者のカテゴリーを相互に排他的なものとして扱う言説を超えていこうとするものである。つまり,個人の生と『集団の運命』との複雑な交錯を,第三帝国家のドイツ人が被害者でありながらどうして他者には加害者になってしまったのかを探求することによって,把握しようとするだろう」。Id., 1048.

第6章 歴史と向き合う

(*1) 合衆国憲法修正第14条は、合衆国市民の要件を定めるとともに、平等保護と法定適正手続の保障を規定している。奴隷制との関係では、平等保護規定の導入が輝かしい成果ではあるが、その前提として、奴隷に合衆国市民の地位を付与することを決断した出生地主義の採用の持つ意義も大きい。黒人は、かつて、「輸入されるモノ」として扱われ（合衆国憲法第1条第9節(1)）、また、下院議員数などの算出基礎として自由人の「5分の3」の価値しか与えられていなかったのである（同法第1条第2節(3)）。合衆国憲法修正第15条は、投票における人種差別を禁じたものである。さらに、本文には挙げられていないが、修正第13条は、奴隷制を廃止した条項である。以上の3つの修正条項は、南北戦争という血の代償で合衆国が手にした成果である。合衆国の国家建設にとって不可欠の構成要素であった奴隷制を廃止し、さらに、法定適切条項によって連邦の権利章典が州政府をも拘束するようになり、合衆国は旧来の姿を大きく変革することになった。これら3修正条項導入以降は「再建期（Reconstruction Era）」と呼ばれ、そのような意味でも「記念碑的」な条文なのである。

(*2) ラドヴァン・カラジッチ（Radovan Karadzic）：ボスニア・セルビア人勢力の最高指導者で、旧ユーゴ戦犯国際法廷から起訴されている超民族主義者元。ボスニア・ヘルツェゴビナに展開する北大西洋条約機構（NATO）主導の平和安定軍（SFOR）が同被告を逮捕するために大規模な作戦を決行するも、失敗。カラジッチ被告は、92～95年の内戦において、国連部隊管理下で安全地帯とされたスレブレニツァで、民族浄化の目的でのイスラム教徒8000人の大量殺害などを計画、命令したとされ、ボスニア・セルビア人勢力軍の最高司令官だったラトコ・ムラジッチ被告とともに、「ジェノサイド罪」や「人道に対する罪」に問われている。

補　論

　本書が刊行された1998年以降，本文で検討した諸問題は，どちらかと言えばこれまで以上に猛威を揮う傾向を見せてきている。国際社会は，コソボ，チェチェン，スーダン，シエラ・レオネにおける残虐行為に注目するようになった。2001年9月11日のテロ攻撃は，米国を中心とした軍事的反応を引き起こし，適切な法的反応とは何かについて活発な国際的議論を呼び起こした。南アフリカの真相解明・和解委員会(以下，TRC)は，最終報告書を提出した。該報告書は，国内よりも国外で，より大きな反応を引き起こしたといえよう。特筆すべきは，世界の他の地域で真相解明委員会を創設する要請が高まったことである。他方で，旧ユーゴスラヴィアおよびルワンダ国際刑事裁判所の作業が進むにつれて，国連および個々の国家は特定の大虐殺に対応するためのアドホックな裁判所を追加的に創設する可能性を探った。こうした動きは国際刑事裁判所(以下，ICC)設立計画が進められているにもかかわらず行われたものであった。また，米国内では，奴隷制および人種暴動に対する賠償をめぐる公の論争が目立つようになった。さらに，世界の至る所で，人々は芸術的記念碑，記念日，他の象徴的記念物によって過去を追悼するよう懸命に努力した。以下で手短に検討されるこれらの手段は，人々が復讐と赦しの間に何らかの道筋を作ろうとする機会を与えるものである。

裁　判

　1999年5月27日，旧ユーゴスラヴィア国際刑事裁判所(以下，ICTY)は，コソボにおける人道に対する罪および戦争犯罪について，政府高官を起

訴した。スロボダン・ミロシェヴィッチの起訴は，現職元首を歴史上初めて起訴するものであり，したがって非現実的と見えた人もあれば，力を使わない象徴的行為と思った人もいる。それでも，今から思えば，戦争犯罪および人道に対する罪に基づく当該起訴は，(コソボでのNATOの成功と共に)2000年10月にセルビアで行われた選挙でミロシェヴィッチを敗北させるのに影響を及ぼしたかもしれない。もっとも，選挙当時でさえミロシェヴィッチを現実に逮捕して裁判を行う見込みはほとんどないように思われた。しかし，2001年4月に，彼は36時間の包囲の末に，現実に逮捕されたのである。ミロシェヴィッチの訴追は，ボスニア・ヘルツェゴヴィナでの事件も対象とされ，起訴状の訴因に付け加えられた。ミロシェヴィッチは裁判所の管轄権を承認することを拒否し，彼の弁護士も拒否した。それにもかかわらず，裁判所の手続は進められた。ミロシェヴィッチは，前米国大統領ビル・クリントン，英国首相トニー・ブレア，NATO事務総長ハビエル・ソラナを証人として召喚する意図を示したとき，裁判所の権限を否定するのではなく，裁判に関与する方向に転換したようにさえ思われた。評論家は，ミロシェヴィッチが初めて彼の政策の犠牲者たちと向き合わなければならなくなるだろうと指摘した。

　NATO軍および各国当局は，時が経過するにつれ，逮捕および関連文書を通じて裁判所を援助することにますます関与するようになった。とりわけ，クロアチアおよびセルビア政府が変更すると共に，検察事務所は，クロアチア人，セルビア人，イスラム教徒のいずれが虐殺行為を行ったにせよ，それらの行為を調査するにあたり，これらの政府からも援助を得た。ICTYのスタッフは1,000人にまでなった。評論家は，ICTYの動きは緩慢であり費用がかかると主張した。2002年までに，公訴の対象は100人に上った。30を少し上回る審理と17の上訴手続が完了した。ルワンダ国際刑事裁判所(以下，ICTR)の進捗状況は芳しくなかった。それにもかかわらず，これらの法廷は，公務員を訴追し，彼らの活動を広く世間に知らしめたので，時を経るうちに一般の人々の関心を集めたように思われる。

　判事および法律家たちは，これらの特別裁判所の実行を研究し，ICCの計画を改善する方法を考案しようとした。2002年1月30日までに，50ヵ国がICC設立条約を批准した。発効には60ヵ国の批准が必要である。米

国は,最終期限の 2000 年 2 月までに条約に署名した 139 ヵ国の一つである。署名は,クリントン大統領の最後の職務であった。しかし,後任のジョージ・ブッシュ大統領は断固たる態度で批准に反対している。それでも ICC は実現に向けて歩み続けるであろう。もっとも,実際に運営されるまでには数年を要するであろう。

ところで,多くの国は実例としての ICTY および ICTR,並びに ICC に関する議論をみて,積極的になるか,または圧力を感じるかした。国連とカンボジア政府間における公式の検討の後に,カンボジア国民評議会は,ポル・ポト政権下で旧クメール・ルージュの指導者たちが行った戦争犯罪について裁くための裁判所を設立する法律を可決した。クメール・ルージュは 1970 年代に約 170 万人が死亡したことについて責任があると考えられている。この授権立法は,まだ上院および王室の承認を待っているところだが,外国人の判事および検察官を含む法廷を設立することとしている。もっとも,カンボジア人判事が過半数となるよう確保されている。しかし,カンボジア政府の計画が挫折したため,国連は 2002 年 2 月に交渉から手を引き,当該計画への支持を撤回するに至った。国連スポークスマンは,次のように説明した。「現在構想されているカンボジアの裁判所は,独立,公平性,客観性を保障されていない。これらの保障は国連が該裁判所と協力するのに不可欠なものである」[1]。評者たちは,この裁判所では予定された通りにクメール・ルージュの指導者たちを訴追できないのではないかと危惧した。国内の政治勢力が過去と十分向き合うことに抵抗するような状況では,裁判所設立条項を確定するにあたり国連を関与させ続けることが重要となるように思われる。

また,国連安保理は,シエラ・レオネ周辺の国際の平和および安全に対する危険に言及しつつ,シエラ・レオネ政府との協定締結を交渉するよう国連事務総長に命じた。シエラ・レオネにおいて行われた人道に対する罪および戦争犯罪について検討するのに必要な独立した裁判所を設立するた

---

(1) Seth Mydans,「国連はクメール・ルージュのための裁判所に関するカンボジア会談を終了させる」というニューヨークタイムス(Feb.9,2002, p.A4 col.1.)で引用されたフレッド・エックハードの発言。

めである。政府および反乱指導者が内乱終結を宣言した直後に、国連およびシエラ・レオネ政府は、独自の裁判所を創設する旨を発表した。とりわけ民間人の忌まわしい取り扱いから生じた事件を審理するためであった。その間、コソボおよび東ティモールの暫定国内裁判所は、虐殺行為を原因とする若干の訴追を行った。大規模暴力の時代から次の時代へ移行する時期に付随して刑事裁判所が設立されるべきであるという前提は承認を得た。したがって、過去を取り扱うことによって変化をもたらそうとすることを示す裁判、真相解明委員会、またはこれに類する他の公的儀式の理論的根拠も承認された。

それでも、裁判への適切な金銭および注目度の配分に関して深刻な問題が存続する。特に、破壊された国家を再建するための活動、または資源に限りがある国連を展開させる活動等と比較して、刑事裁判所の費用は膨大であると思われる。ある見積もりによれば、ICTY および ICTR の費用は国連予算の10％にも上る。さらに、過去を扱おうとする諸国は、判決と平和のバランスをとらなければならない。カンボジアの裁判所の構成をめぐる争いは、少なくともある程度はこのバランスに関する国内および国際的評価の相違を反映している。責任と将来を志向する目標とを調和させることは、今後も存続し続ける難問であろう。

真相解明委員会

TRC は、5冊の最終報告書を出した。通常はありえないことだが、この報告書中には報告書が不完全であることを明らかに認める旨が記されていた。報告は、この問題を打ち切らない努力を行うこと、それどころか、TRC が結論を作成するにあたって依拠した22,000人の犠牲者の声明文および7,000の恩赦願いを含む資料を利用するための手順を明示している(2)。

---

(2) See also Charles Villa-Vicencio and Wilhelm Verwoerd, Constructing a Report: Writing Up the "Truth", in Robert I.. Rotberg and Dennis Thompson, Truth v. Justice: The Morality and Truth Commissions 278, 281 (Princeton University Press, New Jersey 2000). さらに、Charles Villa-Vicencio and Wilhelm Verwoerd, Looking Back, Reaching Forward: Reflections on the Truth and Reconciliation Commission of South Africa (University of Cape Town Press: Cape Town 2000).

報告の主たる勧告は、一般の人々が報告資料をビデオやカセットテープ、さらには教育プログラムを通じて利用可能とすることである。委員会に直接関わった多くの人々が落胆したのは、南アフリカ政府が賠償および他の経済的救済策のための積極的措置を求めた勧告に直接答えなかったことである。TRC の報告とその手順は、批判と議論を呼び起こした(3)。しかし、TRC がアパルトヘイトを国民的規模で非難することを確固たるものにし、南アフリカの平和的移行を助ける上で重要な役割を演じたことについて問題とする人はほとんどいなかった。

　他の多くの国家は、自国自身の大規模暴力の歴史に対処する方法を探究するために、南アフリカの経験および他の真相解明委員会の実験を注視していた。TRC に関するドキュメント映画を製作したことで、TRC の活動および効果が幅広く知れ渡った(4)。TRC の副議長であるアレックス・ボレインは、如何に諸国が南アフリカと同じような特徴を共有しているかを記すと共に、個々の状況の特異性を強調した。「全体主義体制から民主主義への転換、抑圧と重大な人権侵害の遺産、弱体な政府および不安定な統一、人権観念を育成することの確約および法の支配に対する敬意、過去の侵害行為は決して繰り返されるべきではないという決意」、これらが TRC の経験から得られるであろう(5)。移行期を経験している諸国、または自身の過去にけじめをつけようとしている他の諸国もまた、真相解明委員会を利用するという発想に依拠し始めた。北アイルランド、中東、米国内のしかるべき地域に真相解明委員会を設立できるかどうかの議論は、類似した議論をもたらした。実際に、英国では「血の日曜日」について再度の調査が認められた。真相解明委員会を設けるという発想は、過去に焦点を当て、刑事裁判の技法を使わずに責任を問題とし、加害者たちに赦しを要求されることなしに大規模暴力の再発を防ぐよう関係者たちに誓約させる方法を人々に提供する。

---

(3) 例えば、See Richard A. Wilson, The Politics of Truth and Reconciliation in South Africa: Legitimizing the Post-Apartheid State (Cambridge University Press: Cambridge 2001).
(4) 説得力のある映画の一例が、『遠い夜明け(Long Night's Journey into Day)』である。
(5) Alex Borraine, A Country Unmasked: Inside South Africa's Truth and Reconciliation Commission 379 (Oxford University Press: Oxford 2000).

さらに進んで，真相解明委員会を正式に立法化した国もある[6]。1999年，ナイジェリア大統領オルセゴン・オバサンジョは，過去20年間に行われた人権侵害を調査するため，委員を任命した。委員会が設立された最初の2ヵ月間に委員会は数千もの意見書を受け取った。パナマ大統領ミレヤ・モスコソは，1968年から1989年にかけて軍事独裁下にあった同国で行われた人権侵害を調査するため，2001年に真相解明委員会を設立した。2000年にペルーは，同国安全保障軍の支配下で抑留され「姿を消した」4,000人余りの人々の事情について調査するため，真相解明委員会の設立を承認した。2000年にシエラ・レオネの大統領および議会は，真相解明和解委員会が，過去10年間に生じた人権侵害を検討し，和解を促進し，対立が再発するのを抑止する方法を勧告することを承認した。シエラ・レオネの委員会は，恩赦の提供も可能であった。韓国大統領金大中は，独裁体制時代に反抗した市民の死亡を調べ，人権侵害を犯した者を刑事訴追のために特定するため，真相解明委員会を設立した。ユーゴスラヴィア大統領コシュトゥニカは，過去10年間にスロヴェニア，クロアチア，ボスニア，コソボで犯された戦争犯罪を検討するため，2001年4月に真相解明和解委員会を創設した。この委員会は，ICTYを補完するよう意図されていたので，その構成員は，幅広い政治的立場を代表していた。

賠償と記念碑

　2001年，奴隷制度に関してアフリカ系米国人に賠償金が支払われるべきか否かについて，ボルティモア市議会が証言を得た。これがきっかけとなって，同議会は，学生論文，新聞社説，大学での議論を刺激する論争の範例となった。この論争は，過去に姿を現したことがあるが，世紀の変わり目に再度注目を集めることとなった。何人かの著名な法律家と学者が賠償金を求めて訴訟を提起する計画を公にした。これに対して，直ちに哲学的，現実的，政治的議論が広範囲に生じた。ある一人の反対者はいう。「もし我々が奴隷の相続人に賠償金を支払うべきであるならば，我々は奴

---

　(6) See www.usip.org/library/truth.html（2002年2月8日に確認）.

隷制度を終わらせるために命を落とした人々の相続人に対しても賠償金を払わなければならないのだろうか」(7)。

さらに米国でのことだが，1921年に生じたタルサ人種暴動を研究するオクラホマ委員会は，2001年2月の最終報告で説明しているように，ある種の型の賠償を勧告した。当時，この人種暴動は南北戦争以降で最悪の暴力事件であった。この事件では，アフリカ系米国人が居住する35の街区が破壊された。多くの人が殺害され，誤って投獄された人もいた。暴力，隠蔽工作，住民の威嚇に加わったのは公務員，警察，極右武装組織，州兵であった。これらの人々の住民に対する威嚇は激しかったので，生き延びた人でさえ町から逃げ出す始末であった。オクラホマ州選出下院議員であるダン・ロスは，報告書に記した序文で，他の多くの文脈でも適用できるであろうという条件で，賠償という考え方を擁護した。彼は，賠償が法的救済，犯罪性の指定，損害賠償額の評価として有用なのではなく，自己認識の問題として，および過去に悩まされている州が集団的責任を負う象徴として有用であると説明した。「これらの行為はあまたの殺人行為だったのではない。1つの恐怖の行為だったのである」(8)。そして続けて次のようにいう。加害者は個人ではなく，「1つの団体として行動する集団であった。……それは，ある社会全体を排除しようとしたのである」。委員会が明らかにした潜在的賠償行為には次のものが含まれる。「暴動の生存者およびその子孫に対する直接的金銭支払，暴動で影響を受けた学生が利用可能な奨学基金創設，（暴動が発生した）歴史的なグリーンウッド地区での経済開発事業区域の設置，暴動犠牲者の記念碑建設」である。2001年9月11日に米国で生じたテロ攻撃に対する国際的反応には，追悼記念日の設定および自発的にできた記念碑などがある。廃墟となった世界貿易センタービル，国防総省，航空機が墜落したペンシルヴァニア州の田園地帯で如何なる形式の記念碑または記念物が設けられるべきかに関する広範な議論には，芸術家，学生，投資家，政治家が関わった。その一方で，多くの論議を呼んだ「ヨーロッパで殺害されたユダヤ人記念碑」が，2001年にドイツのベル

---

(7) Alan Miles, Slavery Justice and Reparations, *N.Y. Times*（June 7, 2001），p.A32 col.4.
(8) See www.ok-history.mus.ok.us/trrc/freport.htm.

リンで建設され始めた。事件後 50 年以上も経過して，ようやく犠牲者が追悼されることになったのである。

　個人，国家，国際組織が，和解をもたらすために，そして暴力の連鎖をもたらすことなく正義を行うべく奮闘する中で，以上に指摘した活動が刑事裁判所および真相解明委員会の創設努力につけ加えられる(9)。

　多くの学問分野にまたがる記憶の学者たち(*1)が同意しているのは，我々の語る話，そして我々の創る制度が，時代の精神・要求・信仰を成立させ形成しているということである。かりにこれらの学者が正しいとすれば，2 つの逆説が登場する。第 1 の逆説は，我々の記憶は組み立てられる——創造される——が，しかし，だれもその方法を選択できないということである。我々が記憶を組み立てるのに利用する資料は，我々が作るのではなく，時代精神に由来するからである。そしてまた，個々の人間は，記憶や経験の断片を体系づけ調整する過程を意識的にコントロールする能力を欠いているからでもある。これらの過程を規律するのは，我々が子供のときに聞いた物語，政治的・歴史的先入観，記憶を呼び起こすときに個々人が有している欲望と恐怖といった潜在意識なのである。第 2 に，我々の記憶は簡単に検索できるというわけではないし，自由に流通することも現在の利害関係に基づいて操作可能なわけでもない。すなわち，記憶はコンピュータ・ファイルではないから自由に思い起こすことはできない。何故ならば，経験した時の理解通りに完璧に記録された記憶というのは存在しないからである。だからといって，記憶が現実に生じたことと無関係なフィクションでしかないと考えることは間違いであるし，個人が望むように自由に変形させられるものでもない。

　しかしながら，2 つの真実が基本になければならない。第 1 に，過去についてのいくつかの捉え方は誤りである。我々は，過去についての説明を争い，複雑にするための舞台を創造することができるが，それは，記憶をでっち上げるためではなく，どの真実が記憶され得るか詳細に述べるため

---

(9) See Nigel Biggar ed., Burying the Past: Making Peace and Doing Justice After Civil Conflict (Georgetown University Press: Washington D.C. 2001); P.G. Digeser, Political Forgiveness (Cornell University Press: Ithaca, N.Y. 2001); Elazar Barkan, The Guilt of Nations: Restitution and Negotiating Historical Injustices (W.W. Norton: New York, 2000).

である。第2に，記憶できない場合には，容認し難いほどのコストを課されることになる。集団的な勝利および成果を記憶できないと，社会に受け入れがたい損失を与えるであろう。集団が不正と残虐性を記憶しないのはさらに悪い。それは倫理に悖る。そんなことは，責任を示唆しないことになるし，将来の非人道的行為を防止する確約も示さない。さらに悪いことに，集団的記憶がないと，怒りと復讐の火をかきたてることにもなる。

たとえ「法の論理がジェノサイドの没論理性を理解できないとしても」(10)，裁判所，真相解明委員会，立法府等々，法を定立・適用したり公的規範や政策に影響を及ぼし得る機関は，記憶の鎧と認識の枠組を提供することができ，それらによって忘却と復讐を防止することができる。およそ人間の制度で完全無欠なものはない。政治的対立，および規則と偶然性によって制約を受ける選択的訴追は，人権侵害に対処すべき国際刑事裁判所および国内刑事裁判所の機能を損なう。真相解明委員会ではあまりにも生ぬるく，効果がなく，応報的でないかもしれない。また，沈黙したままのことが多い犠牲者から話を聞いて集めたとしても，彼らは名前を言うことさえ躊躇するし，あるいは言うことができないかもしれない。常設的な国際刑事裁判所は，その構成国の関与が強いときにのみ強力となるにすぎない。公式の記念日，賠償金支払，芸術的記念碑は，たとえこれらが時間と空間を超えて記憶に敬意を払うにしても，正義の追求という枠組ではほとんど役に立たない。しかし，これら全ての措置は，我々が回復させようと取り組んでいることを形にするために有用な手段を提供するのである。

(*1) 記憶の学者（scholars of memory）とは，記憶の作用，すなわち如何にして脳または精神が覚えているかを研究する人々のこと。

---

(10) Lawrence Langer, Admitting the Holocaust 171 (Oxford University Press: New York, 1995).

謝　辞

　私はマーゴット・スターン・ストロムに感謝したい。彼女は，現代のジェノサイドと大虐殺にどう対処していくべきかという全米規模の会議を計画するにあたり，私の参加を求めてくれたのである。私は，彼女と「歴史と我々自身に向き合う」というグループの彼女のスタッフとの一年間にわたる研究と計画で多くを学んだ。このグループは教師を訓練する組織であるが，その目的は，学生に人種差別，偏見，反ユダヤ主義の検討に興味を持ってもらい，より人間的で活力にあふれた民主主義を普及させることにある。私がここで特に深い感謝の念を表明したいのは，会議の計画メンバーである。すなわち，マーク・スクヴィルスキー，ウォルター・ロビンソン，アラン・ライアン・ジュニア，ディアナ・アーミィ，クウェイム・アンソニー・アッピァ，バーナード・ハーコート，キャロル・ギリガン，ジム・ギリガン，アラン・ストクホフ，ジョン・スタンダール，フィリス・ゴールドスタイン，エリカ・スターン，マーゴット・ストロムである。計画および研究作業には，説得力のある一連の講義と映画が含まれていた。準備したのはハーヴァードのバーナード・ハーコートであった。それから，「歴史に向き合う」が準備した教師と地域社会住民との催し物もあった。

　会議は，ハーヴァード・ロー・スクール大学院プログラムの共催として1997年4月にケンブリッジで開催され，約500人もの参加者が集った。この会議のおかげで，私はデュラー・オマー，マーガレット・バーナム，プムラ・ゴボド－マディキゼーラ，ランドール・ケネディ，マイケル・シャーフ，エリック・ヤマモトと話をするという大変素晴らしい機会を得た。ビーコン・プレスのディアナ・アーミィは，会議の成果を出版する計画をたてた。本書が完成するまでのあらゆる段階で彼女から得た激励と支持は極めて重要であった。改めて感謝したい。また，ビーコン・プレスの他の多くの人々にも感謝したい。彼らもまた本書の完成を後押ししてくれるとともに，本書のテーマに関して公教育が必要であることを熱心に支持してくれた。

私は第1章と第4章の一部を公の場所で聴衆に提示した。それは以下の会合，すなわち「歴史と我々自身に向き合う」が開催した会合，「コモンウェルス・スクール（ボストン）」，「ハーヴァード・ロー・スクール」，「ハーヴァード・ロー・スクール・大学院プログラム」「1997年の法と社会学会」「クイニピアック・ロー・スクール」「プリンストン大学」においてである。プリンストン大学での講演はメレディス・ミラー記念講義の第1回講演として行われたものである。この記念講義は，大学卒業後，数年を経ずして無惨に殺害された若い女性を記念したものである。第4章は以下の人々から有益なコメントを得ている。エイブ・チェイズ，ケイト・クラーク・シスター，パティ・エウィック，フィリス・ゴールドファーブ，ジェシカ・メイヤー，シェイニー・パインズ，オースティン・サラート，アン・マリー・スローター，ケン・ウィンストン。
　第5章はコーネル・ロー・スクールでのフランク・アーウィン講座で発表したものである。コーネルでは，特にキャスリン・エイブラムズ，シンシア・ファリーナ，ジョン・シシリアーノ，デイヴィッド・ウィップマンからのコメントが有益であった。ペンティメント・リーディング・グループのメンバーであるクウェイム・アンソニー・アッピア，ラリー・ブルム，デイヴィッド・ウィルキンス，デイヴィッド・ワンからは，賠償に関して活発な議論をしてもらった。アヴィ・ソイファーは，大変光栄なことに，本書の全体について，ボストン・カレッジ・ロースクールの学生に講義し学ぶ機会を与えてくれた。
　リチャード・J・ゴールドストーン判事は，彼自身のこれまでの仕事が示しているように，大虐殺について献身的に行動してきた人物であるが，素晴らしい序文を本書に寄せていただいただけでなく，極めて重要なコメントをいただき本書の修正もしていただいた。アントニオ・カッセーゼ判事は親切にも私と会っていただき，私の質問に答えていただき，ハーグにある旧ユーゴ国際刑事裁判所を案内してくれた。私はこのことを決して忘れることはない。アルビー・サックス判事は南アフリカ真相解明・和解委員会について驚くほど長文の手紙を書いてくれた。そして後にハーヴァード大学およびイェール大学で私と聴衆に南アフリカの最近の歴史について議論してくれた。この時の彼との議論は，正義と人間の尊厳について懐疑

的な人々の考え方ですら変更してしまうであろうようなものであった。私はケープ・タウンで開催された世界平和基金(World Peace Foundation)会議の間，真相解明・和解委員会の委員およびスタッフから多くを学んだ。私は参加者たちの寛容と公平無私な率直さに感謝したい。そして私を招いてくれた主催者のロバート・ロットバークおよびデニス・トンプソンにも感謝したい。サマンサ・パワーは私をボスニアおよびルワンダの国際裁判の研究に導いてくれた上に，細かい論評をしてくれた。そして米国がジェノサイドを防止できなかったことに関して彼女自身が行っていた仕事について話をしてくれた。パヤム・アカヴァンもまた旧ユーゴ国際刑事裁判所に関する彼の論文と思考について話してくれた。ヘンリー・スタイナーは，ハーヴァード・ロー・スクール人権プログラムで訴追と真相解明委員会を比較する研究会を行うに際して，パヤムに参加してもらうよう私に勧めてくれた。1996年5月にハーヴァード・ロー・スクールで開催された真相解明委員会に関する一風変わった「学際的議論」に参加させてくれたことについても私はヘンリーに大変感謝している。

　ロバート・バートに対しては特別に感謝している。彼は私の原稿を鋭くかつ適切に読んでくれた。そして，「記憶と正義の可能性：ホロコーストとアパルトヘイト」に関するイェール大学での記念すべき研究会に私を招いてくれた。アヴィ・ソイファーとシャウン・イウェンは価値あるコメントと修正を寄せてくれた。オルリ・アヴィ・ヨナン，サリー・ドイッチュ，フィリス・ゴールドハーブ，モシェ・ハルバータル，ベン・ワイナーは私が研究を進める上で，および記憶・虐殺・哀悼について深夜に思考する上で貴重な同志となった著作者を見つけてくれた。ローリー・コーゼット，ナオミ・ローネン，ターリャ・ワイスバードは，迅速に，かつ熱意をもって，見つけるのが困難な文献を見つけ出してくれた。ヴィッキー・スペルマンは私を重要な文言に辿りつくまで導いてくれた。そして原稿全体に関してコメントしてくれたのだが，彼女のコメントは，分析的で哲学的な正確さと人間的情熱とを組み合わせたものであった。ジョー・シンガーは，賠償に関する彼の仕事，編集者としての判断，本プロジェクトへの持続的信念を私に伝えてくれた。ミラ・ジュディス・ミノウ・シンガーは日々新たに私の希望を回復させてくれた。

解　題

[文責・駒村圭吾]

　マーサ・ミノウ(Martha Minow)は，1954年生まれで，75年にミシガン大学で歴史学を学び，翌年，ハーヴァード教育大学院で教育学修士号を，79年にイェール法科大学院で法学博士号(ジュリス・ドクター)を取得し，98年にはウィーロック・カレッジから教育学博士号を授与されている。ミノウは，その教歴をハーヴァード大学教育学部講師からスタートさせ，1981年より同法科大学院に転じ，現在，ハーヴァード法科大学院教授を務めている。同時に，ミノウは様々な財団や研究機関の評議員等を兼務しており，例えば，本書でも触れられている，紛争予防を教育方法の観点から模索する団体「歴史と我々自身に向き合う(the Facing History and Ourselves)」の評議会メンバーであり，1999年にスウェーデンの主導によって設置された「コソヴォに関する独立国際委員会(Independent International Commission on Kosovo)」の委員を務めるなど，社会的活動にも精力的に取り組む行動派の法学者である。

　かかる彼女の学歴・教歴から分かるように，ミノウの学的基盤は歴史学，教育学，法学と多岐にわたっている。彼女の専攻は広義の家族法であるが，その問題関心は，子供・女性・マイノリティーに対する処遇問題や，「法と社会変動」と呼称される社会学的研究へと広がりを見せている。ミノウの代表作としては，"Not Only for Myself: Identity, Politics, and Law" (The New Press, 1997)，"Making All the Difference: Inclusion, Exclusion, and American Law" (Cornell University Press, 1990)があり，彼女の権利論などは近時の我が国の論稿でも参照されるようになってきた。本書"Between Vengeance and Forgiveness: Facing History after Genocide and Mass Violence" (Beacon Press, 1998)は，弱者に向けられた憎悪，あるいは弱者が発する憎悪に如何に対処し，如何に共生社会を築くかという従前からの彼女の問題

関心を戦争犯罪やジェノサイドなどの大規模集団暴力という,より深刻な事例に適用したものである。また,本書は,国際法・憲法などの法学的関心,政治学的関心はもちろんのこと,哲学,心理学,歴史学,教育学,文学,芸術論を縦横無尽に取り込み,複合的な学的基礎を持つ彼女の真骨頂を示すものとなっている(なお,本書は,2000年に the American Society of International Law (ASIL) の出版表彰(Certificate of Merit)を受けている。)。

本書の基本戦略は明確である。ジェノサイドなどの大規模暴力の後で個人や社会がとる対応は,新たな暴力の連鎖を生む過剰な応報衝動である「復讐」と,単なる忘却に転落しがちな「赦し」という両極をはさんだスペクトル上に多様に配列されている。ミノウは復讐と赦しという両極を排した上で,裁判,真相解明委員会,賠償という3つの法制度的対応についてそれぞれの特質・得失を検証していく。

一貫する視点なり理路を断定することは慎重でなければならないが,本書について言えば,それは,①個人の負ったトラウマを癒すという治療的観点であり,②それとの関連ないし延長で,民族や国家などの集団が負ったトラウマを癒すことは果たして可能かという関心であり,さらに,③それらのトラウマの淵源になっている歴史に向き合うために「記憶」という営為を如何に捉えるか,という諸点であろう。以下に,本書の各章の概要を整理しておく。

第1章「序」(略)

第2章「復讐と赦し」

大量殺戮や大規模暴力に対して如何に社会が対応するべきかを論ずる際に,「正義(責任の追及)」と「真実(真相の解明)」の2つの目標ないし理念が語られることが通常であるが,ここでは,ある意味でより根本的な黙示的対立軸を検討したい。それは「復讐」か「赦し」かという対立軸である。「復讐」という観念は,①根源的な自尊の念の表明,②正義の原理と通ずる「衡平の理念」,を含んでおり,それ自体が悪行に対する道徳的対応の重要な要素を構成している。が,周知のように,復讐の念は,過剰な報復を招来し,憎悪と暴力の連鎖を帰結する可能性があるだけでなく,復讐に出た被

害者を「暴力に手を染めてしまった」という自己嫌悪に追い込んでしまう点でも，危険なものである。大量殺戮後の社会では，トラウマからの解放を復讐衝動で実現しようとする妄想がはびこりやすい。そのような場合，復讐を回避することは，我々に聖人になることを要求するのではなく，まさに生き残るために賢明であることを要請していると言える。

さて，「赦し」には，①復讐を放念することにより，暴力の連鎖を絶つと同時に，復讐に手を染めることから来る自己崩壊から被害者を救う，②暴力と対極的な価値観を示すことによって犠牲者の尊厳性を樹立する，③個人的次元の確執を超えて，新たな社会を建設するための和解の基盤を提供する，等の意義がある。かかる意義があるとは言え，赦しが単なる忘却の口実にされてはならず，また，赦す権限はあくまで犠牲になった個々人にあるのであって，政府が一方的に宣言するわけにもいかない。また，キリスト教の伝統では赦しは無条件であることが要求されるが，悔悟の情も過ちの承認も示さない加害者を無条件に赦しても正邪の均衡は破壊されたままになってしまう。結局，赦しには条件と理由が必要であり，赦しを忘却に転落させないためには，単なる恩赦ではなく，加害者に犯行の事実と罪を認めさせた上での恩赦が適当であろう。

復讐と赦しの間を行く途は何か。本書では，この両極の間に存在する法制度・文化を模索する。復讐と赦しの間を行くには次の2つの観点が重要である。ひとつは，「治療目的(therapeutic goal)」である。加害者，被害者，傍観者を問わず，大量殺戮に関わった全ての個人の心を癒すことを対応措置の中心的課題として考えるべきである。もうひとつは，政治社会の環境を劇的に改革することである。民主制への体制移行，人権保障体制の整備，そして，そのような体制変更の基礎となる和解の促進である。大量殺戮に対する社会的対応は，「刑事訴追・処罰か，無条件的恩赦か」の二者択一ではない。

第3章「裁　判」

復讐と赦しを両極とするスペクトラムの中に法の支配ないし正義という理念が着地する場合，裁判という形態をとるのが通例である。大量殺戮に対し，裁判で対応する場合，復讐心は公的処罰への期待に転化され，暴力

の連鎖を一応断ち切ることが可能になる。他方，処罰，執行猶予，減刑などで一定の赦しがもたらされることがあり得るが，裁判は赦しを直接の目的にしているわけではない。さて，ニュルンベルク裁判，東京裁判など，第2次大戦の戦争犯罪に裁判で対処する試みは，以後多くの批判が加えられたにもかかわらず，50年強の時の流れの中で，その遺産の負の側面は半ば忘却され，むしろ，その人権擁護的側面，人道法的側面を強調する「理想主義」が台頭し，90年代初頭には旧ユーゴスラヴィアおよびルワンダで国際軍事裁判所の設置等が推進されるに至っている。裁判という選択肢に対するかかる理想主義は，ニュルンベルク以来の3つの批判，すなわち，①遡及効，②政治化，③選択性，を真剣に受け止めなければならない。さらに，大量殺戮，戦争犯罪という極限の悲劇に対してはもはや法の支配やそこから派生する手続法理ではとても釣り合いの取れた対応は不可能だとの声すらある。しかし，理想主義に問題があるからと言って，このような「シニシズム」へ転落してよい訳ではない。ニュルンベルクをはじめとする軍事裁判，刑事裁判の試みは，やはり，法の支配に基礎を置く国際人権擁護の運動を推進する役割を果たしてきたことは否定できない。結局，裁判は，そもそも社会に公正の観念を樹立することが覚束ない場合，裁判所機構が特定国家の利益に従属する場合，裁判を行うのに必要な資源に乏しい場合，および，当事者や裁判官の能力の間に圧倒的な不均衡が存在する場合には行われるべきではないが，裁判が「たとえ法的に根拠のある異議に直面したとしても，国際規範について進化の過程にあるコンセンサスを構築することは可能である」ことも考慮すべきである。が，法の支配という原理の制約，あるいは，その他の現実的制約の中で進められる裁判が記録にとどめ得る歴史的過去には様々な問題が生じる。ティナ・ローゼンバーグの言うように，「裁判の目的は絶対的正義ではなく，漸進的正義でなければならない。究極のところ，裁判は，過去に向き合うというような微妙な問題を処理することには適してはいない」のである。そこで，別の措置によって補完ないし代替される必要が出てくる。

第4章「真相解明委員会」

従来の真相解明委員会の中でも，1995年に設置された南アフリカ真相

解明・和解委員会(Truth and Reconciliation Commission)（以下，TRCと略す）は特異なものであった。それは，TRCが多党間交渉を含む民主的な熟慮を経た議会制定法に立脚したものであることもさることながら，TRCが与える恩赦が包括的恩赦(blanket grant)ではなく条件付恩赦(conditional amnesty)である点に求められる。これは，恩赦申請が拒絶された場合，刑事・民事の責任追及があり得ることを留保することによって，十全な真相告白と引き替えに恩赦を与えるという仕組みである。TRCなどの真相解明機関の設置は，旧体制の残虐行為に対して刑事訴追に踏み切れない政治状況下での「次善」の策に過ぎないのか。この点，個人や国家・民族が大規模暴力で受けたトラウマに対応するという観点からすると，TRC的試みは刑事訴追より優れているとさえ言える。TRCのヒアリングにおける審問や証言，そして報告書の刊行は，①個人が自らの物語を他者に聞いてもらえる機会を得ること，②民族や国家全体の抱えるトラウマの由来や暴力の来歴を一貫した物語として提示すること，をそれぞれ可能にする。1人1人がトラウマとして抱えながら，他者には忘れ去られてしまった災厄に公的認知(acknowledgement, validation)を与え，「何が起きたのか」をできる限り完全に説明しようとする，このような物語の創出プロジェクトは，体制を総体的に批判することを可能にする点や，とりわけ，トラウマを癒すという点からすると，刑事訴追より優れている。

　被害者・犠牲者に重心を置き，修復や和解を強調するTRCを癒しのプロセスと見た場合，次の3点が重要である。①真相を語ることの修復力を信じて，被害者に自己の物語を語る機会を提供すること。こうして屈辱を告白することにより，失った自我を自分が再発見するとともに，社会に自己の存在を認知してもらうという形で自我の社会的位相を再獲得できる（かかるプロセスは自己のみならず，失われた家族や友人の回復も達成する）。しかも，私的な経験の告白を社会改革への告発という形で，公的なものに転化することができる。トラウマを癒すことを手がけてきた心理療法士たちの報告からしても，そのような機能は期待できる。②以上のような効果は，共感を示してくれる証人の存在に一面では依存していること。心理療法士たちの報告するところによれば，大規模暴力の被害者のトラウマ体験に耳を傾ける者は，第三者的立場に身を置くのではなく，一定の政治的・

道徳的なスタンスを明確にしつつ共感をもって接し，悪行を非難し得る道徳的準拠枠の再構築を手助けしなければならない。TRCでは被害者の証言に反対尋問をするようなことはない。TRCは，被害者の証言を共感的に聴取する人権侵害小委員会と，より中立的・裁判類似的な事実認定を行う恩赦小委員会が分化している。③被害者のみならず，傍観者や加害者に対する対処も射程に入れていること。暴力を見て見ぬ振りをした傍観者や当の加害者さえも癒しを必要としている。ヒアリングのテレビ放送や「和解の登録簿」の設置は，国民的物語を創出するプロセスに傍観者を含めた社会全体を関与させる試みである。

　このような治療的プロセスは国民という集団にも作用するのだろうか？大規模暴力の下では，加害者はもちろん，解放勢力も暴力に手を染め，多くの傍観者たちも罪悪感を持ってしまっている。国民全体が悪を働いている状況下であっても，包括的な真相を公式に宣明することが和解を促進するはずだというのがTRCの賭けである。もちろん，国民各層はTRCにさまざまな思惑を寄せる。当初，TRCに応報的正義の実現を期待した国民を前にして，恩赦の拡大傾向の中で，委員長のツツ大主教は「アフリカの正義はむしろ修復的正義である」と正義の理念の転換を明らかにした。TRCという治療的対処を選択した以上，かかる修復的正義の理念を宣明する決意を要する。正義と真実は，二者択一の追求目標ではないし，これらの言葉に包摂される問題関心を十分に表わしているわけでもない。その両極に重なり合う，複合的で多様な諸目標のスペクトラムを考えると，TRCこそその多くを達成する可能性を秘めている。

第5章「賠　償」

　近時，処罰よりも，犯罪によって影響を受けた(加害者も含めての)関係当事者の人間関係に変化をもたらすことを重視する「修復的正義」の考え方が台頭している。大量殺戮などに対して請求される賠償についてもこのような修復的正義の観点から検討するのが妥当である。その観点からすると，特に危険なのは，賠償の暗黙の前提には，何らかの償いがあった以上，償いの根拠となった出来事については改めて議論しなくてもすむという考えである。しかし，むしろ，具体的な救済の提供や賠償金の獲得以上に重要

なのは，賠償請求の過程やその支援態勢を構築する過程で，侵害事実が公認され，被害者の尊厳とともに失われた人間関係が修復されていくことである。賠償の形態には，①金銭賠償，②違法に収奪された動産や不動産，特に被害集団の歴史にとって重要な意味をもつ土地の返還を求める原状回復，③公式の謝罪，があり得るが，これらを修復的アプローチから再検討する必要がある。第二次大戦中の日系米人に対する強制収容事件をめぐるフレッド・コレマツとその支援者による名誉回復と賠償請求の闘争過程は50年の長きにわたって繰り広げられたが，その過程は，賠償の持つ象徴的意義を例証すると同時に，賠償や謝罪が新たに生み出す問題をも明らかにした。大量殺戮や集団的暴力に対する賠償は「修復し得ないものを修復する」ことであり，特に，被害を価値評価を通じて金銭換算する金銭賠償には限界があり，やはりむしろ賠償過程で繰り広げられる象徴的行為に着目すべきであろう。他方，原状回復と公式謝罪は金銭的価値評価を伴うものではないが，やはり問題が多い。墓所や伝来の土地の返還請求は，ジェレミー・ウォルドロンの批判があるように種々の限界を抱えており，ここでもその象徴的側面に即して考えるべきである。公式謝罪は，近時，各国の元首によって頻繁に行われているところであるが，その際，特定の責任について言及し，それを引き受ける覚悟を示す必要がある。これを伴うが故に，公式謝罪は裁判，真相解明，他の賠償形態ではもたらされない何か（犠牲者による赦し）を生み出す可能性を持ち得るのである。結局，賠償に対して過大な期待を寄せてはならない。賠償が全てを解決できると考え，絶対的な期待を寄せることは，それ自体が，大量虐殺の事実を矮小化することになり，回復を求める願望や期待そのものを打ち砕いてしまうからである。

第6章「歴史と向き合う」

　大規模暴力の後で，我々は過去と如何に向き合うべきなのか？　残虐行為の経験は記憶されることを拒むであろう。同時に，ミラン・クンデラの言うように「権力との闘いは，忘却に対する記憶の闘いである」ことも否定できない。南アフリカの司法相であるオマーも「我々は過去を超えて行きたいと欲しているが，決して忘れたいと思っているわけではない。

記憶にとどめておきたいと思っているのだ」と強調している。問題は，過剰な記憶と完全な忘却という両極が持つ危険にある。大規模暴力後における歴史への対応は，過去を如何に扱うかという局面にのみ，記憶と忘却の問題を限定するわけではない。それは個人と社会全体にとって現在と未来をどのように構想するかに関わる営為である。ティナ・ローゼンバーグは「私が学んだ最初の教訓は，多くの国は過去に始末をつけようとしているのではないということである。なぜなら，過去は依然として彼らと共にあるからだ」と報告しているが，だとすると，必要なのは単に「記憶すること(memory)」ではなく，「思い出し続けること(remembering)」という動態的な営為ないしプロセスである。

大規模暴力に対応する公的措置として本書で検討してきた，裁判(刑事訴追)，真相解明委員会，賠償にはそれぞれ長短がある。また，公的な対応措置はこれら3つに限られない。公職追放，包括的恩赦，新憲法制定，国際的な新制度・新組織の創設，そして，悲惨な歴史や英雄的行為を記憶するための記念施設の建設や公共芸術の促進，等々がある。特に，公共芸術や記念施設が巻き起こす生産的な「記憶をめぐる闘い」は忘却を防止するのに役立つ。

集団的暴力への対応措置は，真実という歴史のレトリック，赦しという神学のレトリック，処罰・賠償・抑止という正義のレトリック，癒しという療法上のレトリック，記念・不安化といった芸術のレトリックの群れにすがろうとするが，どれも不十分である。しかし，刑事訴追，真相解明委員会，記念施設建立，そして教育などの社会的措置の推進を通じて上記のレトリックのどれかを援用することにより，社会的対応措置は大量殺戮の後を生きる個人や社会の感情的経験を変えることができるのだという賭けに出るしかない。そうすれば，おそらく，人々は復讐を模索するよりも，再建を望むようになるだろう。それは，社会的・政治的枠組みのあり方によっては，惨憺たる大量殺戮から個人が如何にして立ち上がるかに影響を与えることができるはずだという賭けである。このような措置は，最終的に「証言」を生み出す。証言をする義務は，「記憶・再記憶」する義務に連結している。復讐と赦しの間には，記憶と肯定の道，そして，我々は何者であって，何者になり得るのかに向き合う道が敷かれている。

＊

　本書は新しい理論やモデルを提示するものではない。真相解明委員会などの各制度的対応についてその意義と欠陥を，法学文献やそれ以外の多彩な作品からの引用とレトリックを駆使して，いわば両義的に解体していく手法をとっている。そのような意味で，ミノウ自身の理路を体系的に積み上げていくものではない。本書で指摘された事実や引用された主張に彼女がどのようなレレバンスを置くのか不明なところも多い。が，むしろそれが彼女の戦略であろう。復讐と赦しという両極の間に配置された多様な法制度的選択肢を，「癒し」や「記憶」といった非法学的視点から眺め渡した案内図を提供することがミノウの役割であるからである。案内図を示すことによって，復讐と赦しの両極に敷かれたいずれかの道に一歩を踏み出す，その契機となる直観を刺激せんとするのが彼女の目論見ではなかろうか。したがって，本書は理論の書と言うよりも，インスピレーションの書である。ミノウの示した多彩な制度的選択肢の差異のさらなる体系化を試みるのは研究者の仕事であるが，本書に散りばめられたヒントの中から如何にひとつの歴史的タペストリーを編みこむか，それは各国・各民族・各個人がそれぞれ文脈的に遂行すべきことである。

　さて，翻訳に当たった荒木と駒村は，それぞれ，国際法，憲法と専攻する専門領域を異にし，また，本書で扱われている歴史的事実についても認識を異にするところもあるので，以下にそれぞれの問題関心から本書にコメントを加えておくことにする。

　　＊　なお，本書の翻訳の前提となる資料収集と研究会開催につき白鷗大学
　　　法政策研究所より 2001 年度助成を受けた。

正義の治癒力？

――「生存の論理」と「民族的トラウマ」からの挑戦――

駒村圭吾

1．ブラック・ユーモア？

　喜劇王チャップリンが「ひとりを殺すのが殺人者で，百万人を殺すのは英雄である」と言ったのは映画『殺人狂時代』（1947年）においてである。それに先立つ1939年に映画『独裁者』で「残念ながら，私は皇帝にはなれない…」との告白から始まる銀幕史に残る名演説によって，同時代人であったヒトラーを痛烈に批判したその彼のセリフである以上，上のセリフはやはり喜劇の中でのみ許される殺人の公式である。

　が，戦争を代表例とする大規模暴力が同じ殺人という行為に対する評価を180度転換させてしまう力を持つことは否定できない。そのような転換が現実としてあり得たからこそ，チャップリンのセリフは強烈なブラック・ユーモアになった。ミノウは，大量殺戮後に採られるべき制度的対応の中でも，真相解明委員会，それも南アフリカ真相解明・和解委員会を比較的高く評価しているように思われる。が，ここでも上述の殺人の非対称的公式の変型を想定できる。つまり，真相の告白を条件に免責を与えるこの委員会は，その治療的効果や和解的契機を考慮に入れても，やはり「通常の殺人は自白しても処罰されるが，ジェノサイドは真相を語れば赦免される」という非対称性を問題にせざるを得ない。それだけではない。問題は被害者の側でも発生する。真相解明委員会ではトラウマの治癒にとって配慮された環境の下で被害者に証言し，公的な認知を受ける機会が十分に与えられる。翻って，妻子を少年によって快楽目的で惨殺された父親の精神的苦痛を国家が癒し，事件の真相を公開し，犠牲者と遺族の尊厳に公的認知を与えてくれるなどという話は聞かない。ここでは，大規模暴力を境

として被害者の扱いに関する非対称性が問題になる。真相解明委員会もブラック・ユーモアの類なのだろうか?

　法の支配は,政治という相対的・文脈的な行為を,普遍的正義の支配の下におくという営為である。「国王といえども法の下にある」とブラクトンを引きつつクックが喝破したように,絶対権力でさえ普遍的正義の下では特別扱いされない。法の支配は法の内容的普遍性と適用の一貫性を要求するのである。もちろんそれらの内実については議論の余地はあろうが,「罪に対しては罰が与えられる」というのは最も自然に理解される,普遍的正義の要求であろう。もちろん,これに対してミノウは体制移行期のみならず,通常時においても,「処罰ではなく癒しと真相を」と言うかもしれない。が,本書ではそのような一貫のさせ方は明示されていない。法の支配は平時法の原理であって,大規模暴力後の体制移行期にあっては凍結されてしまうのであろうか。

2. 生存の論理と法の支配

1) 生存の論理

　犯罪行為に対して刑事責任をきちんと追及すること(あるいは民事責任を取らせること)を法の支配の貫徹であるとすると,大規模暴力後の体制移行期において,かかる法の支配の貫徹が見送られる,あるいは優先順位が低くなる理由として,ミノウは2つ挙げているように思われる。

　ひとつは,「生存の論理」とでも言うべきものである(もうひとつは後述3で扱う)。

　民族・宗教紛争や内戦の中でジェノサイドや大量虐殺が繰り広げられた社会では,「犯罪」は大規模であるだけでなく,各層・各成員にまで浸透し構造化されてもいる。実行犯,共謀者,傍観者まで含めれば,「罪」を共有せざるを得ないのは反動体制のみならず,社会全体であるとさえ言い得る。さらに,被抑圧民の側も長引く弾圧との闘争の果てに,彼ら自身も犯罪に手を染めるに至る。南アフリカのアパルトヘイト体制と闘ったアフリカ民族会議の訓練キャンプでも拷問・虐待の事実がある。このように社会全体が悪に手を染め,罪の意識と復讐衝動のアンビバレンスを皆がそれぞれに抱えている状況では,裁く資格を持つ者がおらず,また,無理に裁いて処

断に偏りでもあればたちまち復讐の連鎖反応に火がついてしまう。そして，このような危険を抱えた社会で今後も生きていかねばならないのだとしたら，求められるべきは，罪と罰の論理を貫徹する対審的解決ではなく，和解と郷土再建を皆で図る共同的行為であろう……。

　以上のような事情を強調するミノウの論理は「生存の論理」である。復讐の連鎖を避け生き残るための，敵対者と同じ郷土を共有しながら暮らしていくための，「生存の論理」である。そして，法の支配という「規範の論理」と「生存の論理」が衝突するのならば，後者を選択するのは当然であろう。確かに，生命の危機に見舞われている人間に遵法を貫く余裕などない。このように「生存の論理」というカードは，それが一旦切られれば，他のことは全て後に退かざるを得ない強みを持つ。が，であるからこそ，この論理はややこしいことを後回しにするための便法として濫用されやすい。具体的生命が危殆に瀕しているならいざ知らず，「民族の生存」や「国家の生存」という非常事態がやたらに設定され，「人権などは衣食が足りた後の贅沢品……」というようなどこかで聞いたような掛け声を受けて，法の支配が脇へ追いやられる。果たしてそれでいいのか。体制移行期にも法の支配が必要ではないか。いや，体制移行期こそ法の支配の出番ではないだろうか。

　「生存」について真剣に考えざるを得ない体制移行期においてこそ法の支配が要請されるのは，人間社会の「理性的生存」にとって法の支配の伝統が不可欠であるという理由からだけではない。生命への危険を回避し現実的生存を確保するという意味でも法の支配は機能し得る。体制移行期において生存を脅かすものとして強調されているのは，復讐の連鎖の危険である。ミノウによれば，法の支配の貫徹，すなわち刑事訴追の実行では復讐の連鎖を絶つことはできないばかりか，逆にそれを促進する危険があるとされる。そしてむしろ，復讐心やトラウマを癒す治療的措置や歴史的物語の創造とそれを基盤とした民族の和解こそが追求されるべきであるとする。しかし，行き場のない復讐衝動は法的措置に代替されてこそ沈静されるとも言い得る。また，既に指摘したように，構造化された暴力の横行した社会では，多くの成員は復讐心と同じく罪の意識をも抱えている。罪の意識は，タイミングよく指弾されることなく放置されれば，やがて罪を見つめ直すことへの恐怖心が攻撃性に転化する危険性がある。やはり，罪の意識

も法的措置による制裁可能性に曝されなければならない。治療・物語・記憶といった対応措置は，各方面からの期待を矛盾したまま吸い込むスローガンに彩られており，ミノウ自身も指摘するように，期待はずれの時の反動も大きいリスキーな賭けである。それこそ，治療的な措置や物語の共有が挫折した場合のフラストレーションが暴力の連鎖を生む可能性は否定できない。これに対して，法の支配が標榜する普遍的規範の持つ基底性・中立性に媒介されてこそ，復讐衝動や罪悪感ははじめてコントロール可能となるとも言い得る。であるならば，復讐衝動が依然として冷めやらず，生存の危険が蔓延している体制移行期においてこそむしろ法の支配が求められるとは言えまいか。少なくとも，法の支配が治療的措置や物語創出よりも危険な賭けだとは断定できないだろう。

  2） **制裁可能という環境の中でこそ**　　体制移行期においてこそ法の支配が貫徹されるべきだとしても，逮捕，訴追，処罰が必ずしも絶対的帰結ではない。法の支配がそこに存在するには，最低限，制裁する可能性が留保されていなければならない。その上で，違法性阻却や責任阻却によって犯罪が成立しない場合や恩赦が下される場合はあり得る。が，それはあくまで一般的に刑事制裁の可能性が留保されている上でである。したがって，刑事制裁の可能性を全面的に放棄するに等しい包括的恩赦は法の支配を空洞化させる意味を持つ。その点，南アフリカ真相解明・和解委員会が採用したように，真相の全面的告白と引き代えに赦免を与える条件付恩赦は，法の支配と物語創出・治療的措置を巧みに接合するものとして評価できる。

  ミノウや，本書でたびたび引用されるジャーナリストのティナ・ローゼンバーグは，癒し，治療，和解，記憶といった「復讐と赦しのあいだ」にある様々な目標をより多く達成し得るという点で，真相解明委員会は刑事裁判よりも優れていると言う。が，同時にミノウは赦しと刑事制裁は矛盾するものではないとも言う。であるならば，体制移行期において刑事制裁を通じて法の支配を樹立しようとすることと，和解や癒しを追求することはトレードオフの関係にあるわけではない。実際，真相解明委員会の中でもミノウが評価する南ア型のそれが，刑事・民事の制裁可能性を前提とする条件付恩赦を想定している点からしても，両方の目標の追求が矛盾するも

のではないことをミノウも承認していると解される。法の支配の樹立という目標は，癒し・記憶と矛盾しないばかりか，むしろその可能条件になっていると言える。加害者の罪悪感や復讐心は法の論理によってコントロールされているからこそ，癒しを求めて真相を告白するというカタルシスの中に逃げ道を発見するのである。被害者が，赦しつつも記憶にとどめることで癒されていくのも，法の論理によって与えられた「罰し得る権限」を自制するからである。その意味では，本書でも引用されているステファン・ランヅマン教授の「社会は罰することのできないことを赦すことはできない」との主張に評者は同意したい（本書93頁脚注(25)）。法の支配の論理を持ち込むことによって，復讐衝動はコントロールされ，罰する権限の裏返しである赦す権限が発動され得る。これ以上の生き残り戦略があるだろうか。

　ミノウは裁判に限界がある点を指摘したが，やはり真相解明委員会にも限界がある。その限界を補うものは法の支配である。と言うよりも，以上の評者の主張からすれば，真相解明機構を置くとしても，刑事訴追と真相解明委員会を並立するか，法の支配を前提とする条件付恩赦を用いた真相解明委員会のみが許容される。

3．トラウマの治療

　1）　**個別的トラウマの治療**　ミノウが体制移行期における刑事訴追に消極的なもうひとつの理由，そして彼女にとってより本質的な理由はトラウマを癒す「治療的措置の必要」である。

　刑事責任の追及は，犯行に及ぶか否かを自律的に選択できることを前提とする個人責任の追及である。が，ジェノサイドや大量虐殺という犯罪に出る者たちは，歴史的な憎悪が煮詰められたトラウマに支配されており，個人責任を追及することは必ずしも適切であるとは言えず，憎悪の源となっている物語そのものを溶解する方が重要である。また，被害者側が持つトラウマも同時に癒されることがなければ，彼らは犯罪者でもないのにトラウマの牢獄の中に生涯幽閉されることになろうし，処罰で満たされきれない報復感情をやがて暴発させる可能性すらある……。

　このような観点から，ミノウは，トラウマの治療こそが重要な課題とな

り，その課題に対応する場合，刑事訴追には限界があるとする。ミノウは，トラウマの治癒のためには，加害者と被害者の双方に真相を告白させ，内面を吐露させる機会を与え，残虐行為と犠牲者の存在に公的認知を与える必要があるとし，かかる真相と個人的体験を語るプロセスが加害者・被害者の双方に治療的効果を与えることを強調する。さらに，そのようなプロセスで収集された個別的物語の集積として創出される民族の物語が，「忘却との闘争」を通じての再解釈・再記憶を繰り返し経ることによって，和解と国家再建のための安定的な道徳的基礎を提供することを主張する。このような目標の達成のためには，ミノウは必ずしも全面的排除を力説するわけではないが，対審的構造による正邪の判定と処罰を旨とする刑事訴追は適当ではないと結論付け，基本的に南アフリカ型の真相解明委員会に期待するのである。

　トラウマを治癒すると言っても，個々の残虐行為から発生する個別的トラウマと歴史的憎悪の基盤となっている民族的・宗教的トラウマを区別する必要がある。

　個別的トラウマは，家族や友人を虐殺された経験が生むトラウマであり，あるいは残虐行為に手を染めてしまったことから抱えてしまうトラウマである。このようなトラウマは民族的・宗教的トラウマ（以下，民族的トラウマと略す）が解消したとしても直ちに消えるものではないだろう。被害者に，共感を示してくれる関係者の立会いの下，それ自体が療法的過程であるヒアリングにおいて十分な証言の機会を与え，残酷な経験に公的認知を与えることによって，さらに，その経験を語ることが新たな民族的物語の創出の一構成要素になるという意味で個人的経験を社会的経験に転化することによって，個別的トラウマは解消の糸口を手に入れることができる。また，加害者さえも，真相を告白するカタルシスの中でトラウマの軽減を図ることはできよう。南アフリカのアパルトヘイトの犠牲者たちは罰することよりも真相を知ることを望んだと言うし，近時の少年事件の被害家族たちも重罰よりも真相を知ることを望む場合があると言う。また，罪人の癒しについては教会における懺悔の伝統がある。このような例は，真相を知ること，それを告白することが人間にとって治癒力を有することを例証している。

が，先に述べたように，制裁可能性がない状況で加害者が真相の告白に踏み切ると考えるのは適切ではない。また，加害者・被害者がそれぞれ経験を語ることのカタルシスによって一定の治癒が図られたとしても，両者の不均衡な関係が修復されたことにはならない。それにはやはり「罰し得る者」と「罰せられ得る者」という対立図式が必要である。既に述べたように「罰し得ないものは赦すことができない」のであるから，かかる対立構造の中で真相告白を通じ，被害者が，事件は記憶するが「罰する権限」は自制するという境地に至って初めて，関係性における治癒が達成できる。個々の語りのカタルシスだけではこれを達成することはできない。このように，個別的トラウマの治癒においても，刑事訴追という形での法の支配の実現を模索することが大きな意味を持つのである。

2) **民族的トラウマの治療**　次に，民族的トラウマについてである。
これについても真相解明委員会は刑事訴追以上に有効なのかどうか疑問である。ミノウと同じく行動派であり，また同じくコソヴォ国際独立委員会のメンバーでもあるマイケル・イグナティエフは本書と同年に公表された"The Worrior's Honor：Ethnic War and the Modern Conscience "(1998)（真野明裕訳『仁義なき戦場：民族紛争と現代人の倫理』(1999年，毎日新聞社)) において，民族的アイデンティティを「神話」とおいて次のように言う(同訳書207～208頁)。

> こうした神話は事実の裏づけを必要とせずに増殖していくので，反証をこつこつ集めても一掃される見込みはない。かつてほかならぬこの残虐行為の中世版がユダヤ人をめぐって広まったものだった。ユダヤ人にもイスラム人にもこの神話は当たってはいないが，肝心なのはそこではない。社会的迷信としての神話は内面世界に——被害妄想と願望に——支えられている部分が極めて大なので，それが解消するのは外界の事実がそれを否定するときではなく，それを求める内的な必要性が薄れるときだけである。

これは民族的トラウマにも当てはまろう。トラウマを求める「内的な必要性」こそが問題なのである。トラウマ自体の解消・変質ではなく，トラ

ウマの中に浸っていたいという心理を解消・変質させる必要がある。ところが，他方で，人々が自己の存在意義を民族的アイデンティティとの関係で規定する…という共同体論のごとき自我観を前提にするならば，人が民族的トラウマから解放されるには，民族の神話そのもの，つまり所属する共同体の物語りそれ自体を変質させることが必要になる。真相解明委員会が創出する物語を新たな国家建設の共通神話にしようとする考えもこの延長である。評者はいわゆるリベラリズムに与しているが，このような共同体論をにわかに否定するものではない。とりわけ「民族戦争は個人と集団のアイデンティティを結合させる」（同訳書208頁）のは否定しがたいし，実際，個人の自我形成は共同体の神話を養分としている。が，リベラリズムは，民族的トラウマへの対処を，危険な物語を安全そうな物語に改変すること（だけ）でなく，自律した個人の育成と自我の構成要素を部分的にでも神話から剥離させていく努力を求める。上記のイグナティエフの指摘にあるように，民族的アイデンティティを自我の構成要素としているのは個人の側に「それを求める内的な必要性」があるからであり，それを解消するには，神話への着脱の自由が保障される環境と同時に，神話から距離を置くことのできるしなやかな人格が用意されなければならない。であるなら，真相解明委員会による真実の共有だけでは民族的トラウマを癒すことはできない。

では，民族的トラウマを抱え続ける内的必要性とは何か。それは上述の個別的トラウマである場合が多いであろう。意味もなく仲間が惨殺された個人的経験が契機となって，それが報復の連鎖の中で拡張されたものが，民族的トラウマを構成する可能性は高いのではなかろうか。であるならば，民族的トラウマという負荷の一部は，個別的トラウマを解消すること，つまり刑事訴追で解消し得る。イグナティエフは言う（同訳書209‐210頁）。

> 真実と和解の間における正義の重要な役割は，個人と民族とを切り離し，民族がその名の下になされた犯罪に対して個人同様責任があるというフィクションを解体することにある。戦争犯罪裁判の一番大事な仕事は罪責を「個別化」し，それを集団から責任ある個人に振り向けることである。

これは個人を生贄にして民族的アイデンティティを傷つけずに温存することを必ずしも意味しない。上に述べたように、個別的トラウマが民族神話を求める内的必要であるならば、対立する双方の罪責が公平に断罪されることによって神話から距離をおくことが可能になる。支える必要のなくなった民族的アイデンティティは変質を迫られるだろう。刑事訴追は民族のトラウマをも治癒する可能性を持つ。

4．正義の治癒力——法の支配の人間学的側面

以上のように、正義の持つ治癒力は軽視されるべきではない。ミノウは本書の終結部で次のように言っていた(本書214〜215頁)。

> 〔大規模暴力への〕対応措置は、加害者を陵辱したくなる誘惑に抗し、むしろ全ての人々の人間性の承認を求めるものでなければならない。その承認の方法が、人権という根本規範の下に全ての人を置くことによるのか、真相を告白し癒しを進めるプロセスに全ての人を巻き込むことによるのか、記念の儀式やモニュメント、資源の共有、あるいは謝罪と赦しの申し出などを通じての連帯感の醸成によるのか、は別として、全ての人々の人間性を承認することが追求されるべきである。

もし本当にそれを望むなら、すなわち、クロアチア人の人間性でもなくセルビア人のそれでもイスラム教徒のそれでもなく、全ての人の人間性への共感を求めるのなら、正義の普遍性に訴えない手はない。自然犯の処罰という普遍規範を貫徹することこそが「全ての人々の人間性の承認」にとって最も有効であろう。その意味では刑事訴追は対応措置の選択肢の中でも優先度が高い。既に述べたように、評者は、刑事裁判と真相解明委員会の並立、あるいは制裁可能性を留保した上で条件付恩赦による真相告白を推進する南アフリカ型の真相解明委員会の設置を、法の支配の確保を前提とした構想であるが故に支持する。

この点、イグナティエフは次のように言う(前掲訳書218頁)。

旧ユーゴを引き継いだ権威主義的な国家群には戦争犯罪の真実の
　メッセージは浸透しそうにないと主張しても，戦争犯罪裁判をおと
　しめることにはならない。要は，正義と和解はあくまで区別して考
　えなくてはならないというにすぎない。正義は正義であって，それ
　は厳密に可能なことの範囲内で果たされるべきなのだ。

　確かに正義の役割を拡大することは逆に正義の切れ味を摩滅させるもの
かもしれない。法の支配に言う「法」がどこまで何を支配するのか，言い方
を換えればどこまで何に責任を持つのかは議論の余地がある事柄である。
が，上に見てきたように正義の普遍性に依拠したその治癒力は，和解・癒
し・記憶という営為においても機能し得る。であれば，正義と和解は連動
している。もちろん，裁判所という機構の特質から刑事裁判の機能やプロ
セスを拡大するわけにはいかないが，法の支配は刑事法廷を超えて，正義
の治癒力を保障する機構においても登場することになろう。普遍的規範へ
の訴求が癒しや和解にも意義を持つ可能性とその実態は，法の支配の人間
学として追究されるべきであろう。

　裁くことによって，また裁かれることによって，全てではないが一定の
負荷は着実に清算できる。対立する双方にとって再出発の契機を作り出す
「裁きのとき」は「希望のとき」でもある。法の支配のこの人間学的側面を引
き受けるものこそが，真相解明委員会なのではないか。

「法の支配」をめぐって

荒木教夫

1. 国際裁判について

　虐殺行為を審理の対象とする国際裁判に対しては，遡及効，政治化，選択性といった問題点が指摘される。こうした問題が存在するにもかかわらず，ミノウは裁判の意義に言及する。すなわち，裁判は法的争点を明らかにし，公正さを創出し，法的責任追及という手順を示す上で有用であること，そして一定の要件を満たすのであれば，平和を確保し，権力者に法的責任を負わせて違法行為を非難する一手段として有用であるという。こうしたミノウの見解は妥当なものといえよう。上記の批判に由来するシニシズムを上回るだけの価値を裁判過程は内在させているのである。要は国際裁判の長所を生かすために，如何にして国際裁判に対するシニシズムを克服するための工夫を創出できるかということになろう。

　もとより，この世に存在するあらゆる問題を裁判によって解決する必要はない。司法的に解決する社会が「進んでいる」ということにもならないし常に望ましいわけでもない。如何なる社会であれ，社会が社会として存続しているのであれば，社会秩序維持のために必要不可欠で当該社会にとって適切な紛争処理機能を内在させている。とはいうものの，規範の明確化のために裁判手続がもっとも有効な方法の一つであることは否定できない。

　法の適用と執行が「力」によって担保されているといわざるを得ないのが国際関係の本質であるとすれば，現段階の国際裁判の運営に国内裁判には見られない特質を見出さざるを得ないのは不可避である（もちろん国内法上の制度自体もその時々の力関係を反映した帰結であるといえなくもないのだが）。しかし，「力」でもたらされたものであっても，新たな秩序が諸国の受け入れるところとなり，「服従の習慣」を通じて次第に多くの国家を拘

束し，法の支配を実現せしめる。このような過程を経て国際法が漸進的に発展してきたのは歴史の示す通りである。もとより「力」に従順ある必要はない。異なる価値観を前提とした異なる論理で，「支配的」見解に対抗するのは国際社会における生存闘争を生き抜く上で必要なことでさえある。問題は如何なる場合に如何なる規準が支配的になり得るのかを適格に認識し，自己の価値観を否定することも卑下することもなく，後世の批判をより少なくすることができるような論理構成に基づく議論を残せるかどうかということであろう。

2．遡及効

本書で問題となるような事件を裁判で解決すべき際に克服すべき問題として法の遡及的適用の問題がある。遡及効については本文中で検討が加えられているが，その論旨は必ずしも説得力があるものとはいえない。ここでは時際法と遡及効について若干触れておきたい。

国際法上の時際法とは，法の時間的抵触を解決するための規則のことであり，古い時代に発生した事実は新たに成立した法によって影響を受けないというものである。例えば領域の取得の有効性は，取得したと主張する時点で有効であった国際法に基づいて判断されるのであって，現行法規によるのではない。領域の得喪については権利の創設時の評価とは別に権利の存続についても国際法の要求する規準を満たすべきであるとの主張もあるが，国際法上の一般原則は前記の通りである。現行法規の遡及的適用が認められると，既に成立していた権利義務関係を変更することになるので，時際法の原則は国際関係の安定のために不可欠である。国内法では「復讐の連鎖」を止めるのに重要な機能を果たすものと思われる。

ミノウは，過去の大虐殺，人権侵害に対する賠償請求について，時際法の原則によれば不可能と思われるにもかかわらず，肯定的に言及するのであるが，予測不能性，法的関係の不安定性といった問題にどう対処しようとするのであろうか。この疑問に対して，ミノウは時際法の価値を認めつつ，以下のような回答を示している。米国の黒人奴隷について言及しているのは，黒人奴隷制度について損害賠償請求を行うことについて訳者が疑問を呈したためである。コレマツ事件は，明らかに「当時の」米国憲法に反

するものであるから，問題の質が異なるのではないかと思われる。
「私は抵触法理論の価値と同様に時際法の潜在的価値も理解しています。そして，場所によって法が異なることも認識していますし，他の場所と異なる法が別の場所で適用されるときに不公正が生ずることも理解しています。しかし，米国の奴隷制は例として適切ではありません。奴隷制に反対していたら，1789年の米国憲法の署名はうまくいかなかったかもしれませんでした。そうしたわけで，最終的には酷い妥協をもたらしました。英国は奴隷制を禁止していましたし，米国は19世紀の初期までに新たな奴隷輸入を禁じたのです。また，奴隷制に反対する宗教的・政治的議論が広く行われるようになりました。奴隷所有者は当惑し，彼らの多くは奴隷を解放しました。例えばトマス・ジェファーソンは所有していた奴隷を解放しています（もっとも彼の遺言によって彼の死後のことですが）。

別の言い方をすれば以下の通りです。ホロコーストは当時のドイツ法の下で合法といえる要素を有していました。ホロコーストは選挙された公務員によって許可されたものであるという意味においてです。しかし，該公務員は当時の指導者たちが無効にしたそれ以前のドイツ法を侵害しました。また一般的な品位および今日言うところの普遍的人権をも侵害したのです。歴史家たちは多くの証拠を集め，行われていたことが悪いことであるということを人々が知っていた事実を示しました。」

時際法の原則を無視して法を遡及的に適用することでもたらされるであろう法の不安定化についてのミノウの回答は以下の通りである。

「事後法の禁止原則は行為者が犯罪であることを知らなかった過去に行われた行為を犯罪とすることを禁止します。本文61頁と155頁の文脈での指針は普遍的人権から生ずるものであり，国内実定法からのものではありません。当時知られていなかった新たな権利が突如として発明されたのだという問題が生じたのでしょうか。抽象的に答えればその通りです。ホロコーストの場合も奴隷制の場合も，当時生きていた人々の誰も国際人権に基づいた議論は知らなかったであろうと思われます。しかし，いずれの場合でもキリスト教または他の何らかの宗教的・道徳的義務の観点から行動が枠付けられた

とは思います。規範が変更し,そして新たに理解された規範の下で,過去の行為について人々に責任を持たせることはとても不公正です。しかし,一定の行動が同時代に存在していたであろう共通の人道性（common humanity）の侵害と非難され,そうした非難が広がりを見せていたケースであれば上記の懸念は消滅します。」

　国内の政治体制が変更して国内法を変更し,その法の下で行われた行為は全て有効であるから何をすることも許されるなどというつもりはない。行為の正当性を問題とし得るのは国家を超えた規範の存在であろう。より厳密にいえば国際法が果たすべき役割といってよいであろう。上位の規範は実効的でかつ透明性を確保しなければならないからである。この意味からすれば,上記のミノウの根拠づけに説得力があるとは到底いえない。「共通の人道性」が根拠であるとすれば,次のように問わざるを得ない。この規準は誰がどのように決定するのか,具体的にどのように認識されるのか。

　上記の問題は次のような課題も内包させている。歴史を際限もなく発掘し,残虐な行為をあばきたて,謝罪を求めつづけることにどれほどの意義があるのだろうかということである。対象となる事件を,かりに一定の時代に限定するというのであれば,どの時代まで遡るべきなのか,誰がどのように時代を切るのか。現代を生きる人が判断するというのは余りにも傲慢ではないか。何故現代人は過去を無条件に裁けるのか。現在のモラルが将来否定されたら我々は断罪されるのか。過去に「犯罪」を犯した人を裁けるほど我々は賢明なのか。現在に生きる人は常に神としての地位を主張し得るのか。

　逆説的ではあるが,国際裁判に対するシニシズムを克服するには,実は国際法の欠缺を率直に認めざるを得ないのである。国際法の欠缺を認めた上で国際立法に委ねるのが妥当であろう。漸進主義の強さを認識すべきであり,国際法への信頼を損ねるような対処方法は回避しなければならない。

　他方で,国際法の定立方法に見られる特質を考慮する必要もある。周知のように,国際社会には国内社会に見られるような集権的な立法機関が存在しない。社会の必要性に迅速かつ十分に対応できるような法の変更手続

を持ち合わせていない。国際法の変更が目に見えて行われることは例外的ですらある。いずれかの国家または国際組織が従前と異なる行為を行うことによって新たな規範発生の先鞭をつけるというのが普通である（そしてこの契機には何がしかの力の要素が介在する）。法学教授としてのミノウはこの問題について 61 頁と 155 頁で取り組んでいる。ただし，ここでの議論がこうした国際法の定立方法の特異性を明確に意識したものであるのかどうかは不明である。法の変更を主張するにあたり，少なくとも「共通の人道性」といった曖昧模糊とした観念を根拠とすることは避けなければならない。

3．「日本的」解決の功罪――「水に流す」は有用か

　ミノウとのやりとりの中で，彼女は「日本的方法」に言及した。選択肢の一つとして日本の伝統文化（？）としての謝罪が有益かもしれないというのである。このことは日本語版への序文の中でも言及されている。もっとも，日本人に固有の対応方法があり，それが有用だと思われたとしても，直ちに他の社会で同じように機能するとは限らない（逆も同じ）。我々の社会には我々自身が明確に意識してはいないが，社会の存続にとって有用な工夫がシステムとして内蔵されている。我々がそれらの存在と機能を意識的に剔出し外部に説明していくことは，我々自身の行動パターンを外部社会に認識させ，諸外国との無用な誤解を回避するためには不可欠な作業となろう。しかし，社会はシステムであるから，一定の方式を移入したからといって，当該方式が存在していたところと同じように機能するとは限らない。受容は変容を伴うのが普通である。また，外部から見てある制度が有益であると思えても，そこには必ず負の側面が付着している。したがって，例えば日本の伝統文化とされる意味での「謝罪」が何処の社会においても有用であるとは限らない。有害であるかもしれない。何よりもまず，「日本的方法」としての「謝罪」には「水に流す」ことが随伴しているからである。一方で，日本人に馴染みのある謝罪という日本の伝統的方法が日本以外の国で参考になるかもしれないといいつつ，他方で，過去に何があったのかを明確にして記憶していくべきだというのは「日本人」の「伝統的」方法ではない。土下座させた相手から賠償金を要求してもいけない。

4．日本関係の記述について

 言うまでもないことであるが，「南京事件」にせよ「従軍慰安婦」にせよ，本書における言及はその実態の認識を含めて訳者自身の認識とは無関係である。そもそもこれらの「問題」は，事実関係について未だに不明確な点が多い。本書は「従軍慰安婦問題」「南京事件」等について議論することが本旨ではないので，こだわる必要はないのであるが，日本が関わるいずれの「事件」についても事実関係の存否等が未確定である旨著者に伝えたところ，以下のような応答があった。本書における著者の主張をより明確にする指摘であるので参考までに訳出しておく。

> 「もとより，私(著者)は訳者の見解を尊重するものです。『従軍慰安婦』がどのような経緯で存在するようになったのか議論が行われている最中であることを私は知っています。本書は事実の存否についていずれの立場をとるものでもありません。私がここで議論しているのは，人権侵害を金銭的価値で評価することによってもたらされる不適切さです。私が『従軍慰安婦』から生じる例を出したのは，関係女性たちのほとんどが金銭の受け取りを拒否したからです。彼女たちは賠償金を，公的責任を示すものとして公的機関から受け取りたかったのであり，私的資金からではなかったことを示したかったからです。賠償金を受領した女性たちでさえ，彼女たちに起こったことを搔き消すことはできないし元に戻すこともできないことを強調したものです。私が言いたかったのはこの点です。つまり，賠償金は虐殺で被った被害を治癒することはないし，金銭の提供は被害者からの異議をもたらすことさえあるかもしれない。日本政府および軍部が朝鮮人女性を強制的に『慰安婦』としたという主張を受け入れる必要性はありません。問題は，このような場合に，犠牲者となった女性たちは金銭補償の申し出を不適切と考えるかもしれないということなのです。」

 この指摘自体は妥当なものであろう。ミノウは一定の事態を前提として

述べているにすぎないのであり，過去の事実関係云々について語っているわけではない。しかし，本書での議論とは別ではあるものの，現代において何らかの行動をとるべきだという以上，事実関係の「適格な」把握と解釈は絶えずつきまとわざるを得ない。我々は過去の事実について共有すべき認識を有していないことの方が多い。歴史の解釈には，それを前提とした事実の「選択性」が不可避的に伴うことも考慮すべきである。ミノウの議論にはこうした問題に如何に対処すべきかという意識が見られない。歴史に対する楽天的な思考方法が垣間見える。

事項索引

あ 行

アイヒマン事件 ………… 52
アイルランド問題 ………… 183
アウシュヴィッツ ………… 34,198
悪行に対する道徳的対応 ……… 27
アパルトヘイト …… 1,38,41,42,53,86
　　87,96,107,115,119,122,124,126,127
　　130,132,144,161,162,167,200,232,250
アフリカ民族会議 ………… 86
アボリジニ ………… 1,48,172,179
アムネスティ ………… 24
アメリカ・インディアン ……… 169
アメリカ先住民 ………… 169
「ありがとうスカンジナヴィア」
　奨学基金 ………… 222
アルーシャ ………… 191
アルゼンチン ………… 16,88
アルメニア人のジェノサイド … 15
イスラエル ………… 205
　――への金融援助 ………… 163
癒し……… 44,45,97,99,100,102,105,106
　　113,122,125,129,137,138,252
ヴィロード革命 ………… 134,209
ヴェトナム ………… 103
　――戦争 ………… 62
　――戦没者記念碑 ………… 214
ウブントゥ ………… 85,86,127,139
ウルグアイ ………… 91
エル・サルヴァドル ………… 135
　――国連真相解明委員会 …… 109

　――真相解明委員会 ………… 87
応報 ………… 30,31,44
　――的正義 ………… 127
汚辱にまみれた戦争 ………… 1,24,75
オマルスカ収容所 ………… 20,22
思い出し続けること ………… 184
恩赦…… 35,37,43,90,91,98,120,121,210
　――小委員会 ………… 87,98,200

か 行

解釈的真実 ………… 134
回復 ………… 103,104
加害者 ………… 117
語る神 ………… 169
合衆国憲法修正第14条・15条 … 211
　　　　　　　　　　　　　227
カナダに居住する先住民 ……… 173
『彼らを帰宅させる』………… 173,179
関係 ………… 163,179
カンボジア ………… 1,15
　――国民評議会 ………… 230
記憶…… 100,182,183,184,212,235,236
　――をめぐる戦い ………… 214
記念行為 ………… 216,217,218
記念事業 ………… 211
記念施設 ………… 211,214,216,217
　対抗的―― ………… 217
　代替的―― ………… 215
　付加的―― ………… 215
記念碑 ………… 16,129,142,212
　　213,214,215,233,236

事項索引

逆転移 …………………………… 117
旧ユーゴスラヴィア国際刑事裁判所
　………… 1,20,32,36,53,58,62,67,76
　　　　　82,189,190,191,192,228
教育プログラム ………………… 220,221
共感を示してくれる証人 ………… 112
共同体の応答責務 ………………… 38
極東国際軍事裁判所 ……………… 71
　→「東京裁判」も参照
キリスト教 ………………… 35,40,125
金銭賠償 …………………… 144,145,157
悔い改め ………………………… 40,41
9月11日に米国で生じたテロ攻撃 …… 1
　　　　　　　　　　　　228,234
ケロッグ・ブリアン条約 ………… 59
原子爆弾 ………………………… 216
原状回復 … 16,145,146,158,164,165,166
　　　167,168,169,170,171,175,177,178
健忘症 ……………………………… 37
公的謝罪 ………………………… 176,178
衡平の観念 ………………………… 27
拷問等禁止条約 …………………… 89
『コーリング・ザ・ゴースト』…… 20
国際軍事裁判所 …………………… 59
　→「ニュルンベルク裁判」も参照
国際軍事裁判所条例 ……………… 55
国際刑事裁判所 …………… 1,62,194
　　　　　　　195,211,228,236
国際人権法 ……………………… 220
国民的な赦し …………………… 123
国連真相解明委員会 ……………… 135
コソヴォに関する独立国際委員会
　………………………………… 240
国家的虐殺 ………………………… 71
国家統合と和解を促進する法 … 90,91
　　　　　　　　　　　　　97,140
国家の生存 ……………………… 251
国境警備兵事件裁判 ……………… 75
国境警備兵の訴追 ………………… 72
個別的トラウマ ………………… 253,256

　　　　　　さ　行

再記憶 …………………………… 225,226
財産受給理論 …………………… 166
最終的解決 ……………………… 103
再生 ……………………………… 178
再認 ……………………………… 145,178
殺人被害家族の会 ……………… 207
サラエヴォ ……………………… 100
サルヴァドル平和協定 …………… 88
サン・パウロ ……………………… 88
ジェノサイド ………………… 1,17
　　　　32,45,63,76,78,82,127,160
　　　171,184,191,192,193,195,206,219
　　　220,221,222,223,224,236,249,250
　―― 条約 ………………………… 62
シエラ・レオネ ………… 230,231,233
ジェンダー ……………………… 131,132
自己誤審令状 …………… 149,150,155
試罪法 …………………………… 95,140
自尊の念 ………………………… 27
『死と乙女』 …………………… 183,207
シニシズム ……………………… 195
市民的自由法（1988）……… 154,157
社会税 …………………………… 166
謝罪 …… 1,122,141,145,152,164,168,171
　　　　173,174,175,176,177,178,201
　―― の社会学 ………………… 174
　―― の日 ……………………… 173
従軍慰安婦 ……………………… 160

集団的償い……………………………… 129
修復……………………………………… 105
修復的正義………………… 92,127,128,129
　　　　　　　　　142,143,146,158,178
熟慮的討議………………………… 120,127
シュタージ………………………… 16,204,210
シュテットル小説………………………… 226
ジュネーヴ議定書………………………… 62
ジュネーヴ条約………………………… 62,91
証言…………………… 108,109,110,111,113
　　　　　　　　　116,118,132,133,225
条件付恩赦………………… 92,95,140,252,257
勝者の記録…………………………… 127,219
象徴的賠償金………………………………… 171
証人………………………………………… 113,116
人権侵害小委員会………………………… 87,98
人種差別主義……………………………… 149
真相………………………… 90,91,98,99,100,254
真相解明委員会………………… 105,195,231,232
　　　　　　　　　　　　　233,235,236
　──と刑事訴追 ……………………… 138
　──の3つの機能 …………………… 123
真相告白………………………… 19,42,105,138
　──の修復力 …………………………… 105
心的外傷後ストレス障害… 99,110,140
人道に対する罪…… 1,20,23,59,60,61,64
　　　　　　　　　65,79,80,82,228,229
心理療法…………………………………… 105
スイス銀行………………………………… 170
正義………………………… 27,44,102,257,258
　──の治療力 …………………………… 257,258
　──の倫理 ……………………………… 178
政治化……………………………… 57,58,67
政治的理由から行われた不法行為
　……………………………………… 90,140

正邪の均衡の回復……………………… 41
精神的外傷……………………………… 158
生存の論理……………………… 250,251
選択性…………………………………… 76
積極的差別解消措置政策 …………… 155
世話の倫理………………… 162,178,179
戦争犯罪………………………………… 228
選択性………………………… 57,58,69,70,75
相互性の倫理 ………………………… 162
遡及効………………… 57,58,59,60,62,65,73
ソ連強制労働収容所（Gulag, グラーク）……………………………… 15

た　行

対抗的諸力……………………………… 221
大統領自由勲章………………………… 155
大統領命令9066号……………………… 146
タスキギー梅毒実験…………………… 179
タラナキ・マオリ族…………………… 164
タルサ人種暴動………………………… 234
血の日曜日……………………………… 232
治療… 45,111,105,123,125,138,252,254
沈黙………………………………………… 19
追悼……………………………… 218,219
ツチ族大量虐殺………………………… 192
デイトン平和合意……………………… 69
デュー・プロセス……………………… 135
統一キリスト教会……………………… 157
東京裁判……… 52,58,60,62,66,71,76,81
　→「極東軍事裁判所」も参照
『遠い夜明け』………………………… 232
土地請求…………………………………… 15
トラウマ………… 15,37,93,95,102,103
　　　　　　　105,106,107,111,112,113,114,116
　　　　123,126,133,184,185,198,207,251,254

事項索引

――の治療 ………… 253
トルコによるアルメニア人の大量
　虐殺……………………………… 1
奴隷制度………… 15,155,159,172

な 行

ナイジェリアでのイボ族虐殺…… 15
内的必要性………………… 255,256
ナチス………………………… 56,79
南北戦争…………………………… 212
ニクソン大統領の辞任演説……… 174
日系米国市民連合………………… 152
日系米国人………………………… 171
　――強制収容 ……………… 157
　――強制収容に対する賠償 … 15
　――市民連合 ……………… 153
　――の抑留 ………………… 146
　――排斥請求法（1948年）…… 146
ニュルンベルク …………………… 65
　――原則 …………………… 62
　――裁判 ………… 49,52,53,54,56
　　58,59,61,62,71,73,76,79
　　80,81,82,82,177,190,196
　→「国際軍事裁判所」も参照
　――党大会 ………………… 56
認知……… 1,99,106,112,113,114,116
　　117,118,120,136,163,190

は 行

ハーグ条約………………………… 62
賠償………… 19,163,167,178,202,233
　――の象徴的側面 ………… 167
賠償・回復小委員会…… 87,98,144,161
賠償請求のための全米黒人連合… 155
白豪主義…………………………… 179

『裸足の1500マイル』……………… 1
ハルブルク市反ファシズム記
　念碑……………………………… 217
馬鈴薯飢饉………………………… 172
ハワイ先住民……………… 156,157,169
バンツー教育……………………… 162
反ユダヤ主義……………………… 170
東ドイツ社会主義統一党独裁の過
　去とその帰結の取扱いに関する
　調査委員会……………………… 195
『否定された個人の正義』………… 153
ヒューマン・ライツ・ウオッチ… 20
復讐………………… 27,128,177,236
復讐と赦し ……………………… 1,228
　――の間 ………………… 21,51
フツ族殺戮………………………… 15
普遍的規範………………… 252,258
ブラジル…………………… 88,89,91
『ブラジル：二度と決して』……… 89
ブラック・ユーモア……………… 249
文脈的関心………………………… 204
米国インディアン請求委員会 … 146
米国公衆衛生総局 ……………… 172
閉包……………… 18,19,24,52,157,163
平和に対する罪………………… 59,60,79
ヘルシンキ協定…………………… 74
ベルリンの壁……………………… 1,72
包括的恩赦………………………… 91
傍観者……… 19,41,42,44,105,117,186
忘却…… 37,38,43,182,184,206,210,236
法廷的真実………………………… 133
法による記憶喪失………………… 43
放念………………………… 37,44
法の支配………… 27,50,57,58,61,71
　　77,79,82,93,252,257,258

——の原則 …………………… 60,78
——の人間学的側面 …… 257,258
報復…………………… 27,41,42,45
暴力と和解研究センター………… 116
暴力に対する非暴力的対応……… 127
ポーランド連帯…………………… 29
補償 (compensation) ……………… 158
補償的正義理論…………………… 159
ボスニア………………… 20,21,36,57
ホロコースト… 1,21,28,39,40,44,47,79
　　　　80,102,103,126,158,173,184
　　　　198,216,218,219,220,222
——芸術 …………………… 218

ま　行

魔女狩り…………………………… 139
南アフリカ………………………… 95
——憲法 …………………… 91
——憲法裁判所 …………… 91,115
——真相解明・和解委員会 … 17
　　　　38,41,87,92,108,138
　　　　142,196,200,228,252
民間人の戦時移転および収容に関する米国連邦議会委員会………… 151
民族浄化…………………………… 19,63
民族的トラウマ………… 254,255,256
民族の生存………………………… 251
夢幻時代…………………………… 33,48

物語…… 95,96,99,107,114,116,118,124

や　行

ユダヤ教…………………………… 38,218
赦し………… 33,121,122,125,177
ヨーロッパで殺害されたユダヤ人
　記念碑…………………………… 234
ヨム・ハショア……………………… 80,219

ら　行

理性的生存………………………… 251
理想主義…………………………… 195
リベラリズム……………………… 256
両義的解体………………………… 248
療法………………………………… 198
療法士………………… 102,105,110,111
　　　　112,113,114,116,117
ルワンダ……………… 16,57,88,191
　　　　192,193,194,222
——国際刑事裁判所 ……… 53,58
　　　　62,67,228,229
「歴史と我々自身に向き合う」…… 21
　　　　161,220,221
ローマ法王………………… 173,192
和解………… 46,90,97,123,124
　　　　128,129,138,205,252
——と癒し ………………… 173
——の登録簿 ……………… 118

人名索引

あ 行

アイヒマン,アドルフ Eichmann, Adolph ················ 205
アカバン,パヤム AKhavan, Payam ················ 78
秋場忠利 ···················· 1
アソカル,パトリシオ・エイルウイン Azocar, Patricio Aylwin ········· 88
アッゲル,インゲル Agger, Inger ················ 106
アッシュ,ティモシー・ガートン Ash, Timothy Garton ········· 98, 182,195,205
アルフォンソ,ラウル Alfonso, Raul ················ 75
アレント,ハンナ Arendt, Hannah ················ 17,40,79,80
イェンジェニ,トニ Yengeni, Toni ················ 201
イェンセン,ソーレン Jensen, Soren ················ 106
イグナティエフ,マイケル Ignatieff, Michael ········· 32,33,85,100,255
イゴネ,パトリス Higgonet, Patrice ················ 183
イノウエ,ダニエル Inoue, Daniel ················ 153
ヴァン・デア・メルヴェ,ヨハン Van Der Merwe, Johan ········ 96,121
ウィースマーク,モーナ Wiessmark, Mona ················ 184
ウィルコマスキー,ビンジャミン Wilkomirski, Binjamin ········· 181
ヴェッシュラー,ローレンス Weschler, Lawrence ················ 100
ヴォルテール Voltaire ·········· 94
ウォルドロン,ジェレミー Waldron, Jeremy ················ 154,164 165,166,168
ウノ,エディソン Uno, Edison ··· 152
エルデモヴィッチ,ドラーゼン Erdemovic, Drazen ················ 63
オシール,マーク Osiel, Mark ················ 71,77,78
オバサンジョ,オルセゴン Obasanjo, Olusegon ················ 233
オマー,デュラ Omar, Dullah ··· 90, 121,183,196
オルブライト,マドレーヌ Albright, Madeleine ················ 66,136
オレントリッチャー,ダイアン Orentlicher,Diane ················ 26

か 行

ガイガー,ハンス-イェルク Geiger, Hans-Jörg ················ 204
ガーツ,エステル Gerz, Esther ··· 217
ガーツ,ヨヒェン Gerz, Jochen 217
カッセーゼ、アントニオ Cassesse, Antonio ················ 189,193
カラジッチ,ラドヴァン Karadzic,

Radovan ……………… 223,227
カラミラ，フロデゥアルド
　Karamira, Froduald ……………… 192
カンバンダ，ジャン　Kambanda, Jean
　……………………………………… 193
キャルフーン，チェザイア　Calhoun,
　Chesire ……………… 25,36
キュファル，イヨナ　Kuphal, Ilona
　……………………………………… 184
ギリガン，キャロル　Gilligan,
　Carol ……………… 162,178,179,221
金大中　Kim Dae-Jun ……………… 233
クッシュナー，ハロルド　Kushner,
　Harold ……………… 41
グラッドストーン，ウイリアム
　Gladstone, William ……………… 183
クリントン，ビル　Clinton, Bill
　……………… 155,172,179,230,229
クロッグ，アンティ　Krog, Antji 132
クンデラ，ミラン　Kundera, Milan
　……………………………………… 182
ゴールドストーン，リチャード
　Goldstone, Richard ……………… 51
コシュトゥニカ，ヴォジスラフ
　Kostunica, Vojislav ……………… 233
ゴボド-マディキゼーラ，プームラ
　Gobodo-Madikizela,Pumla …… 22,97
　　　　　　　　108,116,161,223
コレマツ，カレン　Korematsu, Karen
　……………… 146,148,149,152,153
コンヤーズ，ジョン　Conyers, John
　……………………………………… 155
コンラッド，ジョゼフ　Conrad,
　Joseph ……………… 47

さ　行

ザイドル，セオドア　Seidel,
　Theodor ……………… 74
サヴィッジ，カーク　Savage, Kirk
　……………………………………… 212
サックス，アルビー　Sachs, Albie
　……………………………………… 115,203
サラケ，ホセ　Salaquett, Hose
　……………………………………… 34,133
サルトル，ジャン・ポール　Sartre,
　Jean-Paul ……………… 53
サントナー，エリック　Santner, Eric
　……………………………………… 102
シジェリ，ジャドランカ　Cigelj,
　Jadranka ……………… 20,21,36
シバッチ，ニュスレタ　Sivac,
　Nusreta ……………… 20
ジャクソン，ロバートH.　Jackson,
　Robert H. ……… 49,58,59,81,82,190
ジャコビー，スーザン　Jacoby, Susan
　……………………………………… 25,44
シュピア，アルバート　Speer, Albert
　……………………………………… 177
シュライヴァー，ドナルド　Shriver,
　Donald ……………… 37
ショウ，ロバート・グールド　Shaw,
　Robert-Gould ……………… 213
ショークロス，サー・ハートリー
　Showcross, Sir Hartley ……… 79
シラク，ジャック　Chirac, Jacques … 173
シンガー，ジョセフW　Singer,
　Joseph W. ……………… 141,167
ジンジッチ，ゾラン　Djindjic, Zoran
　………………………………………… 1

人名索引

ズカル, ルドルフ　Zukal, Rudlf
　………………………………… 209
スターリン, ヨーゼフ　Stalin, Joseph
　………………………… 1,30,39,55
ストロム, マーゴット・スターン
　Strom, Margot Stern ……… 220,221
ゼア, ハワード　Zehr, Hward … 158
ソラナ, ハビエル　Solana, Javier
　………………………………… 229

た 行

タイテル, ルティ　Teitel, Ruti … 50
ダヴュキス, ニコラス　Tavuchis,
　Nicholas ………… 141,174,175,176
ダグラス, ローレンス　Douglas,
　Lawrence ……………………… 193
タジッチ, デゥスコー　Tadic, Dusko
　………………………………… 82
タミア, ヤエル　Tamir, Yael …… 125
チャーチル　Churchill, Winston … 55
チャップリン, チャールズ　Chaplin,
　Charles ……………………… 249
ツツ, デズモンド　Tutu, Desmond
　………………… 90,115,126,127,144
デ・ウィット, J.L.　De Witt, J.L.
　………………………………… 147
デ・クラーク, F.W　De Klerk,
　Frederick Willem …………… 130
デイヴィス, ナタリー・ズィーモン
　Davis, Natalie Zemon …………… 134
テイラー, テルフォード　Taylor,
　Telford ………………… 56,49,71
デュ・トワ, アンドレ　Du Toit,
　Andre ………………………… 89,125
ドーフマン, エイリエル　Dorfman,
　Ariel …………………… 183,207
ドレフュス, アルフレッド　Dreyfus,
　Alfred ………………………… 173
トンプソン, デニス　Thompson,
　Dennis ………………………… 133

な 行

ナイアー, アーイェイ　Neier, Aryer
　………………………………… 37
ナカラダ, ラドミラ　Nakarada,
　Radmilla ……………………… 76
ナカハタ, ドナルド　Nakahata,
　Donald ………………………… 149
ニクソン, リチャード　Nixon,
　Richard ……………………… 174
ヌゲウ, シンシア　Ngewu, Cynthia
　………………………………… 128
ヌツェベザ, デュミサ　Ntesbeza,
　Dumisa ………………………… 41

は 行

バーゲンソル, トーマス　Buergenthal,
　Thomas ……………………… 109
ハートマン, ジェフリー　Hartman,
　Geoffrey ………………… 1,33,43
ハーバート, スビグニュー　Herbert,
　Zbigniew ……………………… 85
バービー, クラウス　Barbie, Klaus
　………………………………… 176
ハーマン, ジュディス　Herman,
　Judith …………………… 32,103
バーンズ, アンドレア　Barnes,
　Andres ……………………… 185,198
パウロ二世, ヨハネ　John Paul Ⅱ
　………………………………… 173

バク，サミュエル　Bak, Samuel ……… 224
ハワード，ジョン　Howard, John ……… 172,179
ハンプトン，ジーン　Hampton, Jean ……… 30,32,187
ピーエット，クリストファー　Piet, Christpher ……… 128
ビーコ，スティーヴ　Biko, Steve ……… 91
ヒトラー，アドルフ　Hitler, Adolf ……… 39,223
ピノチェト，アウグスト　Pinochet, August ……… 88
ヒラーマン，トニ　Hillerman, Tony ……… 169
広田弘毅 ……… 71
フォーブス，アシュリー　Forbes, Ashley ……… 200
ブッシュ，ジョージ　Bush, George ……… 172,230
ブライヤー，スティーヴン　Breyer, Stephen ……… 80,81
フリードランダー，ソール　Friedlander, Saul ……… 47,103
ブレア，トニー　Blair, Tony ……… 172,229
プレンティ・チーフス，ルビー　Plenty Chiefs, Ruby ……… 23
フロイト，ジークムント　Freud, Sigmund ……… 103
ヘア，ブライアン　Hehir, Bryan ……… 123
ペイテル，マリリン　Patel, Marilyn ……… 150,151,153
ヘルムス，ジェシー　Helms, Jesse ……… 154
ベンツィーン，ジェフリー　Benzien, Jeffrey ……… 200,209
ボードリヤール，ジャン　Baudrillard, Jean ……… 182
ホール，ジュリア　Hall, Julia ……… 21
ボタ，P.W.　Botha, P. W. ……… 130
ポト，ポル　Pot, Pol ……… 223,230
ボレイン，アレックス　Boraine, Alex ……… 187,232

　　　ま　行

マーウィン，W.S. ……… 100
マーゴリック，デビッド　Margolick, David ……… 146
マーフィー，ジェフリー　Murphy, Jeffrie ……… 27,32,35
マイアー，チャールズ　Maier, Charles ……… 100,182
マッキノン，キャサリン　Mackinnon, Catharine ……… 162,163
マツナガ，スパーク　Matunaga, Spark ……… 154
マラン，マグナス　Malan, Magnus ……… 138
マルガス，シンコクワナ・エルンスト　Malgas, Singqokwana Ernst ……… 115
マンソン，チャールズ　Manson, Charles ……… 39,48
マンデラ，ウィニー　Mandela, Winnie ……… 130
マンデラ，ネルソン　Mandela, Nelson ……… 86,88,90
ミネタ，ノーマン　Mineta, Norman ……… 153
ミフニク，アダム　Michnick, Adam ……… 29

人名索引

ミロシェヴィッチ，スロボダン
　Milosevic, Slobodan 1,229
ムシェンジェ，グリフィス　Mxenge,
　Griffith 91,126
ムシェンジェ，チャーチル　Mxenge,
　Churchill 126,127
ムディディンバ，ムズキシ　Mdidmba,
　Mzykisi 109
ムトゥトゥウェガマ，マヌーリ
　Muttetuwegama, Manouri 108
ムベキ，ターボ　Mbeki, Thabo ... 124
村山富市 173
メロン，セオドア　Meron, Theodor
　................................ 219
モーラー，ロバート　Moeller, Robert
　................................ 226
モスコソ，ミレヤ　Moscoso, Mireya
　................................ 233
モリカ，リチャード　Mollida, Richard
　................................ 106
モリソン，トニ　Morrison, Toni
　................................ 226

や 行

ヤスパース，カール　Jaspers, Karl
　................................. 79
ヤマモト，エリック　Yamamoto, Eric
　......................... 156,157,203
ヤルゼルスキ　Jaruzelski, Wojciech,
　Witold 53
ヤング，ジェームズ　Young, James
　................................ 216
ユース，ピーター・ダーク　Uys,
　Pieter-Dirk 134

ら 行

ラッセル，バートランド　Russell,
　Bertrand 53,84
ラップ，ハーマン　Lubbe, Herman
　................................ 182
ランガー，ローレンス　Langer,
　Lawrence 19,217
ランズマン，ステファン　Landsman,
　Stephan 93,253
リード，ジョン　Reed, John ... 28,40
リフトン，ロバート・ジェイ　Lifton,
　Robert Jay 103
リン，マヤ　Lin, Maya 214
ルイス，ニッキ・ノジマ　Louis,
　Nikki Nojima 181
ルーズベルト，フランクリン D.
　Roosevelt, Franklin D. 55,147
レーガン，ロナルド　Reagan, Ronald
　................................ 171
レムキン，ラファエル　Lemkin,
　Raphael 14
ロウェル，ロバート　Lowell, Robert
　................................ 132
ローゼンバーグ，ティナ　Rosenberg,
　Tina 49,72,73,74,84,99,109,119
　　　126,127,132,182,184,209,225
ローブ，ドリ　Laub, Dori 1,198
ローレル＝ハーディ　Laurel & Hardy
　............................. 28,48
ロス，ダン　Ross, Dan 234
ロス，マイケル　Roth, Michael ... 182
ロスキーズ，デイヴィッド　Roskies,
　David 218

訳者紹介

荒木 教夫 （あらき のりお）
　白鷗大学法学部教授
　専攻　国際法
　主著　『導入対話による国際法講義』（共著）ほか
　翻訳分担　日本語版への序文，緒言，第1章，第3章，第5
　　　　　　章，補論，謝辞

駒村 圭吾 （こまむら けいご）
　慶應義塾大学法学部助教授
　専攻　憲法学
　主著　『ジャーナリズムの法理』（単著），『新市民社会論』
　　　　（共著）ほか
　翻訳分担　第2章，第4章，第6章

復讐と赦しのあいだ
───────────────────────
2003年9月20日　初版第1刷発行

　　　　　　　　著　者　マーサ・ミノウ
　　　　　　　　発行者　今 井 貴＝村岡侖衛
　　　　　　　　発行所　信山社出版株式会社
　　　　　　　113-0033　東京都文京区本郷6-2-9-102
　　　　　　　TEL 03-3818-1019　FAX 03-3818-0344
───────────────────────
　　　　印刷・製本　エイヴィスシステムズ
　PRINTED IN JPAPN ©荒木教夫・駒村圭吾　2003
　　　　　ISBN 4-7972-5081-X C 3032

信 山 社

カール・シュミット著　新田邦夫訳
攻撃戦争論　Ａ５判　本体9,000円

Ｒ・ドゥオーキン 著　水谷英夫＝小島妙子 訳
ライフズ・ドミニオン　Ａ５判　本体6,400円

石黒一憲 著
グローバル経済と法　四六判　本体4,600円

松尾浩也＝塩野 宏 編
立法の平易化　Ａ５判　本体3,000円

鮫島眞男 著
立法生活三十二年　Ａ５判　本体10,000円

田丸 大 著
法案作成と省庁官僚制　Ａ５判　本体4,300円

山村恒年 著
行政過程と行政訴訟　Ａ５判　本体7,379円
環境保護の法と政策　Ａ５判　本体7,379円
判例解説行政法　Ａ５判　本体8,400円

山村恒年 編
環境NGO　Ａ５判　本体2,900円

山村恒年＝関根孝道 編
自然の権利　Ａ５判　本体2,816円

三木義一 著
受益者負担制度の法的研究　Ａ５判　本体5,800円
＊日本不動産学会著作賞受賞／藤田賞受賞＊

占部裕典 著
国際的企業課税法の研究ⅠⅡ
Ａ５判　本体11,000円／12,000円
＊日本公認会計士協会学術賞受賞＊